Arbeit am Mythos
Leni (Helene) Riefenstahl übt 1936 an der Ostsee mit dem deutschen Meister des Zehnkampfs Erwin Huber »Nachahmung der Antike«.

CLAUDIA SCHMÖLDERS

Faust & Helena

Eine deutsch-griechische Faszinationsgeschichte

BERENBERG

INHALT

SEITE 8 Goethe, »Klassische Walpurgisnacht«, Vers 7397–7445

SEITE 11 Vorwort

ERSTER TEIL

Der männliche Blick

Von Goethe bis zu Sigmund Freud

SEITE 20 **ERSTES KAPITEL:** 1749 bis 1832

Der Komet aus der Antike: Johann Joachim Winckelmann. Liebe in Deutschland, Ärger in Preußen, europäischer Kult. Englands Bildungs-Reiselust. Hellas' ruiniertes Erbe, beschrieben, gezeichnet und entführt. Byron und Goethe, Faust und Helena, ein Vermächtnis.

SEITE 35 **ZWEITES KAPITEL:** 1832

Der Staat als Ziel. Philhellenische Hilfe: Katharina II., die Grafen Orlow und Kapodistrias. Die Schweizer und Jean-Gabriel Eynard. Die Engländer und Lord Byron. Die Bayern und Otto I. Die Heimholungen Griechenlands im Roman, in Architektur und Kunst. Goethes Faust II als Oper.

SEITE 48 **DRITTES KAPITEL:** 1832 bis 1871
Nachrichten aus Weimar, Wien, Athen. Die neue Sprache Katharevousa. Jakob Philipp Fallmerayer als linguistischer Scharfrichter. Sprachenlernen als »furchtbare Passion«: Auftritt Heinrich Schliemann. Die unglaubliche Laufbahn eines ostdeutschen Pfarrerssohns. Heinrich und der »Schatz des Priamos«; Heinrich und Helena: das Traumpaar des deutschen Hellenismus.

SEITE 63 **VIERTES KAPITEL:** 1871 bis 1897
Neue Nachrichten aus Athen. Schliemann zwischen Homer und Darwin. Hellas als Hölderlins »Mutter aus dem Grabe«. Ernst Curtius träumt olympisch. Jacob Burckhardt schimpft. Nietzsche sieht »gräcisierende Gespenster«. Freud träumt begehrlich wie Faust, aber Hella/Helena ist seine Tochter. Nietzsches »wahre Helena« bei Richard Wagner. Die olympischen Spiele.

SEITE 83 **FÜNFTES KAPITEL:** 1897 bis 1900
Ilias contra Odyssee: Deutscher Hang zu Grund und Boden; englischer Hang zur Seefahrt. Nausikaa statt Helena. Jane Harrisons »Odyssey Lectures« erinnern an Lady Hamilton und Goethe. Samuel Butlers Nausikaa als Dichterin der Odyssee. James Joyce liest Samuel Butler. Hellas/Helena: Nietzsches Heimweh mit Hegel.

ZWEITER TEIL

Der weibliche Blick

Von Elisabeth von Österreich bis zu Eliza Butler

SEITE 102 **SECHSTES KAPITEL:** 1900 bis 1914

Arthur Evans auf Kreta. Das Labyrinth der Ariadne, minoische Lebenskunst. Phönizische contra hellenische Seefahrt: Victor Bérards zwölf Bände zur Odyssee. Philhellenische Majestäten auf Korfu. Kaiserin Sisi, das Achilleion und Heinrich Heines Faustballett. Isadora Duncans Griechentanz. Kaiser Wilhelms tanzende Gorgo.

SEITE 115 **SIEBTES KAPITEL:** 1914 bis 1935

Faust und Helena: eine kulturelle Ehe? Faust »für alle« in Athen. Der Kreter Venizelos, die »Kleinasiatische Katastrophe«. Der Kreter Nikos Kazantzakis: hilft Flüchtlingen und übersetzt Faust. Dagegen das »Faustische« in Berlin. Spengler und Steiner: Goethe-Großmächte der Weimarer Republik.

SEITE 134 **ACHTES KAPITEL:** 1935

Eliza Marian Butler: Kindheit, Studium und Weltkriegsarbeit. Ihre geistigen Geländer Jane Harrison, John Robertson, Stefan Zweig und Fürst Pückler. Olympia 1936: Hitlers Rassenfaust. Freud sieht das Ungeheuer von Loch Ness.

SEITE 153 **NEUNTES KAPITEL:** Noch einmal 1935

Elsie Butlers Streitschrift: »Eine Untersuchung über den Einfluss von griechischer Kunst und Dichtung auf die großen deutschen Autoren des 18., 19. und 20. Jahrhunderts. Gewidmet: Pallas Athene.« Weibliche Griechenliebe. Harrisons Sprachwunder. Virginia Woolf »On not Knowing Greek«. Hilda Doolittle findet Helena in Äygpten.

SEITE 171 **ZEHNTES KAPITEL:** 1935 bis 1941
Elsie Butlers Meeresbild. Das »ozeanische Gefühl«. Griechenkult als Religionsneurose. Luther gegen Buddha. Indiens lebendiger Gottesdienst. 1937 Eduard von der Heydt, der Indienfreund. Rilke und der Monte Verità. Faust im Ausland. Das DAI in Athen.

SEITE 188 **ELFTES KAPITEL:** 1941
Thomas Mann an die deutschen Hörer. 1941: Einmarsch in GR. Deutsches Wüten bis 1945. Gebildete Besatzer: Erhart Kästner, Rudolf Fahrner. Ein namenloser Oberst in Athen wünscht sich einen Vortrag über Faust und Helena. Deutsche Faust-Industrie mit diabolischen Vertretern: Justus Obenauer, Hans Schneider.

SEITE 205 **ZWÖLFTES KAPITEL:** 1942 bis 1949
Ruf nach Cambridge 1945. Butlers Faust-Trilogie zu Goethes Geburtstag. Faust und Helena in Okkultien: Helena Blavatsky und Aleister Crowley, Butlers Liebling. Somerset Maugham »The Magician«. 1947: Thomas Mann, Dr. Faustus. Butler kritisiert vernichtend und trifft E.R. Curtius in Bonn. Erlösendes Nachspiel mit Byron und Hilda Doolittle.

SEITE 221 Coda mit Kassandra

DIE QUELLEN

SEITE 229 Personen und Werke. Nachweise und Anmerkungen.
SEITE 283 Eliza Marian Butler. Bibliographie
SEITE 294 Danksagung
SEITE 302 Register

Goethe, Faust II
»Klassische Walpurgisnacht«
Verse 7397–7445

Helena aus der Unterwelt zu beschwören, misslang im ersten Anlauf. Nur das verführerische Bild war zu sehen, keine leibhafte Gestalt. Faust soll nun zu den Müttern gehen; Mephisto bringt ihn zu Chiron, dem heilkundigen Kentauren. Faust steigt auf seinen Rücken, um ihn nach Helena zu fragen.

Faust

...

Vom schönsten Mann hast du gesprochen,
Nun sprich auch von der schönsten Frau!

Chiron

Was! ... Frauenschönheit will nichts heißen,
Ist gar zu oft ein starres Bild;
Nur solch ein Wesen kann ich preisen,
Das froh und lebenslustig quillt.
Die Schöne bleibt sich selber selig;
Die Anmut macht unwiderstehlich,
Wie Helena, da ich sie trug.

Faust

Du trugst sie? –

Chiron

Ja, auf diesem Rücken.

Faust

Bin ich nicht schon verwirrt genug
Und solch' ein Sitz muß mich beglücken!

Chiron

Sie faßte so mich in das Haar,
Wie du es tust.

Faust

O! ganz und gar
Verlier' ich mich! Erzähle wie?
Sie ist mein einziges Begehren!
Woher? wohin? ach, trugst du sie?

Chiron

Die Frage läßt sich leicht gewähren.
Die Dioskuren hatten, jener Zeit
Das Schwesterchen aus Räuberfaust befreit.
Doch diese, nicht gewohnt besiegt zu sein,
Ermannten sich und stürmten hinterdrein.
Da hielten der Geschwister eiligen Lauf
Die Sümpfe bei Eleusis auf;
Die Brüder wateten, ich patschte, schwamm hinüber;
Da sprang sie ab und streichelte
Die feuchte Mähne, schmeichelte
Und dankte lieblich-klug und selbstbewußt.
Wie war sie reizend! jung, des Alten Lust!

Faust

Erst sieben Jahr! …

Chiron

Ich seh', die Philologen,
Sie haben dich so wie sich selbst betrogen.
Ganz eigen ist's mit mythologischer Frau,
Der Dichter bringt sie, wie er's braucht, zur Schau;
Nie wird sie mündig, wird nicht alt,
Stets appetitlicher Gestalt,
Wird jung entführt, im Alter noch umfreit;
G'nug, den Poeten bindet keine Zeit.

Faust

So sei auch sie durch keine Zeit gebunden!
Hat doch Achill auf Pherä sie gefunden,
Selbst außer aller Zeit. Welch seltnes Glück:
Errungene Liebe gegen das Geschick!
Und sollt' *ich* nicht, sehnsüchtigster Gewalt,
Ins Leben ziehn die einzigste Gestalt?
Das ewige Wesen, Göttern ebenbürtig,
So groß als zart, so hehr als liebenswürdig?
Du sahst sie einst; *heut* hab' ich sie gesehn,
So schön wie reizend, wie ersehnt so schön.
Nun ist mein Sinn, mein Wesen streng umfangen,
Ich lebe nicht, kann ich sie nicht erlangen.

VORWORT

»Faust und Helena«: das Paar ist weniger bekannt als etwa »Faust und Gretchen« oder »Faust und Mephisto«. Die letztgenannten haben beide einen Ruch, das eine klingt nach Mord und Heiratsschwindel, das andere nach satanischen Verabredungen und übermenschlich kaltem Gebaren. Nur Helena, so scheint es, kann Goethe aus den Verstrickungen erlösen, die ihn seit seinem »Urfaust« 1775 umgeben; aber wiederum nicht jene Helena aus dem deutschen Volksbuch, die er als Junge in einem Puppenspiel erleben konnte. Hier kam ja zu allem Ruchlosen noch blendender Liebestrug dazu, Helena war ein böses Phantom, wenn auch sehr schön. Keine Frau ist in der deutschen Literatur der Frühen Neuzeit dermaßen hingerissen geschildert worden – und es war dieser Anblick, den Goethe schließlich in die Waagschale werfen konnte. Doch durfte diese rettende Gestalt nicht nur aus der Hexenküche stammen, sie musste in eigener Anstrengung gesucht und vor allem: gefunden werden.

Die Schlüsselszene aus Faust II erreichte die literarische Welt ab 1832 – Goethe hatte das Erscheinen dieses Werkes bekanntlich zu Lebzeiten verweigert. Erst rund vierzig Jahre später waren die Verse auf der Bühne zu hören, und auch danach blieben sie theatralisch eher verborgen und Teil einer Lesekultur. Dabei deklamierten sie mit atemloser Drastik einen Wunschtraum der deutschen Bildungseliten, genauer des philhellenischen Deutschland seit Winckelmann; eben jenes Johann Joachim Winckelmann, der als Heros einer national verzückten Ästhetik Deutschland und Hellas einander verlobt hatte, ganz altmodisch mit dem unausgesprochenen Verbot der Besitznahme. Bevor ein maßgeblicher deutscher Dichter den Fuß auf griechischen Boden setzen wollte, sollten fast 150 Jahre vergehen, denn man hielt sich keusch an das Gebot, bis hin zu Gerhart Hauptmann. Reisende Archäologen, Maler und Touristen gehörten natürlich so wenig dazu wie etwa Otto I., der als König aus Bayern einzog, oder der Schweizer Jacob Burckhardt, dem man die strengste Kulturgeschichte des alten Griechenland dankt. Doch Dichter und Denker von Hölderlin bis Nietzsche errichteten Paläste auf diesem Boden, die keine Realität duldeten.

Zahllose Darstellungen dieses Sachverhalts gibt es aus der historischen Fachwelt, und je weiter die Forschung, desto höher aufgelöst das Bild. Aber vielleicht muss es kein Bild sein, vielleicht leistet die Analogie, eine poetische Formel ohne ausufernde Metahistorie, den besseren Dienst? Der Pfad, auf dem die Idealisten zu jener fieberhaft begehrten Helena vordringen wollten, war der Traum vom klassischen Hellas als eigener Heimat, den Goethe dann mit so viel Leben wie möglich erfüllen wollte, nämlich mit einer Verkörperung des schönen Idols, einer Hochzeit und sogar einer Geburt.

Zwei mythische Riesen standen dem Dichter dabei zur Seite, Prometheus und Pygmalion, beide begnadet mit gottgleich menschenschaffendem Schöpfertum. In »Faust. Eine Tragödie«, wie Goethe sein Stück schließlich nannte, verzwergen sich beide zu einem Famulus namens Wagner, der im Labor – vulgo Hexenküche – einen Homunkulus erzeugt, der dann wiederum in Faust II. eine Helena aus dem ägäischen Meer heraus erzeugt. Aber als was? Als Trugbild oder als leibhafte Frau, die ihrerseits Mutter werden konnte? Schließlich verdankte sie sich in dem Stück ja ausdrücklich einem Gang »zu den Müttern«. Oder kam sie als erlöste Kriegsbeute nach zehn Jahren trojanischem Krieg in die Gefilde der Seligen, um dort mit Achill einen Sohn namens Euphorion zu gebären? Das besagt jedenfalls einer der vielen Sagenstränge um diese Helena, an denen sich Goethe entfalten musste.

Wie mächtig das Paar Faust und Helena in der Folgezeit wirkte, braucht man nicht zu betonen. Und doch blieb die Ideengeschichte unterbelichtet. Redlich darstellbar ist sie ja nur mit Blick auf die politische Geschichte; denn selten war eine poetische Erfindung so politisch motiviert wie diese Familie Faust, und selten ein politischer Akt so bildungsschwer vorbelastet wie der deutsche Einmarsch in Griechenland im April 1941, der gespenstischen Hochzeit. 200 Jahre erst glühender und auch unendlich befruchtender, dann aber allmählich erstickender Nähe zwischen den Ländern endeten auf diese brutale Weise; aber eigentlich erst seit der letzten Jahrtausendwende, je näher der Ausschluss des Landes aus der EU rückte, wurde diese sonderbare Kulturtragödie wirklich bewusst. Es ging ja anfangs niemals um zwei Länder, sondern zunächst immer um ein Land namens Deutschland (oder Preußen oder Bayern) und eine historische Fiktion namens Hellas; aber je mehr Griechenland aus Hellas wurde, desto grausamer die Nähe. Schon bald nach der Einsetzung des bayerischen Königs 1832 regte sich Widerstand im griechischen Volk, man zwang ihn schließlich zum Rücktritt, und die Berichte aus dem Land deutscher Sehnsucht färbten sich zunehmend düster. Der poetische Kalender dazu wirkt unheimlich: Goethes Hochzeitsdichtung, die »Klassisch-Romantische Phantasmagorie« erschien noch pünktlich zum griechischen Freiheitskampf, aber zur Thronbesteigung gab es dann auch schon den »verwitweten« Faust in Teil zwei, Faust ohne Helena, nur noch mit einem Mephisto. Und doch blieb und strahlte die Idee dieses Paares durch die folgenden Jahrhunderte wie eine Ikone; Goethe hatte die Träume seiner eigenen Generation offenbar szenisch gebändigt und entfesselt zugleich.

Eine der frühesten und eindringlichsten Darstellungen dieser ganzen Konstellation stammt von einer irischen Germanistin namens Eliza Marian Butler (1885–1959). Ihr Buch mit dem psychologisch gemeinten Titel »The Tyranny of Greece over Germany«, »Die Tyrannei Griechenlands über Deutschland«, erschien 1935, es war eine überaus kritische Geschichte deutscher Graekophilie von Johann Jakob Winckelmann bis zu Stefan George. Sie wurde geschrieben, als aller Welt sichtbar wurde, was der angeblich philhellenische Tyrann an der Spitze des deutschen Reiches plante. Zuerst mit der Übernahme der antiken Olympiade, dann auch mit pseudohellenistischer Propaganda auf allen Gebieten, einschließlich der Kriegskunst, die schließlich auf das Land der Träume selber angewandt wurde. Viel zu viele humanistisch gebildete Deutsche beteiligten sich damals, und auf die meisten traf der Begriff der »Zuarbeiter« zu, den Ian Kershaw für die maßlose Interaktion zwischen Führer und Geführten im sogenannten Dritten Reich geprägt hat. Den langen Familienroman dieser Zuarbeit noch vor ihren mörderischen Exzessen erkannt und dargestellt zu haben, war das Verdienst von Eliza, gen. »Elsie« Butler, auch wenn sie weder Gräzistin noch Archäologin war, sondern Germanistin, die sich mit Heinrich Heine, Fürst Pückler-Muskau, Rilke und immer wieder mit Goethe befasste: vor allem mit Goethes Faust.

Bis heute ist aber unklar, wie sie zu ihrem Griechenbuch überhaupt kam. In den englischen Archiven gibt es dazu nahezu keine Unterlagen, weshalb die Forschung nach Butlers Tod weitgehend erlosch. Übrig blieb nur das mehr oder minder einhellige Lob für ihr Projekt und die zahlreichen Anregungen, die es gab und bis heute gibt. Immerhin wurde das Buch 1958 als Paperback erneut ediert, und Butler schrieb ein Nachkriegsvorwort dazu. Zwar seien die deutschen Klassiker, meinte sie nun, mit all ihrem Humanismus niemals imstande gewesen, Katastrophen wie den Zweiten Weltkrieg zu entfesseln oder gar nur zu unterstützen; aber eine Neigung zu exzessiv träumerischem Denken, ohne Rücksicht auf die mitlebende Realität, sei ihnen doch allen gemeinsam.

»The Tyranny of Greece over Germany« wurde in Deutschland trotz einer gekürzten Übersetzung von 1949 niemals bekannt; vielleicht war das ein Fehler. Denn der deutschsprachige Griechenkult endete mit der Ausrufung zweier deutscher Staaten keineswegs und entwickelte sich nach der Wiedervereinigung erst recht. Angefangen von neuen Grabungserfolgen im alten Troja/Hissarlik, die eine viel größere Stadt gewesen sein soll als je vermutet, über die poetischen Großforschungen des Österreichers Raoul Schrott, der die berühmte Homerfrage wieder aufwarf und geistreich beantwortete, bis hin zum legendären Kulturwissenschaftler und Heideggerianer Friedrich Kittler, der um die zweite Jahrtausendwende ein überspanntes Werk von sechs Bänden zur Antike ankündigte, im Zeichen von Musik, Mathematik und Eros. Band eins war »Hellas I: Aphrodite« gewidmet, also eben jener Göttin, deren Eitelkeit das sagenhafte Paar Helena und Paris überhaupt zustande gebracht hat. Kittler starb 2011. Die dramatische Staats- und Finanzkrise des zeitgenössischen Landes hat er nicht mehr erlebt. Größte Hellasverehrung stand nun wie schon 1832 neben Hass auf die Realität. Deutschland, das für seine Kriegsgräuel 1941 bis 1945 nie wirklich einstand, wurde zum härtesten Gläubiger, Griechenland selber in Grund und Boden kritisiert. Ob zu Recht oder zu Unrecht ist hier nicht die Frage. Im Raum steht vielmehr die längst verbreitete Sorge der Betrachter, dass gerade die Feinheiten deutschen Kulturdenkens keinerlei Wirkung auf die politische Klasse haben, ja diese womöglich nur mit prätentiöser Selbstsicherheit versorgen. So betrachtet das vorliegende Buch das Mahnmal der Elsie Butler mit dem Wissen der Nachgeborenen. Es folgt dabei ihrer Deutung von Faust und Helena als einer düsteren Allegorie auf das Verhältnis von Deutschen und Griechen. »Die Geschichte des Zauberers Faustus aus dem Norden, der Helenas Schatten aus der Unterwelt beschwört, könnte man als Symbol der Beziehungen zwischen dem antiken Griechenland und dem modernen Europa verstehen ... Unsere Architektur, unsere Poesie, unsere Art zu denken, ja auch unsere Sprache legen beredtes Zeugnis ab von der Tatsache, dass der Westen, verzaubert auf die gespenstische Erscheinung von Hellas starrend, eben das empfand, was Marlowes Faustus rufen ließ: ›Nie will ich eine andere lieben‹, was man in Prosa übersetzen und falsch zitieren könnte: ›nie will ich einer anderen Norm gehorchen‹.«

So Butler 1938, zwei Jahre, nachdem sie mit ihrem Buch viel Ärger erregt und deutsche Kritik auf sich gezogen hatte. Die Kritik war verständlich, denn hinter ihrem Projekt erschien ja eine deutsche Ideengeschichte, die nachgerade sklavisch, wenn nicht vampirisch von hellenischer Kunst, Literatur, Philosophie und Technik leben wollte. Wenig überraschend umfasst diese Geschichte im Kern etwa Goethes Leben und Nachleben bis zu seinem 200. Geburtstag 1949. Kultur hat eben, anders als Oswald Spengler meinte, keine einförmig biologische Uhr. Und Goethe hieß der Abgott von Oswald Spengler, dem deutschen Kulturphilosophen der Weimarer Republik. Keinen Autor hat Spengler in seinem epochalen Werk über den »Untergang des Abendlandes« so oft und so zentral zitiert. Aber eine Helena kommt hier nicht vor – es sei denn, man betrachtet Spenglers Abendland als einen anderen Ausdruck für die griechische Antike unter dem Namen Hellas. Nicht Trojas, wohl aber Hellas'/Helenas Untergang begleitet den Aufstieg von Faust, den Spengler unter dem Begriff des »Faustischen« zum Markenzeichen einer germanischen Moderne erhob oder was er dafür hielt. Welche Ideengeschichte Elsie Butler vorfand, als sie 1924 in die Londoner Germanistik eintrat, kann man also mit Fug einem »Männlichen Blick« zuschreiben. Dass sie selber um 1930 den Mut zu einem anderen, eher »Weiblichen Blick« fand, lag nicht nur an der politischen Entwicklung, sondern schon an der Frauenbewegung, zu der sie gehörte und die etwa seit 1880 in das englische Spiel um Hellas ganz neue Schwerpunkte einführen sollte.

Berlin, September 2017

Angelika Kauffmann, Goethe 1787 in Rom
Der Dichter hatte nichts dagegen, »daß die Idee, als hätte ich so ausgesehen, in der Welt bleibt«.

ERSTER TEIL

Der männliche Blick

Von Goethe
bis zu Sigmund Freud

ERSTES KAPITEL
1749 bis 1832

Der Komet aus der Antike: Johann Joachim Winckelmann. Liebe in Deutschland, Ärger in Preußen, europäischer Kult. Englands Bildungs-Reiselust. Hellas' ruiniertes Erbe, beschrieben, gezeichnet und entführt. Byron und Goethe, Faust und Helena, ein Vermächtnis.

Die Szene ist wahrhaft gut bekannt. Ostern 1754 kaufte Elisabeth Goethe auf der jährlichen Frühjahrsmesse in Frankfurt am Main Töpfe und Geschirr für den wachsenden Haushalt; sie war wieder schwanger und brauchte Nachschub. Zuhause erwartete sie Wolfgang, damals etwa viereinhalb Jahre alt. Alsbald nutzte er einen günstigen Moment, um die Brüder Ochsenstein, seine besten Freunde, zu vergnügen. Erst warf er sein eigenes Puppengeschirr aus dem Vorgarten, und dann auf die brüderlichen Rufe nach Mehr den irdenen Vorrat der Mutter. Es krachte ordentlich, aber folgenlos; er wurde nicht bestraft, alle mussten nur lachen. Mehr als 150 Jahre später deutete Sigmund Freud diese Szene aus »Dichtung und Wahrheit« genussvoll. Er sah darin das Muster der Geschwisterrivalität, fand sogar ähnliche Beispiele bei seinen Patienten und bezog Goethes Reaktion auf die kommende Schwester Katharina Elisabeth, die aber nur wenig länger als ein Jahr leben sollte. Das Thema der Geburt und des frühen Todes, überhaupt die Figur des Kindes hat Goethe bekanntlich nie mehr losgelassen; so wenig wie die Hoffnung auf einen Bruder. Von den sieben Kindern der Mutter Goethe überlebte außer Wolfgang nur die begabte Cornelia, eine Art Brudersatz; aber auch diese Schwester, selbst melancholisch vor Bruderliebe, starb schon mit 26 bei Geburt ihres zweiten Kindes. Ob Goethe später auf der Suche nach Verwandtschaft, und sei es nur einer platonischen, sehnsuchtsvoll in andere Länder geblickt hat? Ob er womöglich den legendären Dichter Lord Byron aus so einer frühkindlichen Prägung heraus geliebt hat, halb wie einen Bruder, halb wie einen Sohn? Byron wurde um 1800 der berühmteste englische Freund der Griechen, trat aber erst spät in Goethes längst philhellenischen Horizont. Und der wiederum wurde maßgeblich für die deutsche Intelligentsia. Seit und mit Goethe war Griechenland in fast allen deutschen Bildungshäusern das meistgeliebte, und mit des Dichters Hilfe geradezu familiär verehrte alte Volk, von dem man abzustammen wünschte, eben Hellas. »Das Land der Griechen mit der Seele suchend«, wie einst Iphigenie am Strand der heutigen Krim, wurde zur historischen Formel der Philhellenen, wenn auch nicht nur in Deutschland. Seit dem Humanismus, seit Beginn der europäischen Aufklärung standen kultivierte Bürger, Dichter, Künstler, Wissenschaftler, Pfarrer und Priester an einem geistigen Meeresstrand, der räumlich wie zeitlich zur Ausfahrt lockte – dies aber in Deutschland seit 1755 mit einem Fahrtenbuch völlig eigener Art. In diesem Jahr erschien ein Manifest mit dem Titel »Gedanken über die Nachahmung der griechischen Werke in der Malerei und Bildhauerkunst«, verfasst von einem unbekannten jungen Kunstforscher namens Johann Joachim Winckelmann. Geboren 1717 in der Hansestadt Stendal, Sohn eines Schusters, hoch begabt, wurde er nach und nach von Lehrern und Priestern entdeckt und gefördert. Die Begegnung mit der griechischen Kultur, vor allem in der großen Bibliothek des Grafen Bünau auf Schloß Nöthnitz, entrückte den Jungen in eine ideale Welt, klimatisch, politisch, ästhetisch, sozial. Auch wenn man es ihm zunächst im kargen Preußen und mit harten Arbeitsbedingungen schwer machte, lernte er unter Entbehrungen Griechisch, befreundete sich mit den alten Autoren und studierte, erotisch bezaubert, die Gestalten der hellenischen Bildhauer in Abgüssen und Bildwerken. Hier herrschte das richtige Leben im falschen, und zwar richtig in jeder Hinsicht. Mit diesem Fazit eröffnete Winckelmann apodiktisch gleich seine erste Schrift. »Der gute Geschmack, welcher sich mehr und mehr durch die Welt ausbreitet, hat sich angefangen zuerst unter dem griechischen Himmel zu bilden. Alle Erfindungen fremder Völker kamen gleichsam nur als der erste Same nach Griechenland, und nahmen eine andere Natur und Gestalt an in dem Lande, welches Minerva, sagt man, vor allen Ländern, wegen der gemäßigten Jahreszeiten, die sie hier angetroffen, den Griechen zur Wohnung angewiesen, als ein Land, welches kluge Köpfe hervorbringen würde.«

Das Echo auf diesen Aufruf in der gebildeten Welt war enorm. Ein Jahr später konnte Winckelmann in einer zweiten Auflage, alsbald auch mit Übersetzungen ins Französische und Englische, seine Devise für zukünftige Jahrhunderte wuchtig verbreiten: »Der einzige Weg für uns, groß, ja, wenn es möglich ist, unnachahmlich zu werden, ist die Nachahmung der Alten.« Mit diesem paradoxen Ehrgeiz – wie konnte man durch Nachahmung unnachahmlich werden? – setzte sich Winckelmann unvermittelt von der bisher dominierenden französischen Kunstdeutung ab. Ähnlich wie Luther nach den originalen Quellen der Bibel, suchte er nach den originalen Kulturvätern der Deutschen, und diese sprachen Griechisch. Was aus Frankreich kam, war nicht wirklich griechisch inspiriert, sondern lateinisch, römisch und christlich. Er aber liebte das Heidentum, mindestens in Form von Kunst. Nur widerwillig, dann aber doch von der eigenen Leidenschaft verführt, wurde Winckelmann schließlich katholisch, um in das Mekka der Ästheten und Sammler nach Rom zu kommen. Rom galt noch Goethes Vater als geistiges Zentrum der Deutschen; und nach Rom reiste sein Sohn fluchtartig in einer Lebenskrise. Hier machte Winckelmann erstaunlich Karriere. 1763 ernannte ihn Papst Clemens XIII. zum Aufseher der sogenannten »Altertümer« sowie zum *scrittore* der Biblioteca Vaticana; und mit dem Zugang zu ältesten Manuskripten und Werken, im Umgang mit Kardinälen und Künstlern, schrieb er nun an seiner großen Kunstgeschichte, endlich angekommen in einer südlichen, wärmeren und hellenisch kultivierten Weltstadt.

Italien war damals wie heute ein gigantischer Sammelplatz griechischer Kunstwerke, nicht nur auf, sondern auch unter der Erde. Als Fluchtort während der Renaissance, als die Türken 1453 Konstantinopel eroberten und das hellenistische Byzanz unterwarfen, war das Land samt Vatikan zum Hort der antiken Kulturerbschaft geworden. Italien bedeutete Magna Graecia: Großgriechenland; es war der Vorraum aller späteren deutschen Griechenliebhaber, die nicht in das Land selber zu fahren wagten, wie bis zur Wende um 1900 fast alle deutschen Dichter und Denker. Winckelmanns »Geschichte der Kunst des Altertums«, gespeist und gesättigt aus italienischer Anschauung, oft auch aus zweiter Hand, erschien 1764 und war wieder ein Werk mit wuchtig normativem Anspruch: ein Lehrgebäude sollte es sein. Die Idee der Schönheit war definiert, der Horizont festgesetzt, und die Apotheose auf eine Statue des Gottes Apoll eröffnete eine neue Epoche der Kunstbeschreibung. Es war die Prosa eines Liebenden: »Die Statue des Apollo ist das höchste Ideal der Kunst unter allen Werken des Altertums, welche der Zerstörung derselben entgangen sind. Der Künstler derselben hat dieses Werk gänzlich auf das Ideal gebaut, und er hat nur eben so viel von der Materie dazu genommen, als nötig war, seine Absicht auszuführen und sichtbar zu machen. Dieser Apollo übertrifft alle andern Bilder desselben so weit, als der Apollo des Homerus den, welchen die folgenden Dichter malen. Über die Menschheit erhaben ist sein Gewächs, und sein Stand zeugt von der ihn erfüllenden Größe. Ein ewiger Frühling, wie in den glücklichen Elysien, bekleidet die reizende Männlichkeit vollkommener Jahre mit gefälliger Jugend und spielt mit sanften Zärtlichkeiten auf dem stolzen Gebäude seiner Glieder.«

Das Buch begeisterte Winckelmanns Leser mit Beobachtungsfülle, genauer Darstellung und historischer Kenntnis. Es galt und gilt als die erste Kunstgeschichte Deutschlands, wenn nicht Europas. Ein großer Erfolg wurde es nicht zuletzt, weil Winckelmann das Studium der einzelnen Kunstwerke wichtiger nahm als die biographische Kenntnis der Künstler. Statt die griechische Welt als Ruinenstätte zu betrauern, konnte er jede Statue, selbst jeden Torso, der ihn begeisterte, eindringlich, aber zugleich auch präzise beschreiben. Madame de Staël nannte ihn gar einen Physiognomen, weil Statuen unter seinem Blick zum Leben erwachten; dabei machte sein eigener schrecklicher Tod – er wurde 1768 von einem diebischen Hotelgast in Triest erstochen – ihn vor allem tragisch bekannt.

Vielleicht wegen dieses Todes blieb in der Folge berühmter noch als der Apollohymnus die eherne Kunstformel für die antike Statuengruppe namens »Laokoon« von 1755. Sie zeigte in meisterhafter Ausführung einen Vater mit zwei Söhnen um ihr Leben ringen, weil zwei Schlangen sie zu ersticken drohten. Laokoon war der Name eines Priesters in Troja, und der Eindruck, den der Künstler erweckte, verriet Todesmut. So also hieß es im Manifest über die »Nachahmung der Alten«: »Das allgemeine vorzügliche Kennzeichen der griechischen Meisterstücke ist endlich eine edle Einfalt und eine stille Größe, sowohl in der Stellung als im Ausdrucke. So wie die Tiefe des Meers allezeit ruhig bleibt, die Oberfläche mag noch so wüten, ebenso zeigt der Ausdruck in den Figuren der Griechen bei allen Leidenschaften eine große und gesetzte Seele.«

Meldete sich hier eine stoische Ästhetik – oder waren diese Sätze dem Priester des Poseidon geschuldet? Denn als Diener des Meergottes war Laokoon durch Vergil bekannt; angeblich hatte er die griechische List erkannt, die hinter dem berühmten Trojanischen Pferd steckte, und die Göttin Athene ließ ihn zur Strafe von zwei Schlangen töten. Wie auch immer, die Allegorese im Namen des Poseidon blieb offenbar Winckelmanns Sternbild. »Der erste Anblick schöner Statuen ist bei dem, welcher Empfindung hat, wie die erste Aussicht auf das offene Meer, worin sich unser Blick verliert« – mit diesem Aufatmen eines kunstliebenden Deutschen, der sein Paradies gleichsam an einem Strand findet, bahnte Winckelmann eine europäische Kulturrevolution an, ästhetisch, patriotisch, geopolitisch. Das alte Griechenland bedeutete für ihn eben nicht nur schöne Kunst, sondern glückliches Klima, vorbildlich demokratische Verfassung und unerhörte Philosophie. Es war das Land der Träume für jeden, der in einem kalten, zerspaltenen Land unter einem protestantisch versehrten militärischen Regime, einem ungeliebten Deutschland leben musste. Der junge Friedrich Hölderlin, Deutschlands liebster Lyriker, war begeistert, dass Katharina die Große zur Befreiung des griechischen Landes aus türkischer Herrschaft ansetzte, und das nicht nur aus geopolitischer Raison, sondern ausdrücklich auch im Gedenken an das glanzvolle Hellas. Sein Roman »Hyperion« spielte um 1800 vor diesem Hintergrund und gipfelte in einer schneidenden Kritik an seiner eigenen Heimat, wo »eigentlich das Leben schal und sorgenschwer und übervoll von kalter stummer Zwietracht ist, weil sie den Genius verschmähn, der Kraft und Adel in ein menschlich Tun, und Heiterkeit ins Leiden und Lieb und Brüderschaft den Städten und den Häusern bringt.«

Deutschkritisch heftig reagiert und über penible Kritik sich geärgert hatte zuvor schon Herder, der Völkerphilosoph und Winckelmann-Bewunderer in einem Nachruf im »Teutschen Merkur«: »… in der schrecklichen Einöde alter Nachrichten und Geschichte, da Plinius und Pausanius, wie ein paar abgerissene Ufer dastehn, auf denen man weder schwimmen, noch ernten kann; in einer solchen Lage der Sachen rings umher an eine Geschichte der Kunst des Altertums denken, die zugleich Lehrgebäude, keine Trümmer, sondern ein lebendiges, volkreiches Theben von sieben Pforten sei, durch deren jede Hunderte ziehen; gewiß, das konnte kein Kleinigkeitskrämer, kein Krittler an einem Zeh im Staube. Auch hat es Winckelmann in den letzten Jahren seines abgeschnittenen unvollendeten Lebens bitter gefühlt und beklagt, daß sein Vaterland in manchen ihm zutönenden Stimmen sich nach deutscher Weise an die einzelnen kleinen Fehler des Werkes hielt und die Mühe und den Geist des Ganzen verkannte. Aber so ist es in Deutschland und so wird es bleiben.«

Aber so blieb es nicht, ganz im Gegenteil. Ein unseliger »Geist des Ganzen« ergriff rund 150 Jahre später fast die gesamte Nation, auch in ästhetischer Hinsicht total bis ins Groteske. Hitler als grausamer Graekomane bemächtigte sich in Winckelmann ausgerechnet einer Ikone der »Griechenliebe«; homoerotische Neigung übersetzte man in spartanische Körperzucht, vor allem im Umkreis der Olympiade 1936, künstlerisch monumental von Leni Riefenstahl und Arno Breker erfasst, aber im Kern längst auf Kriegstüchtigkeit ausgerichtet. Wegen seiner Kritik am französischen Stil wurde Winckelmann unter Hitler vorbildlich als Franzosenhasser, der einen »wahren Alexanderzug um Reiche der Seele und des Geistes« vollbracht habe, und der einstige Direktor des Deutschen Archäologischen Instituts in Rom, Ludwig Curtius, nannte ihn 1941 bewundernd gar »einen der geistigen Diktatoren Europas«.

In Wahrheit war die Entdeckung der griechischen Welt um 1750 in ganz Europa im Gang. Während Winckelmann seine Träume träumte, schickte die englische Society of Dilettanti Kunstkenner in das wirkliche Land, um genaue Zeichnungen der verfallsbedrohten Kunstwerke anzufertigen. Das mächtige Werk von James Stuart und Nicholas Revett erschien ab 1762 in drei Bänden: »The Antiquities of Athens, measured and delineated« – und zusammen mit den Beschreibungen des mitreisenden Schriftstellers Richard Chandler sowie den Berichten auch parallel aus französischer Hand ließ sich allmählich der antike Klassiker der Landeskunde, Pausanias, nachvollziehen, konnte man griechischen Boden und griechisches Leben en détail erobern.

Wohl keine fremde Kultur ist derart penibel beschrieben worden wie die hellenische, keine fremdsprachige Literatur derart untersucht, angeeignet und geliebt und keine Kunst aus Stein derart imitiert worden wie die des alten Griechenland. Aber natürlich unterschieden sich die Nationen dabei charakteristisch. Während die Deutschen mit Winckelmanns Werk eine Art Evangelium erhielten, dem sie treu bleiben wollten wie ihrem Homer und ihrem Platon, hielten die Engländer sich an die Wirklichkeit: als Reisende und Zeichner, als Kunsthändler und Seemacht, als Räuber und Politiker. Ein englischer Geistlicher gilt als Begründer der modernen griechischen Archäologie. John Potter, Sohn eines Weißwäschers, war ähnlich begabt und von der Antike begeistert wie Winckelmann; sein zweibändiges Meisterwerk »Archaeologia graeca« von 1697/98 hielt sich als englisches Standardwerk bis zu den berühmten »Dictionaries« von William Smith im Jahre 1842. Potter brachte es bis zum Erzbischof von Canterbury; durch die deutsche Übersetzung seines Buches 1775/78 kam der Ausdruck »Archäologie« überhaupt erst nach Deutschland.

Nachrichten über Griechenland aus englischen Quellen hatten, anders als deutsche, gern etwas Abenteuerliches, wenn nicht Skandalöses an sich. Das begann 1786, als Goethe auf seiner Italienreise den britischen Botschafter im Königreich Neapel, William Hamilton, besuchte und den alten Kunstsammler mit einer jungen schönen Mätresse fand; zusammen hatten die beiden eine neue Kunstrichtung erfunden: griechischen Tanz, griechische Kleidung, lebendig ins Werk gesetzt nach den Vorlagen der hellenischen Vasenkunst, die Hamilton durch die Ausgrabungen von Herkulaneum und über den Kunsthandel in sein Haus brachte. Später verkaufte er seine große Sammlung dem Britischen Museum. Seine junge Frau Emma Hart, aus ärmlichsten Liverpooler Verhältnissen, machte mit Anmut und Geschick steile Karriere, nicht nur als Botschaftergattin, sondern um 1800 auch als Geliebte des Admirals Lord Nelson, zum Schrecken der hohen Gesellschaft diesseits und jenseits des Ärmelkanals. Europaweit umstritten war auch Lord Elgin, um 1800 Botschafter im osmanischen Athen, der große hellenische Architekturen kopieren, vor allem aber auch demontieren ließ. In einem Vertrag mit der türkischen Regierung, der sogenannten »Hohen Pforte«, ließ er sich bescheinigen, dass er nicht nur Abgüsse aus Gips herstellen, sondern sogar originale Stücke abnehmen konnte; schließlich dürfe man herrliche Kunst wie diese nicht verfallen lassen. Elgin barg oder nahm sich mehr als die Hälfte des berühmten Frieses aus dem Athener Parthenon, in dem der größte hellenische Bildhauer Phidias und seine Schüler die Schlacht bei Marathon unerhört modelliert hatten. Elgin verschiffte die Sammlung zusammen mit vielen anderen wertvollen Stücken 1803 nach England; aber wie unter göttlichem Zorn verschwand die Ladung bei einem Schiffbruch teilweise im Meer. Erst nach dreijähriger Arbeit und unter astronomischen Kosten konnten Taucher die Kunstwerke bergen. 1812 landeten schließlich achtzig Kisten mit den sogenannten »Elgin Marbles« in London. Erst vier Jahre später, nach umständlichen Verhandlungen, konnte der Lord sie endlich für 35.000 Pfund Sterling an das Britische Museum verkaufen; die Summe deckte angeblich nur die Hälfte der eigenen Kosten.

Der ganze Vorgang war unerhört. Während Lord Elgin die hellenische Welt partikelweise ins Europa der Christen brachte und damit ein Stück handgreifliche griechische Realität, wurde seine Transaktion heftig kritisiert. Man hielt ihn für einen Räuber; er hatte der griechischen Kultur ein zentrales, wenn nicht das wichtigste Zeugnis einstiger Größe zerstört. Scharfe Worte fand damals auch der skandalumwitterte Dandy Lord Byron, der Griechenfreund, Goetheverehrer und Dichter, dessen Versepos »Childe Harold's Pilgrimage« im selben Jahr 1812 in zwei Gesängen erschienen war. Es war das romantisch verzweifelte Selbstporträt eines Reisenden ins Osmanische Reich, der natürlich auch bis zum Athener Parthenon kam und Klage erheben konnte.

Auch Goethe, der begeisterte Philhellene, hatte inzwischen mit einer Art Trauerarbeit begonnen. Mit seiner Anthologie über »Winckelmann und sein Jahrhundert« (1805) erinnerte er noch einmal an die grundstürzende Sehnsucht und die Leistungen dieses Kunstphilosophen. Das Buch wurde ein tiefgehender Abschied vom Griechentraum, denn im selben Jahr 1805 starb auch sein Freund Schiller, der mit ihm zusammen so vielfach der Antike gehuldigt hatte. Schon 1788, im Jahr der »Iphigenie«, hatte Schiller das erste ernüchterte Poem über die »Götter Griechenlands« verfasst: »Ausgestorben trauert das Gefilde, Keine Gottheit zeigt sich meinem Blick, Ach, von jenem lebenswarmen Bilde Blieb nur das Gerippe mir zurück«. Gemeint war damit aber nicht die ausgestorbene Kunstszene, sondern die rabiate Vertreibung der heidnischen Götter des Polytheismus durch den einen und einzigen Gott des Christentums. Schiller erntete Kritik und lieferte noch im letzten Lebensjahr eine weniger unchristliche Fassung: Die Pflege des entleerten Himmels war nun Sache der Poesie. Trauerarbeit leistete zur selben Zeit auch Wilhelm von Humboldt, damals Botschafter in der ruinenübersäten Hauptstadt Italiens. 1804 schrieb er an Goethe einen verdeckten Kommentar auf Lord Elgins Aktion: »Aber es ist auch nur eine Täuschung, wenn wir selbst Bewohner Athens oder Roms zu sein wünschten. Nur aus der Ferne, nur von allem Gemeinen getrennt, nur als vergangen muß das Altertum uns erscheinen. Es geht damit wie wenigstens mir und einem Freunde mit den Ruinen: wir haben immer einen Ärger, wenn man eine halb versunkene ausgräbt; es kann höchstens ein Gewinn für die Gelehrsamkeit auf Kosten der Phantasie sein.«

Goethe hatte die Botschaft verstanden; nach Schillers Tod kam er zurück in die deutsche Gegenwart. Fast vierzig Jahre trennten ihn nun von Winckelmann, dem bewunderten, ja geliebten Kunstlehrer von einst, und es waren dramatische, hochpolitische Jahre gewesen. Hinter ihm lag die Französische Revolution, die er hasste, und der Aufstieg Napoleons, den er bewunderte. Im Jahr seiner denkwürdigen Begegnung mit dem französischen Kaiser erschien endlich das deutscheste Werk der deutschen Literatur, »Faust I«, im Druck: es war dieser Faust, seit 1775 als »Urfaust« bekannt, dann weitergeführt als »Faust. Ein Fragment« und als solches 1790 erstmals veröffentlicht. Nun also 1808 »Faust I« zum Abschluss der Werkausgabe beim Verleger Cotta gedruckt: keine Iphigenie mehr und kein Prometheus, sondern sehr zeitgenössisch eine Figur, die Goethe angeblich aus einem Mainzer Puppenspiel kannte, das ihn als Kind so begeistert hatte; nun also ein Mann als Heiratsschwindler und Mörder, ohne weiteren philhellenischen Glanz, dazu ein satanisches Abkommen und die Tragödie einer jungen Frau, verführt, zum Wahnsinn getrieben und schließlich als Kindsmörderin hingerichtet, wenn auch von einem christlichen Gott erlöst.

Lord Byron kannte und verfolgte Goethes Ruhm, konnte aber kein Deutsch und also erst einmal nichts original lesen. Er ließ sich berichten und spiegelte schließlich die Faustgeschichte auf seine Art in dem Versepos »Manfred. A Dramatic Poem« von 1817. Goethe war begeistert. Zwar hatte er schon vorher Gedichte von Byron gelesen, auch ansatzweise übersetzt; aber nun verfolgte er nahezu unaufhörlich das Werk des Jüngeren und notierte monatlich im Tagebuch seine Lektüren bis ins Todesjahr. »Manfred«, ein schuldbeladener, schwermütiger Wanderer in den Schweizer Alpen, der nach Vergessen sucht, zaubert wie Faust Geister heran, aber es sind Naturgeister, die sich nicht materialisieren wollen, allenfalls alle zusammen in einer herrlichen Frau. Sie erscheint, Manfred will sie umarmen, doch sie entschwindet. Das Leiden beginnt. Das Muster einer immer wieder seltsam misslingenden Liebe zu einem blendenden Phantom, bisher nur in der Volksliteratur, in Sagen und in Märchen zuhause, war in der hohen Literatur in England und in Deutschland angekommen.

Der britische Dichter lieferte damals ein Paradestück zur sogenannten schwarzen Romantik. Die Mischung aus Okkultismus, moralischer Selbstqual und individueller Hybris inspirierte selbst Goethe, den Feind aller romantischen Poesie. Und doch dauerte es noch zehn Jahre, bevor er ein Bruchstück seiner Fortsetzung des Dramas zu Faust II unter dem Titel »Helena. Klassisch-romantische Phantasmagorie« (1827) als »Zwischenspiel zu Faust« öffentlich machte. Auch hier gab es nun die Frau als hinreißendes Phantom, als griechische Erscheinung, ja sogar als Erscheinung Griechenlands in begehrenswerter klassischer Gestalt; nicht als teuflisches Blendwerk wie im altdeutschen Puppenspiel. Diese Helena würde schließlich die Figur eines gemarterten Gretchens und aller umgebenden Schuld vergessen lassen; und doch gehörten sie beide zusammen wie die Gesichter einer Herme. Oder womöglich nicht? Wer sich in der griechischen Mythologie auskannte wie der Dichter und viele seiner Leser auch, wusste natürlich zugleich, dass man mit dieser Figur eine sagenhaft schillernde Überlieferung bekam, ein episches Delta, eine personifizierte Verflechtung von Narrationen, die dem Dichter jederzeit Abweichungen und Ausflüge erlauben würde.

Die Arbeit an dem Phantom dauerte lange, der alte Goethe empfand es selber so. Aber sie endete bedeutungsschwer im Jahr der Befreiung Griechenlands, drei Jahre nach Byrons Tod in dieser Mission, 1827. »Wie ich im Stillen langmütig einhergehe werden Sie an der dreitausendjährigen Helena sehen, der ich nun auch schon sechzig Jahre nachschleiche, um ihr einigermaßen etwas abzugewinnen«, schrieb Goethe dem Freund Nees von Esenbeck, einem Meteorologen. Dabei handelte es sich bei seinen neuen Versen um eine ganz aktuelle Liebeserklärung an Byron, den mit Goethes Sohn August fast gleichaltrigen Freiheitskämpfer, der nun im Stück in Gestalt eines Kindes von Faust und Helena erschien: ein Euphorion als leuchtend, flirrend übermütiges Geschöpf mit einem frühen Tod.

Byron selbst hatte diesen Tod in Wirklichkeit auch gesucht; denn er hatte kein allegorisches, sondern ein völlig realistisches Bild von Griechenland. Anders als Goethe engagierte er sich schon früh im Freiheitskampf aus dem Geist von Katharina der Großen. 1823 brach er mit einem gemieteten Schiff namens *Hercules* von Genua auf, um den aufständischen Griechen beizustehen, die ihren Krieg dann doch erst vier Jahre später unter großen Opfern und mit Hilfe der europäischen Nationen gewinnen konnten. Byron starb bald nach seiner Ankunft 1824 in Missolonghi, dem Hafen einer entscheidenden Schlacht, nicht als Heldenkämpfer, sondern am Fieber. Die Griechen betrauerten ihn außerordentlich. Nicht nur bestattete man sein Herz in Missolonghi und setzte ihm ein Denkmal, der griechische Nationalpoet Dionysios Solomos verfasste sogar ein Gedicht auf ihn, Söhne wurden namentlich nach ihm benannt und selbst eine Stadt nahe Athen. Seine letzte und einzige unmittelbare Botschaft an Goethe war ein ergreifender Dankesbrief vom 23. Juli 1823:

»Erlauchter Herr – Ich kann Ihnen nicht gebührend für die Zeilen danken, die mein junger Freund Sterling mir von Ihnen übersandte, und es würde mir schlecht anstehen, Verse zu tauschen mit dem, der seit fünfzig Jahren der unbestrittene Herrscher über die europäische Literatur ist. – Sie müssen daher meinen aufrichtigen Dank in Prosa annehmen – und noch dazu in eiliger Prosa – denn ich bin wieder einmal auf einer Reise nach Griechenland – und umgeben von Hast und Unruhe, die kaum einen Augenblick selbst der Dankbarkeit und Bewunderung gestatten – Ich segelte vor einigen Tagen von Genua ab – wurde durch widrige Winde zurückgetrieben – bin dann wieder in See gestochen – und traf heute früh hier in (Livorno) ein, um einige griechische Passagiere für ihr im Kampf befindliches Land an Bord zu nehmen. – Hier auch fand ich Ihre Zeilen und Mr. Sterlings Brief vor – und kein günstigeres Omen und keine angenehmere Überraschung hätten mir zuteil werden können als ein Wort von Goethe, geschrieben von seiner eigenen Hand. – Ich kehre nach Griechenland zurück, um zu sehen, ob ich dort nicht irgendwie nützlich sein kann; – wenn ich jemals wiederkommen sollte, will ich Weimar einen Besuch abstatten, um die aufrichtige Huldigung eines Ihrer vielen Millionen Bewunderer darzubringen.

Ich habe die Ehre, stets und ergebenst zu sein,
Ew. dankbarer Bew[underer] und D[iener]
Noel Byron«

Eine deutsch-englische Wahlverwandtschaft im Faustgebiet hatte es freilich schon lange zuvor gegeben, wenn auch nie so innig wie zwischen Goethe und Byron. Seit 1600 reisten englische Comedians mit einem Faustspiel durch die Lande, auch durch die deutschen; denn seit 1587 gab es das deutsche Volksbuch mit der »Historia von J. Fausten dem weit beschreyten Zauberer«, gedruckt zu Frankfurt am Main von einem Johan Spies. Zwei Jahre später erschien die »Tragical History of Doktor Faustus« des englischen Autors Christopher Marlowe, ins Deutsche übersetzt allerdings erst 1818 von Wilhelm Müller, einem der bekanntesten Philhellenen seiner Zeit, ein Dichter, der nicht nur Franz Schubert zu seinen Liederzyklen »Die schöne Müllerin« und »Die Winterreise« inspirierte, sondern auch zahllose Lieder für die Freiheitsbewegung schrieb und als »Griechenmüller« bekannt wurde. Goethe hat Marlowes Stück angeblich erst durch Müller kennengelernt; er selbst berief sich immer auf das Puppenspiel seiner Frankfurter Kinderzeit, »wo Faust in seinem herrischen Übermut durch Mephistopheles den Besitz der schönen Helena von Griechenland verlangt«. In beiden Versionen wird Faust für seinen Pakt mit Mephisto bitter bestraft und muss zur Hölle fahren; zur Urform gehören aber auch Faust und Helena als Eltern mit einem Sohn namens Justus, der früh stirbt oder verschwindet, wie dann auch Goethes Euphorion.

Als Goethe von Marlowe hörte, hatte es einen Faust für fromme Bürger schon länger auf deutschen Bühnen gegeben, nur stammte er nicht von Goethe, sondern vom theatererfahrenen August Klingemann, der das Stück im Hoftheater Braunschweig noch vor Goethes Tod zur Aufführung bringen sollte. Als Mitglied einer Theatertruppe nahm sich Klingemann Freiheiten heraus; er sah

Faust zwischen einer Ehefrau Käthe und einer teuflisch maskierten Helena zerrieben. Die Uraufführung 1811 in Breslau mit Ludwig Devrient als Mephisto hatte europaweiten Erfolg. Offenbar war es ein Reißer geworden; farbig, grotesk und bombastisch. In London sah ihn auch einer der größten Goetheverehrer Englands, der historische Schriftsteller und Essayist Thomas Carlyle. Er hatte eigens Deutsch gelernt, aus Zuneigung zu den deutschen Denkern, vor allem zu Fichte. In Byrons Todesjahr sandte er Goethe seine Übersetzung von »Wilhelm Meisters Lehrjahre« und begann eine jahrelange Korrespondenz mit dem alten Dichter. Carlyle spielte damals für die deutsche Literatur eine ähnliche Rolle für England wie Madame de Staël für Frankreich, deren Essay »Über Deutschland« von 1813 ein ganzes Kapitel hingerissener Faustlektüre enthielt. Carlyle, von ihr angeregt, besprach und lobte alle möglichen zeitgenössischen deutschen Autoren. Mit größter Hochachtung schrieb er sogar eine Biographie über Schiller, und »Faust I« wie auch die Helena-Phantasmagorie wurden eingehend von ihm gewürdigt.

Goethe starb 1832. Nach seinem erklärten Willen erschien der zweite Teil des Faust, also »Faust II«, erst nach seinem Tode im Druck. Aufgeführt wurde er sogar erst 1856, nach dem Tod seines Gesprächsbruders Eckermann, der bis dahin als Treuhänder des Werkes galt. Goethes letzte Regieanweisung lautete: »Helenes Gewande lösen sich in Wolken auf, umgeben Faust, heben ihn in die Höhe und ziehen mit ihm vorüber.« Diese Helena ist nicht nur keine Hexe, sondern rettet im Gegenteil Faust vor der Verdammnis. In Englands frommer Gesellschaft wurde das immer wieder getadelt. Sollte die griechische Helena mit Faust womöglich die Deutschen retten – und wenn ja: wovor? Entrückung und Versöhnung gelingen hier jedenfalls im Zeichen der Meteorologie, der sich Goethe zum Ende seines Lebens widmete. In einem früheren Entwurf hieß es wahrhaft himmlisch: »Die Wolke steigt halb als Helena nach Süd-Osten halb als Gretchen nach Nordwesten.«

ZWEITES KAPITEL
1832

Der Staat als Ziel. Philhellenische Hilfe: Katharina II., die Grafen Orlow und Kapodistrias. Die Schweizer und Jean-Gabriel Eynard. Die Engländer und Lord Byron. Die Bayern und Otto I. Die Heimholungen Griechenlands im Roman, in Architektur und Kunst. Goethes Faust II als Oper.

Im Mai 1832, zwei Monate nach Goethes Tod und elf Jahre nach Beginn des Freiheitskampfes, erhielten die Griechen einen Staat. Zum ersten Mal seit der Antike sollte es wieder ein eigenes Land griechischer Sprache geben, zum ersten Mal seit mehr als einem Jahrtausend wäre es nicht mehr Teil eines christlichen Großreiches, sondern ein selbständig christlicher Staat, wenn auch mit langer nichtchristlicher Vorgeschichte, die immer noch kulturell alles zu überragen schien, was seit dem Römischen Reich mit der hellenischen Erbschaft geschehen war. In diesem Jahr 1832 wurde nach dem Beschluss der Großmächte Russland, England und Frankreich der Sohn des bayerischen Königs Ludwig I., der achtzehnjährige Otto I. inauguriert. Er durfte sich »König von Griechenland« nennen, nicht aber »König der Griechen« oder gar »der Hellenen«. Im Dezember reiste er von Brindisi in die vorläufige Hauptstadt Nauplion; die Regierung konnte er allerdings nur volljährig übernehmen, und erst 1841 war das Schloss in Athen überhaupt bezugsfertig. Es war das heutige Parlamentsgebäude, damals vom bayerischen Baumeister Friedrich von Gärtner errichtet.

Das Vorspiel zu dieser ganzen Inthronisierung, der griechische Freiheitskampf zwischen 1821 und 1827, war blutig verlaufen und keineswegs in Harmonie beendet worden. Er verdankte sich außer der russischen Initiative aus den 1770er Jahren unmittelbar dem Aufruhr der Französischen Revolution, deren Folgen vom Wiener Kongress unter Metternich nur mühsam und widerwillig mit nationalen Zugeständnissen gebändigt wurden. Aber die gebildete Welt stand aufseiten der Griechen, wenn auch durch einen Trugschluss vom alten Hellas auf das inzwischen osmanisch verwahrloste Land. Seit 1814 gab es mit *Filiki Eteria* und dem Verein der Philomusen aktive Geheimbünde einflussreicher Russen und Griechen in Odessa und Athen, teils politisch, teils nur kulturell aktiv, daneben aber auch unablässige Fürsprachen aus ganz Europa. Nicht nur Byron, der erstmals schon 1809 nach Griechenland gesegelt war, auch prominente Franzosen wie Benjamin Constant und Chateaubriand verlangten mit dringlichen Aufrufen öffentliche Teilnahme; deutschsprachige Philhellenen strömten heran, vor allem aus der Schweiz und aus Bayern und sogar aus den USA. Es waren Kämpfer und Ideologen, Christen und Sektierer, reiche und arme Leute, Abenteurer, Legionäre und gescheiterte Existenzen. Einer der Mitwirkenden, Wilhelm Barth aus Süddeutschland, hat ein penibles Verzeichnis mit biographischen Daten von rund 300 Teilnehmern aus Europa und den USA bis zum Jahr 1831 hinterlassen; es wurde allerdings erst 1961 im Institut für Auslandsbeziehungen in Stuttgart sorgfältig ediert und gedruckt.

Aus der Schweiz kamen damals besonders tätige Helfer wie etwa der Zürcher Redakteur Johann Jakob Meyer, der an der Seeschlacht von Patras teilnahm, in Missolonghi eine Apotheke eröffnete und mit der *Ellinika Chronika* die erste Zeitung in Griechenland begründete, finanziert von Lord Byron, wenn auch widerwillig, denn er meinte, in einem Land von Analphabeten könne eine Zeitung nicht wirklich nützen. Schweizerische Philhellenen wirkten nachhaltig auch aus der Heimat; es gab Aufrufe und enorme Spenden vor allem von Kirchenleuten – denn Griechenland stand ja mit seiner alten Sprache für das Neue Testament und die Korintherbriefe des Paulus, die Vorlagen der volkssprachlichen Übersetzungen von Luther und Zwingli. In dieser hellenischen Sprache wiederum konnten die Manuskripte, wie auch ihre Auslegung, dann in der byzantinischen Orthodoxie und in Konstantinopel seit dem 6. Jahrhundert überdauern. Selbst als die Türken 1453 diese Stadt eroberten und das Osmanische Reich entstand, verschwand das griechisch-orthodoxe Christentum keineswegs; man hatte schließlich jahrhundertelang im ganzen Gebiet Klöster gebaut, Mönche erzogen, Gemeinden gepredigt, Menschen getauft, verheiratet und begraben. Für die Hohe Pforte waren diese Bildungszentren und Priester Werkzeuge der Verwaltung. Christen, die in festen Gemeinden lebten, ließen sich zur Steuer zwingen, ebenso wie die Juden mit ihren Handelsplätzen.

Aber nicht nur Christenmenschen halfen dem griechischen Aufstand, sondern, fast wichtiger, Finanziers. Der junge Staat brauchte Geld in jeder Hinsicht. Nachdem ein erster Kredit aus England 1824 im Umfang von 800.000 Pfund Sterling höchstens zur Hälfte in Griechenland ankam, wegen grassierender Korruption auch bei den Gebern, und ein zweiter wenig später ebenfalls versickerte, verschaffte man dem Land 1834 erneut 60 Millionen französische Goldfrancs, von denen freilich allein 12 Millionen der Hohen Pforte gezahlt werden mussten. An irgendeine Rückzahlung in solcher Höhe war kaum zu denken. Die Zinssätze lagen zu hoch, ebenso die Ausgaben, Einkünfte waren zu spärlich. Die Parteien versuchten ohnehin sich zu bereichern, mit einigem Recht natürlich auch die bayerische Regierung in Athen, die ihre Beamtenschaft installieren musste und dabei die Kosten einer würdigen Repräsentation nicht scheute. Untadelig und denkwürdig blieb damals der wichtigste Finanzier des werdenden Griechenstaates, Jean-Gabriel Eynard, ein Bankier aus Genf, der 1841 die Griechische Staatsbank gründete und wie Byron und später Ottos Vater, der bayerische König Ludwig I., mit hohen privaten Summen einsprang.

Das ganze idealistische Unternehmen war von Anfang an mehr als riskant. Zwar herrschte unter den Freiwilligen zunächst Begeisterung, aber nur wenige Kämpfer konnten durchhalten. Geld, Leben und Gesundheit waren der hohe Einsatz; und viele, wenn nicht die meisten Nachrichten klangen bedenklich. Süddeutsche Zeitungen erhielten Berichte oder veröffentlichten Privatbriefe; manche lobten die Griechen, andere tadelten ihre Rohheit, manche hielten sie für bildungsfähig, andere für bockig oder feige. Soldaten ärgerten sich, dass »selten ein Grieche den Mut hat, eine Kanone abzufeuern, viel weniger sie zu richten versteht«, während andere verhältnismäßig zufrieden konstatierten: »Wir bekommen Brot, Fleisch und Wein von der Einwohnerschaft, müssen aber selbst kochen. Kleidung haben wir nicht erhalten; wir tragen unsere eigene immerwährend fort. Geld will uns der Gouverneur zu den notwendigsten Bedürfnissen, als Tabak, Wäsche, u. s. w. geben.« Aber nicht Lohn gab es, sondern immer mehr Ärger und Streit, auch aus sprachlichen Gründen, denn natürlich konnten die wenigsten Ausländer sich mit den Einheimischen verständigen. »Damals strömten die Freiwilligen aus allen Gauen Teutschlands zahlreich zu König Ottos Fahnen [...] Mit Freude verliess man sein Vaterland, um nur auf dem Boden wandern zu können, der durch so mächtig erhabene Erinnerungen aus der Vorzeit geheiligt ist. [...] Ein Jeder von uns trug den Keim irgendeiner Hoffnung im Herzen, und nach Werbenderart versäumte man nicht, diesen Keim durch Versprechungen zu hegen und zum Treiben zu bringen: Daher die Täuschung so vieler Philhellenen, daher das damit verbundene Heimweh so Vieler, das schrecklich langsam, aber sicher würgende Gift einer unheilbaren Gemüthskrankheit«, resümierte schließlich ein Jakob Keyer.

Enttäuschung musste es schon aus mehreren Gründen geben. Zum Kampf gekommen waren und geworben hatte man unvorbereitete, unausgebildete und schlecht ausgerüstete Freiwillige. Die Verantwortlichen zuhause und vor Ort hatten zwar vielleicht Homer gelesen, aber keine Ahnung von Topographie und Klima, geschweige denn von medizinischer Versorgung. »Die Sterblichkeit unter den Soldaten ist sehr groß«, schrieb ein Medizinstudent seinem Bruder; »Täglich ein, oft auch zwei Leichenbegängnisse … Wir haben kein Spital, das nur einigermassen eingerichtet wäre, keine Fornituren für unsere Kranken, und was noch das allerschlimmste, keine Mittel und keinen Weg, darin Änderung und bessere Einrichtungen zu treffen.« Tatsächlich starben die meisten Opfer wie Lord Byron an Krankheiten und nicht im Kampf.

Das eigentliche Hindernis einer Staatsgründung aber, stellte sich mehr und mehr heraus, war die griechischerseits oft fehlende, weil niemals verlangte Idee einer wirklich städtischen Gesellschaft mit Willen zur Kooperation oder gar mit Sinn für eine zentrale Verfassung; selbst die gemeinsame Sprache war ja kein wirklich soziales Band. 400 Jahre osmanischer Herrschaft hatten außer der kirchlichen Hierarchie wenig mehr als lokale Chefs, Clans und sogenannte Klephten, also Briganten hinterlassen. Das Unternehmen wirklich vorantreiben konnten damals – wie wohl noch heute – nur die Griechen in der Diaspora, die Auslandsgriechen, zahlenmäßig ohnehin den Einheimischen überlegen, in jedem Fall aber besser gebildet und wohlhabender als die Inländer. Aber selbst diese Anstrengungen wären ohne den aufstürmenden, internationalen intellektuellen Philhellenismus der Epoche vergebens geblieben. Katharina die Große hatte 1768 den ersten Aufruf verfasst und später im Testament sogar ihren Enkel Konstantin zum griechischen König bestimmt; Voltaire hatte eine Ode für sie und ein wütendes Stück gegen die Türken geschrieben. Die große Enzyklopädie von Diderot und d'Alembert widmete seit 1754 zahlreiche Artikel der griechischen Antike, wenn auch vielleicht noch mehr der römischen, die in Gestalt Italiens und mit Rom eine echte *translatio imperii* hinter sich hatte, was Griechenland natürlich unerreichbar war.

Tatsächlich hatte die Ideengeschichte zu diesem ganzen politischen Aufruhr schon lange zuvor mit Humanisten wie Martin Crusius und Erasmus Fahrt aufgenommen und sich um 1700 beschleunigt in dem bekannten Pariser Streit zwischen den Alten und den Modernen (*Querelle des Anciens et des Modernes*). Ging es hier meist noch um stilistische Fragen, wie etwa das Stilideal der *simplicité*, von Winckelmann später mit »edle Einfalt« übersetzt, wurde auf höherer Ebene schon mit andern Waffen gefochten. Alles Denkbare war an der griechischen Antike vorbildlich, und nicht zuletzt die staatliche Verfassung. Der Erzieher des Dauphin höchstpersönlich, François Fénélon, verfasste damals eine Satire, die Ludwig XIV. mit der Entlassung des Autors quittierte. Der Roman »Les aventures de Télemaque« von 1699 wurde zu einem europäischen Bestseller und unverzüglich ins Deutsche übersetzt. »Die seltsamen Begebenheiten des Telemach. Ein Staatsroman« erzählt in einem pseudohistorischen und zugleich utopischen Plot vom Sohn des Odysseus und dessen Lehrer Mentor (hinter dem sich die Göttin Athene verbirgt); die beiden reisen zusammen durch diverse Staaten, die meist durch Schuld ihrer von Schmeichlern und falschen Ratgebern umgebenen Herrscher zugrunde gehen: ein Spiegelbild für das kriegsverstrickte und verarmende Frankreich des ausgehenden 17. Jahrhunderts. Mentor weiß aber Rat, indem er friedlichen Ausgleich mit Nachbarn empfiehlt, Wachstum und Förderung der Landwirtschaft anregt sowie Minderung der Luxusgüter. Ludwig XIV. verbot das Buch sofort nach Erscheinen, aber es kam in anderen französischen Ausgaben auch nach Brüssel und Den Haag und eroberte sich als Mischung zwischen Fürstenspiegel und Bildungsroman sein oft jugendliches europäisches Publikum.

Ähnlich graekophile Geschichten folgten in Deutschland und inspirierten die griechischen Freiheitskämpfer ihrerseits. Goethes »Werther« (1774) fühlte und handelte zwar ganz zeitgenössisch deutsch, konnte aber dennoch von Homer wie von einem Großvater schwärmen; während Christoph Martin Wielands »Geschichte des Agathon« (1767–1777) in einem fiktiven Hellas spielte und tatsächlich 1814 vom Direktor der Smyrna-Schule, Konstantin Kumas, ins Neugriechische übersetzt wurde. Ein Jahr vor der Revolution erschien dann in Frankreich »Die Reise des jungen Anachasis in Griechenland« (1788) des Archäologen Jean-Jacques Barthélemy, begonnen 1757 und 1819 ebenfalls ins Griechische übersetzt. Auch und gerade dieser Bericht hat sich europaweit verbreitet und wurde bis 1893 ununterbrochen aufgelegt. Noch im 20. und 21. Jahrhundert wurde der Plot von Künstlern und Dichtern erwidert, zuletzt 2014 von Marlene Streeruwitz: »Die Reise einer jungen Anarchistin in Griechenland«, nun also erstmals von einer Frau geschrieben und von einer Frau handelnd. Im Original ging es dabei um einen sogenannten »edlen Wilden«, einen jungen Skythen, Sohn des berühmten skythischen Philosophen Anacharsis, der durch ganz Hellas reist und rückblickend die Gebräuche, die Regierung, die Kunstwerke, die Sprache, Dichtung und das ganze ihm eigentlich fremde, nun aber gegenwärtige Land schildert, um zeitgenössischen Lesern eine mehrschichtige Kenntnis zu liefern. Es wurde eine Art Sachbuch; eine spätere Ausgabe enthielt sogar noch genaue Karten für Zeitreisende zum 4. Jahrhundert vor Christus. Auch dieses Buch traf mit seinem revolutionären Horizont ins Herz des griechischen Aufstands, denn der wichtigste Anführer, Rigas Velestinlis, lieferte eine neugriechische Übersetzung des vierten Bandes mitsamt persönlichen Anmerkungen. Doch wurde der Autor von der Zensur erfasst, verhaftet und in Bukarest hingerichtet.

In diesen Jahren konnten deutsche Leser also, neben dem immer noch unübertroffenen antiken Pausanias, ganz reale Ortsbeschreibungen des antiken Hellas wie auch des gegenwärtigen Griechenland von Autoren wie Pierre Guys und Richard Chandler lesen; und wenn Goethes Werther von seiner Homerlektüre schwärmt, galt das nicht unbedingt einer originalsprachlichen. Auch den herrlich illustrierten Reisebericht von Gabriel de Choiseul-Gouffier, einem Diplomaten und Althistoriker, konnten die von Winckelmann aufgeweckten Geister schon 1782 studieren, jedenfalls den ersten

Band seiner »Voyage pittoresque de la Grèce«, um sich mit den dort beschriebenen Zuständen des gegenwärtigen Landes unter osmanischer Herrschaft zu befreunden, sie mindestens zur Kenntnis zu nehmen, wenn das nicht schon Chandler ein paar Jahre zuvor gelungen war. Choiseul-Gouffier war Botschafter an der Hohen Pforte von 1784 bis 1791; mit der Französischen Revolution, die er erbittert bekämpfte, verlor er den Posten und seine Besitztümer. Er floh nach Russland, wo man ihn zum Direktor der Akademie der Künste und der kaiserlichen Bibliothek ernannte. Katharina die Große schenkte ihm Ländereien in Litauen; 1802 kehrte er nach Frankreich zurück, 1809 erschien der zweite Band, und als der dritte 1822 posthum erschien, war der Freiheitskampf der Griechen schon in vollem Gang.

Im Dezember 1821 nämlich war in Nea Epidauros eine erste griechische Nationalversammlung zusammengetreten; und im selben Jahr exkommunizierte das Patriarchat von Konstantinopel auf Befehl der Hohen Pforte alle Aufständischen. Auf welche Tradition wollten die aufsässigen Griechen sich jetzt berufen? Nicht nur die politische Abspaltung eines Landes aus einem Großreich, auch der Konflikt zwischen einer heidnischen Antikenverehrung und einer über tausendjährigen christlichen Orthodoxie im byzantinischen Reich war unausweichlich. Tatsächlich nahm die Kirche in Konstantinopel ihre Glaubenskinder erst nach Ottos I. Abdankung 1863 wieder zurück; dabei hatte eine 1833 eigens einberufene Synode von Athen ohnehin die griechische Kirche für autokephal erklärt und damit die Freiheitsbewegung gestärkt. Es war eine plausible Maßnahme, denn nur so war die Zustimmung der Landbevölkerung zu erreichen. Allein die Propaganda eines idealistisch gebildeten, womöglich sogar protestantischen Philhellenentums hätte die ungebildeten Einwohner auf dem Lande und in den Bergen niemals wirklich beeinflusst. Eindruck gemacht hätte hier allenfalls das griechische Militär mit seiner Hoffnung auf Wiedergewinnung des alten byzantinischen Reiches mit Konstantinopel am Horizont; man sprach hier von der sogenannten »Megali Idea«, von dem großgriechischen Reich, die das politische Handeln des neuen griechischen Staates dann bis 1922 teils glücklich, teils desaströs tatsächlich bestimmen sollte.

Doch vorerst trugen Klephten und Clans ihre Streitigkeiten trotz fremder Mächte weiter aus wie bisher und wollten sich keiner Zentralgewalt unterwerfen. Nach einer katastrophalen Niederlage in Missolonghi 1826 kam es im Oktober 1827 zur entscheidenden Schlacht im Hafen von Navarino; die europäische Flotte versenkte fast alle Schiffe des ägyptischen Sultans Mehmet, der dem Osmanischen Reich noch einmal zu Hilfe gekommen war. Ein Protokoll hielt die Kapitulation der Türkei fest, und im April wurde schließlich Graf Ioannis Kapodistrias aus Korfu, ein erfahrener Politiker in russischen Diensten, Mitglied von *Filiki Eteria* und Gründer des Vereins der Philomusen, zum ersten Präsidenten einer ersten Verfassung gewählt. Mit zahlreichen Maßnahmen versuchte er eine Zentralverwaltung gegen die widerspenstigen Provinzherren durchzusetzen, wurde aber 1831 von griechischen Clanchefs ermordet. Gerüchte kursierten, es sei ein englischer Hinterhalt gewesen, um Russland keinen zu großen Einfluss auf das griechische Geschick zu lassen; andere Gerüchte besagten im Gegenteil, er sei das Werkzeug Russlands geblieben, und wieder andere verdächtigten ihn, selbst König werden zu wollen. Lulu Gräfin Thürheim, die ihn 1817 in Karlsbad kennenlernte, beschrieb ihn jedoch in ihren Erinnerungen ungemein beeindruckt: »Es ist dies ein bescheidener Mann, dessen Charakter und Verstand ihm jedoch die Herrschaft über alle geben, mit denen er verkehrt; sein durchdringender und schwermütiger Blick offenbart von Haus aus die Seele eines Philosophen, der über alles nachgedacht und erkannt hat, dass nichts auf dieser Welt großen Wert besitzt. Sein griechischer Akzent (er ist Korfe) verleiht seiner Aussprache etwas Fremdes und Graziöses, das mit der

Ruhe seiner Bewegungen, seiner originellen Beredsamkeit und der Harmonie in seinem ganzen Wesen übereinstimmt und ihn in meinen Augen ganz anders erscheinen lässt, wie die übrigen Leute von Geist, mit denen ich bisher zusammentraf. Nichts verrät an ihm den Günstling. Capo d'Istria wäre vollkommen liebenswert, wenn er um zehn Jahre älter wäre, denn mit seinen kaum vierzig Jahren und seinem reizenden Lächeln und Augen, wie ich sie noch nie so schön gesehen habe, könnte er etwas weniger ernst und mehr jung sein.«

Trotz oder wegen andauernder Spannungen im Lande einigten sich die Großmächte in einem zweiten Londoner Protokoll nun auf den jungen bayerischen Kronprinzen Otto von Wittelsbach, der von seinem Vater ohnehin schon in leidenschaftlicher Griechenverehrung erzogen worden war. Mit Otto kamen an die sechstausend Helfer ins Land, teils Soldaten, teils Beamte, teils einfach Abenteurer oder gebildete Freunde des Landes, von denen viele später ebenfalls zu Beamten erhoben wurden. Es wurde eine erste Begegnung der Deutschen mit der griechischen Realität in sozialer, politischer und kultureller Hinsicht; und es wurde eine oft zermürbende, teils von rücksichtslosem Herrschaftswillen, teils aber auch von großem Idealismus getragene Koexistenz. Faust und Helena, mochte man meinen, versuchten sich endlich in einer Ehe, deren Stifter inzwischen gestorben war. Um dem antiken Ideal näher zu kommen und das Land mit Verstand zu regieren, brauchte man Juristen, Soldaten, Lehrer, Architekten, Dichter und Maler. Verwaltung, Bildung, Militär, Rechts- und Sozialwesen mussten eingerichtet werden; und das Leitbild gab dabei natürlich der bayerische Staat unter Ludwig I. ab, dessen Griechenliebe schon bis ins »y« im Landesnamen von Bayern hineingereicht hatte. Zu den bekanntesten deutschen Kulturhelfern der neuen Athener Regierung zählten damals neben dem Pädagogen Friedrich Thiersch, dem engagierten Lehrer von Otto, auch der Architekt Friedrich Wilhelm von Gärtner, Erbauer des Athener Schlosses und Kollege von Leo von Klenze. Klenze galt wie Gärtner als Ludwigs Hofarchitekt; mit seinen zahlreichen Bauten in München sollte und wollte er ein zweites Athen herstellen; selbst die sogenannte Walhalla in Regensburg spiegelte trotz ihres germanischen Namens das Parthenon. Klenze war zwar stärker als Gärtner hellenistisch inspiriert, aber dennoch kein verträumter Griechenfreund wie sein größter Konkurrent aus Preußen, Karl Friedrich Schinkel. Dieser glanzvolle Baumeister und schließlich sogar Oberbaurat des gesamten Landes war Philhellene durch und durch, dazu ein begabter Maler und Bühnenbildner, auch wenn fast die Hälfte seiner Entwürfe blieben, was sie waren. 1825 widmete er sein letztes großformatiges Gemälde namens »Blick in Griechenlands Blüte« dem griechischen Freiheitskampf; es zeigte halbnackte junge Männer beim Tempelbau nach den Regeln griechischer Architektur. Und nun, anlässlich des bayerischen Regierungsantritts, entwarf er auf Anregung des preußischen Kronprinzen einen Palast, der eine Akropolis völlig umgestalten sollte, die Schinkel selber nie gesehen hatte. Die Ruinen von Parthenon, Propyläen, Erechtheion und Niketempel sollten abgeräumt und in Gärten integriert werden. Erwartungsgemäß kritisierte Leo von Klenze die umfangreichen Pläne heftig und erfolgreich als »Sommernachtsträume« und meinte, die welthistorische Athener Akropolis dürfe allein Sache der Archäologen sein.

Wirklich gehörte Schinkel, wie die meisten preußisch protestantischen Philhellenen im 19. Jahrhundert, zu den Auslandsfreunden, die sich aus zweiter und dritter Hand über die leibhafte Wirklichkeit Griechenlands informierten. So etwa hatte er ausgiebig das Werk der Engländer Stuart und Revett studiert, das für die Zwecke eines Architekten wie geschaffen war, da es die genauesten Maßangaben und Zeichnungen einschließlich der antiken Grundrisse enthielt und damit ohne weiteres in architektonische Lehrbücher und Sammlungen architektonischer Entwürfe eingehen konnte. Europäische Baukunst war für Schinkel gleichbedeutend mit griechischer Baukunst, im Sinne Winckelmanns und nach der Devise, »das Notwendige der Construction schön zu gestalten«. Aber Schinkel begeisterte sich eben auch für phantastische Architektur; an die vierzig Bühnenbilder stammen von ihm. 1816 hatte er mit seiner Berliner Ausstattung von Mozarts »Zauberflöte« Goethe für sich gewonnen; es waren zwölf herrlich orientalisierende Bühnenbilder, darunter das sternenübersäte Pantheon für den Auftritt der »Königin der Nacht«.

Keinen anderen Opernkomponisten hat Goethe in Weimar so häufig aufgeführt wie Mozart; zwischen 1791 und 1813 wohl fast dreihundertmal; darunter die Zauberflöte mit 82 Aufführungen am häufigsten. Dass Goethe selber eine Fortsetzung zu der Oper verfasst hat, ist fast vergessen, dabei gab es schon seit 1795 erste Entwürfe, die auch gedruckt, aber nie aufgeführt wurden. Angeblich fand Goethe keinen Komponisten dafür; angeblich hatte Mozarts Librettist, Emanuel Schikaneder, eine eigene Fortsetzung gedichtet. Goethes »Zauberflöte II« hatte seltsamerweise nur ein Thema: das Kind, das Pamina und Tamino sich wünschen und gezeugt haben, und das schließlich nach einer Irrfahrt als »Genius« aus einem Sarg gerettet wird, während die Kinder von Papageno und Papagena aus drei Vogeleiern schlüpfen. Das Motiv des bedrohten, geraubten, verschleppten oder gar getöteten Kindes gehörte zu Goethes Schlüsselphantasien. Seit der realistischen Kindsmordepisode aus »Faust I« stand das nahezu alchemistisch gezeugte Knäblein Otto aus den »Wahlverwandtschaften« von 1808 in seinem Horizont, und präsent war Goethe natürlich beständig auch das Knäblein Justus aus dem faustischen Puppenspiel in Frankfurt. Das Geschöpf, welches später als Euphorion in »Faust II« abenteuerlich umhertanzt, ähnelt dem Schicksalskind aus der Zauberflöte II bedeutsam. Denn auch diese Zauberflöte II durchzieht ein Hauch von paradoxer, weil mythologischer Naturwüchsigkeit, wenn der Nachwuchs vom Vogelfänger, der ja selber kein Vogel ist, aus Eierschalen springt. Es war eine Anspielung auf Helena, die nach der Sage von einem schwangestaltigen Zeus gezeugt und von der Mutter Leda in einem Ei geboren wurde, zusammen mit Zwillingen, den Dioskuren. Zugleich wird in diesem Libretto auch höhere Weisheit bemüht, die Weisheit der Freimaurer, die schon Mozarts Komposition erfüllt. Der Mythos von Isis und Osiris steht hinter den Zeilen und den erahnten Noten; das Kind dieser beiden ist kein anderer als Horus, das Götterkind, der oberste Gott der ägyptischen Religion. Gab es also hinter Faust und Helena ein hochkulturelles, orientalisches Muster, ein Muster, das zwar nicht auf Erlösung, wohl aber auf Versöhnung der Gegensätze aus war? So wollten es spätere Erben der goetheschen Spätwelt verstanden wissen, als es um den Grundstein der sogenannten »Anthroposophie« gehen sollte; so hat es auch seit 1956 dann Katharina Mommsen dokumentiert, die dem Herzstück der west-östlichen Goetheforschung ein Lebenswerk gewidmet hat.

Dass auch Goethe sich seinen »Faust« überhaupt als Oper vorstellen konnte, ja ausdrücklich wollte, ist bekannt; auch und gerade »Faust II« erfüllt ja nach den Regieanweisungen die Liebeshöhle des Hohen Paares mit Komposition: »vielstimmige Musik« erklingt zur Geburt des Euphorion. Das musikalische Publikum und die Komponisten folgten der Anregung. Noch zu Goethes Lebzeiten gab es ein halbes Dutzend Vertonungen, in Frankreich wie in Deutschland, auch unter Goethes Mitwirkung. Bis hin zu Thomas Manns Dr. Faustus, dem Tonkünstler, war Goethes Drama eben auch Tonkunst, ergötzendes Klangschauspiel, mit den ausschweifenden Möglichkeiten der Verskunst und den harmonischen Möglichkeiten eines wohltemperierten Systems – und damit also auch mit den Hoffnungen auf eine erlösende Koexistenz von Faust und Helena und allem, was sie an scharfen Kontrasten eigentlich personifizierten.

DRITTES KAPITEL
1832 bis 1871

Nachrichten aus Weimar, Wien, Athen. Die neue Sprache Katharevousa. Jakob Philipp Fallmerayer als linguistischer Scharfrichter. Sprachenlernen als »furchtbare Passion«: Auftritt Heinrich Schliemann. Die unglaubliche Laufbahn eines ostdeutschen Pfarrerssohns. Heinrich und der »Schatz des Priamos«; Heinrich und Helena: das Traumpaar des deutschen Hellenismus.

Die politische Realität hinter dem Harmoniebegehren von 1827, dem Jahr des griechischen Triumphs und der goetheschen »Helena«, sah aber natürlich ganz anders aus. Bei aller Liebe zu Musik und Dichtung und zum alten Griechenland schätzte Goethe die Lage eher realistisch ein. Am 2. April 1829 brach es im Gespräch mit Eckermann geradezu prophetisch aus ihm heraus: »›Ich will Ihnen ein politisches Geheimnis entdecken‹, sagte Goethe heute bei Tisch, ›das sich über kurz oder lang offenbaren wird. Kapodistrias kann sich an der Spitze der griechischen Angelegenheiten auf die Länge nicht halten, denn ihm fehlet eine Qualität, die zu einer solchen Stelle unentbehrlich ist: er ist kein Soldat. Wir haben aber kein Beispiel, daß ein Kabinettsmann einen revolutionären Staat hätte organisieren und Militär und Feldherrn sich unterwerfen können. Mit dem Säbel in der Faust, an der Spitze einer Armee, mag man befehlen und Gesetze geben, und man kann sicher sein, daß man gehorcht werde; aber ohne dieses ist es ein mißliches Ding. Napoleon, ohne Soldat zu sein, hätte nie zur höchsten Gewalt emporsteigen können, und so wird sich auch Kapodistrias als Erster auf Dauer nicht behaupten, vielmehr wird er sehr bald eine sekundäre Rolle spielen. Ich sage Ihnen dieses voraus; es liegt in der Natur der Dinge und ist nicht anders möglich.‹«

Dass der griechische Aufstand den ehemaligen russischen Gesandten Kapodistrias plötzlich in die Rolle eines Napoleon versetzen könnte, wie nun 1827 durch die revolutionären Zustände im Osmanischen Reich, muss Goethe tatsächlich erschreckt haben. Er hatte den Grafen zwei Jahre zuvor in Weimar kennengelernt; ein junger Schützling der »Philomusen« – dem Bildungsverein des Grafen – studierte damals in München und übersetzte hingebungsvoll Goethes »Iphigenie« ins Griechische. Genauer, er übersetzte das berühmteste Stück des deutschen Philhellenentums in die neugriechische Kunstsprache Katharevousa, die der Schriftsteller Adamantios Korais erfunden hatte und dem jungen Staat einprägen wollte. Es war eine idealistische und zugleich ganz realpolitische Initiative. Das Motiv der auch sprachlich gradlinigen Abstammung aus dem alten Hellas befeuerte natürlich nicht nur die gebildeten Ausländer, sondern vor allem die griechischen Intellektuellen selber; auf dem Weg zu einer nationalen Wiedergeburt wollte man die Dialekte hinter sich lassen, die im osmanischen Vielvölkerstaat zwangsläufig entstanden waren. Das Experiment gelang nur halb, denn anders als in Israel, wo das zurückeroberte Hebräisch tatsächlich eingebürgert werden konnte, blieb die Katharevousa als eher förmliche Schrift- und Amtssprache nur bis 1976 erhalten, nur wenig länger als die griechische Monarchie. Seither wird eine gehobene Alltagssprache namens Dimotiki benutzt, die aber durchaus antike Herkunft erkennen lässt.

Es war absehbar, dass es mit der Gründung eines griechischen Staates auch zu heißen Kämpfen um die zukünftige Sprache – vor allem die Amtssprache – kommen musste: schließlich gehörte das klassische Griechisch der gesamten antiken Literatur zur Ahnenreihe eines Weltreiches noch unter Alexander dem Großen und lange danach auch im Römischen Reich. Die alte Sprache trug das identitätsbildende Narrativ des Volkes und einst real existierenden Landes, nach dem sich auch eine neugriechisch sprechende Iphigenie sehnen mochte. Goethes Stück wurde also 1818 von einem jungen Studenten namens Papadopoulos übersetzt. Aber wer konnte dieses Griechisch im neuen Land schon sprechen, verstehen oder schreiben? Trotzdem war die Einsetzung der Katharevousa das Gebot der Stunde, denn tatsächlich brach der schärfste Kritiker der soeben mühsam errungenen Staatlichkeit genau in diese offene Flanke. Zielgenau im Jahr 1830 veröffentlichte ein Südtiroler Historiker eine Schmähschrift gegen das zeitgenössische Griechenland in Gestalt einer linguistischen Untersuchung. Jakob Philipp Fallmerayers »Geschichte der Halbinsel Morea während des Mittelalters: ein historischer Versuch« begann mit folgenden Sätzen: »Das Geschlecht der Hellenen ist in Europa ausgerottet. Schönheit der Körper, Sonnenflug des Geistes, Ebenmaß und Einfalt der Sitte, Kunst, Einfalt, Stadt, Dorf, Säulenpracht und Tempel, ja sogar der Name ist von der Oberfläche des griechischen Kontinents verschwunden [...] Denn auch nicht ein Tropfen ächten und ungemischten Hellenenblutes fließet in den Adern der christlichen Bevölkerung des heutigen Griechenlands. Ein Sturm, dergleichen unser Geschlecht nur wenige betroffen, hat über die ganze Erdfläche zwischen dem Ister und dem innersten Winkel des peloponnesischen Eilandes ein neues, mit dem großen Volksstamme der Slaven verbrüdertes Geschlecht von Bauern ausgegossen. Und eine zweite, vielleicht nicht weniger wichtige Revolution durch Einwanderung der Albanier in Griechenland hat die Szenen der Vernichtung vollendet.«

Wen also würde ein deutscher Faust im Athen des Jahres 1832 in den Armen halten, überhaupt welche Frau wäre wirklich Griechin mit hellenischem Stammbaum? Grausamer als mit Fallmerayers Worten konnte man die desaströse Vertreibung der Helena aus den Phantasien deutscher Philhellenen nicht beschreiben. Ob der alte Goethe jemals davon erfuhr? Es ist nicht bekannt.

Fallmerayer hatte in längeren Reisen durch das Land vor allem Namenkunde betrieben, geographisch wie sozial, und dabei eine völlige Dominanz der slawischen Sprachen festgestellt. Seine gehässige Formulierung galt der idealistischen Emphase nicht nur von Leuten wie Adamantios Korais, sondern eben auch der ganzen philhellenischen Begeisterung in Bayern, die Fallmerayer in München, wo man ihm eine Professur überlassen hatte, aus nächster Nähe kennengelernt hatte. Auch wenn die Forschung inzwischen fast alles widerlegt hat, was der Professor im Brustton der Überzeugung behauptet hatte, seine brutal rassistische Auslassung sollte nie wieder aus dem Magazin der Griechenkritiker wie auch der Eugeniker verschwinden. Im Gegenteil, sie gewann mit der Epoche Darwins immer mehr Fahrt, um spätestens 1941 in den Köpfen der deutschen Wehrmacht und schließlich auch sinngemäß bei Hitler zu landen.

Gespenstisch daran war nicht zuletzt, dass die Tirade einen gewissen Vorlauf mitten aus der innigsten literarischen Liebeserklärung der Deutschen besaß. Schon 1810 sprach der Geographielehrer von Schillers Söhnen, Friedrich August Ukert, in seinem landeskundlichen Werk über das Griechenland seiner Zeit von »den entarteten Nachkommen« der Hellenen, die er erforscht habe, »um zu sehen, ob das gesunkene Geschlecht, das mit so vielen fremden Völkern vermischt ward, so lange unter dem Druck roher und harter Beherrscher seufzte, noch den alten Griechen ähnlich zu nennen sei«. Freiheitliche Hoffnungen hatten Ukert zu seinem Werk getrieben, dessen liebevolle Detailfreude damals unübertroffen war; wer es las, konnte sich in Griechenland zuhause fühlen. Für ein idealistisches Publikum gespenstisch musste aber auch schon der Vorgänger dieser Meinungsschmiede sein. Es war ausgerechnet Hölderlin, der schon ein Dutzend Jahre vor Ukert seinen Hyperion sagen lässt: »Ich will, sagt ich, die Schaufel nehmen und den Kot in eine Grube werfen. Ein Volk, wo Geist und Größe keinen Geist und keine Größe mehr erzeugt, hat nichts mehr gemein, mit andern, die noch Menschen sind, hat keine Rechte mehr, und es ist ein leeres Possenspiel, ein Aberglauben, wenn man solche willenlose Leichname noch ehren will, als wär ein Römerherz in ihnen. Weg mit ihnen! Er darf nicht stehen, wo er steht, der dürre faule Baum, er stiehlt ja Licht dem jungen Leben, das für eine neue Welt heranreift. Alabanda flog auf mich zu, umschlang mich, und seine Küsse gingen mir in die Seele.«

Wenigstens gab es nicht nur den griechischen Aufrührer Alabanda in diesem Roman, sondern eben auch eine Diotima. Mit ihr erinnerte Hölderlin namentlich an die einzige und überragende weibliche Figur aus den Dialogen des Sokrates, wo sie die mystische Theorie der Liebe erläutert – und nun also auch Hyperion zur Nächstenliebe auffordert: »Ich bitte, dich, geh nach Athen hinein, noch einmal, und siehe die Menschen auch an, die dort herumgehn unter den Trümmern, die rohen Albaner und die andern guten kindischen Griechen, die mit einem lustigen Tanze und einem heiligen Märchen sich trösten über die schmähliche Gewalt, die über ihnen lastet – kannst du sagen, ich schäme mich dieses Stoffs? Ich meine, es wäre doch noch bildsam. Kannst du dein Herz abwenden von den Bedürftigen? Sie sind nicht schlimm, sie haben dir nichts zu leid getan. Was kann ich für sie tun, rief ich. Gib ihnen, was du in dir hast, erwiderte Diotima …«

»Hyperion«, dieser Briefroman über den allerersten griechischen Befreiungskampf, erschien in zwei Bänden zehn Jahre nach der Französischen Revolution. Napoleon war Erster Konsul geworden und unterwegs zum Kaisertum. Mit der historisch viel älteren Szene des Romans erinnerte Hölderlin an die Seeschlacht von Tschesme im Auftrag Katharinas, unter Leitung des Grafen Orlow 1770. Zwar besiegten damals die Russen die Türken, aber der Aufstand im Land der Griechen misslang – und dieses Misslingen hielt der Roman nun auch seiner eigenen Gegenwart vor. Napoleons Aufstieg bedeutete das Ende der Freiheit in Frankreich wie auch in Deutschland, dem der wohl schneidendste Satz des Romans galt: »Es ist ein hartes Wort und dennoch sag' ichs, weil es Wahrheit ist: ich kann kein Volk mir denken, das zerrißner wäre, wie die Deutschen. Handwerker siehst du, aber keine Menschen, Denker, aber keine Menschen, Priester aber keine Menschen, Herrn und Knechte, Jungen und gesetzte Leute, aber keine Menschen – ist das nicht, wie ein Schlachtfeld, wo Hände und Arme und alle Glieder zerstückelt untereinander liegen, indessen das vergossne Lebensblut im Sande verrinnt?«

Hölderlins Roman wurde trotz aller Liebe zum Traumvolk nicht in die neugriechische Katharevousa übersetzt. Der einzige Grieche, der dazu fähig gewesen wäre, Rigas Velestinlis, wurde 1798 hingerichtet; und als es 1832 endlich einen Staat mit kulturellen Ambitionen gab, hatte anderes Vorrang.

Fallmerayers Tirade empörte jedenfalls das gesamte philhellenische Feld. Im Nu machten die Sätze die Runde, bis hin zu Ludwig I., der dem Autor die Professur entzog. Auch die Griechen selber protestierten und bestärkten ihre Forschungen zur byzantinischen Kontinuität des Hellenentums. Eine der herausragenden und beispielhaften Figuren in dieser Gesellschaft war der Theologe Theoklitos Farmakides. Nach einem Studium in Istanbul, Jassy und Bukarest wurde er 1811 geweiht und dann nach Wien geschickt, wo er bis 1818 als Priester wirkte. Hier lernte er Latein, Französisch und Deutsch, wurde Mitglied der *Filiki Eteria* und Mitherausgeber der Zeitschrift »Hermes Ho Logios«, einem Sprachrohr von Adamantios Korais. Damit war Farmakides ein entschiedener Verteidiger der Katharevousa. Am griechischen Aufstand nahm er ab 1821 teil; als Mitglied der ersten Nationalversammlung wurde er ab 1825 Herausgeber der »Allgemeinen Zeitung von Griechenland«, dem späteren Amtsblatt der Regierung und unter Otto I. treibende Kraft bei der Synode von 1833. 1837 erhielt er den Lehrstuhl für Theologie an der neuen Universität Athen. Zweifellos kannte er das Pamphlet des Griechenfeindes Fallmerayer, und womöglich war es auch Thema des Unterrichts.

Unter seinen Studenten muss damals jedenfalls ein gewisser Theodorus Vimbos aus Athen gewesen sein, später Bischof dortselbst und Erzbischof von Mantineia. Im Jahr 1856 verdiente sich Vimbos noch Geld als Sprachlehrer vorübergehend in Petersburg. Unter seinen Schülern war ein prominenter deutscher Geschäftsmann, der seit Ende des Krimkrieges als reichster Mann der Petersburger Börse galt. Er hieß Heinrich Schliemann – und der Moment, in dem er den jungen Vimbos traf, war schicksalsträchtig. Ihn, den eingefleischten Geschäftsmann, hatte nämlich nach eigener Auskunft eine unerhörte Sprachpassion erfasst. Fast verzweifelt schrieb er im Dezember 1856 seiner Tante Magdalena nach Kalkhorst: »Wissenschaften und besonders Sprachstudium sind bei mir zur wilden Leidenschaft geworden, und jeden freien Augenblick darauf verwendend ist es mir gelungen, in den zwei letzten Jahren noch die polnische, slavonische, schwedische, dänische sowie im Anfang d.J. die neugriechische Sprache fertig zu erlernen, so daß ich jetzt 15 Sprachen geläufig spreche u. schreibe. Die furchtbare Passion für Sprachen, die mich Tag und Nacht quält und mir fortwährend predigt, mein Vermögen den Wechselfällen des Handels zu entziehen u. mich entweder ins ländliche Leben oder in eine Universitätsstadt wie z.B. Bonn zurückzuziehen, mich dort mit Gelehrten zu umgeben u. mich ganz und gar den Wissenschaften zu widmen, ist jetzt schon seit Jahren in blutigem Kampf mit meinen zwei anderen Leidenschaften, dem Geiz und der Habsucht …«

Zwei Jahre später hatte er genügend Neu- wie auch Altgriechisch gelernt, um eine erste große Reise nach Athen anzutreten; aber die Geschäfte, vielleicht auch die Reichtumsgier eines Schatzgräbers und überhaupt Geltungssucht fesselten ihn und seine Ursehnsucht noch zwölf Jahre, bevor er in der Türkei nach Homer zu suchen und zu graben begann.

Heinrich Schliemann, geboren 1822 in Neubukow, Mecklenburg, aufgewachsen in Ankershagen, jammervoll gestorben auf einer Straße in Neapel, war ein kultureller Oligarch, wie ihn die Welt oder mindestens die deutsche bis dahin noch nicht gesehen hatte. In einen ärmlichen Pfarrhaushalt verschlagen, mit einem offenbar brutalen, aber kenntnisreichen Vater gestraft, verlor er früh die Mutter und musste schon mit vierzehn als Handlungsgehilfe arbeiten. Aber er war der Arbeit physisch nicht gewachsen. Nach Missgeschicken auf See kam er mit zwanzig in Amsterdam in einem Handelskontor unter; hier lernte er zwar Handel treiben, fühlte sich aber unterfordert und lernte Sprachen gleich schockweise: erst Englisch, Französisch, Holländisch, Spanisch, Portugiesisch und Italienisch, später Russisch. Offenbar war niemand in seiner Umgebung darüber erstaunt. 1846 ging er nach Petersburg und baute ein Imperium auf; schon 1854 galt er dort als Börsenmagnat, und das erst recht, als ihm der Krimkrieg 1854–1856 das Vermögen noch einmal verdoppelte; er hatte rechtzeitig Waren für das Militär eingekauft. Aber nun machten Geschäfte ihm keine Freude mehr; er fürchtete beständig Verluste und träumte nur noch von Bildungsreichtum. Inzwischen hatte er Reisen quer durch Europa und bis nach Amerika absolviert, Schwedisch und Polnisch gelernt, bis er in Petersburg auf Theodorus Vimbos traf, den Mann seiner Träume. Mit ihm entwickelte er eine eigene Methode, lernte erst Neu-, dann Altgriechisch und verständigte sich wenn nötig mit einer Mischung aus beidem. Es vergingen aber noch weitere zehn Jahre mit Geldverdienen, Reisen und Sprachenlernen in Asien und im Orient, ehe er sich 1866 in Paris niederließ, um ein Studium aufzunehmen. Alle möglichen Fächer wurden erwogen, aber die Antike reizte ihn dann offenbar doch am meisten. 1868 kam er zum ersten Mal über Italien zur Peloponnes und in die Türkei nach Hissarlik, wo nach Meinung einiger Fachleute und gebildeter Dilettanten Troja, die berühmteste Stadt aus Homers »Ilias« liegen musste. Mit dem Bericht über diese Reise promovierte Schliemann 1869 an der Universität Rostock; im selben Jahr heiratete er die blutjunge Griechin Sophia Engastromenou, eine Nichte seines Griechischlehrers. Zwei Jahre später hatte er sich endlich mit den türkischen Behörden geeinigt und stürzte sich auf die Ausgrabung Trojas im damals türkischen Gebiet. Er glaubte an die Wörtlichkeit der homerischen Epen wie ein Pietist an das Evangelium; Odyssee und Ilias waren für ihn nicht Gedichte, sondern Landeskunden, wenn auch rühmend und spannend vorgetragen. Seine amtlichen Grabungen begann Schliemann im Oktober 1871, neun Monate nach dem Sieg von Versailles und der Krönung von Wilhelm I. zum deutschen Kaiser, wofür er sich offenbar nicht interessierte. Im Lauf der kommenden zehn Jahre machte er weltweit beachtete, aufsehenerregende Funde, wenn auch die Fachwelt, besonders die deutsche, ihm immer wieder misstraute, nicht selten zu Recht. Aber er fand tatsächlich Stadtreste, die er Troja nannte, und er fand einen spektakulären Goldschatz, den er dem mythischen Trojanerkönig Priamos zuschrieb. Auch seine späteren Grabungen im griechischen Mykene machten Schliemann reich, als ob er das noch nötig gehabt hätte; in fünf sogenannten »Schachtgräbern« fand er wiederum lauter Schätze, am berühmtesten darunter eine goldene Gesichtsmaske: für Schliemann war es frei nach Homer die Maske von Agamemnon, dem Herrscher von Mykene und Anführer der Griechen im Trojanischen Krieg – also eben im Krieg um die legendäre Helena, Königin von Sparta und Frau des Menelaos, dessen Bruder Agamemnon war. Helena war mithin seine Schwägerin.

Mit den Funden Schliemanns kam die ganze verwickelte griechische Mythologie ins Bewusstsein der europäischen, vor allem aber der deutschen Gesellschaft wieder zurück. Helena also: Atemberaubend schön, war sie nach der bekanntesten griechischen Sage das Opfer eines himmlischen Wettstreits, bei dem Göttinnen unrühmlich mitspielten, aber die Menschen nicht minder. Ein Königssohn namens Paris entführte die Frau des Menelaos angeblich nach Ilios oder Troja, in die heutige Türkei, vielleicht verschwand sie aber auch nach Ägypten, unter dem Schutz des Zeus, und ein Trugbild kam nach Troja, jedenfalls rüstete der Schwager Agamemnon die griechische Flotte zur Rückholung der Beute. Es wurde ein zehnjähriger Krieg mit grausamen Opfern; das Meiste darüber ist aus der Ilias des Homer bekannt.

Nun aber, im Jahr der realgeschichtlichen Ausgrabung von Troja, gerät Helena gleichsam leibhaft unter die Augen von Heinrich Schliemann. Aus tiefsten mythischen Nebeln taucht sie hier endlich auf, dieses ganz konkrete Objekt der Begierde eines wahrhaft faustischen deutschen Mannes, der auch noch wirklich Heinrich hieß. Schliemanns rastlose Karriere brachte die antike Traumfrau zum Greifen nahe, wie er glaubte, und zwar im Schatten ihrer Schmuckstücke. Die großen Funde von Troja und Mykene gehörten zwar nicht einer gemeinsamen Kulturepoche zu; denn Schliemann hatte ja eine rund zweitausend Jahre ältere Schicht, eine vormykenische Stadt Troja ergraben. Aber das stellte sich erst bei seinem Nachfolger Dörpfeld heraus. Erst einmal konnte der Ausgräber seinen Fund inszenieren. Der trojanische Schatz umfasste Tausende von Einzelteilen, darunter feinsten Schmuck, wie ihn Helena, falls es sie jemals gab, womöglich getragen hatte. Musste sich Schliemann nicht fühlen wie Goethes Faust auf dem Rücken des Chiron? Im eiligen Gespräch der beiden im zweiten Teil der Tragödie berichtet der heilkundige Kentaur ja, dass er Helena höchstpersönlich auf dem Rücken getragen und sie in seine Mähne gegriffen habe. Faust ist hingerissen, denn diese Mähne berührt ja nun auch er. Die Mähne als Fetisch: die Mähne als Analogie für den Schmuck. Ließ Helena sich mit einer Zeitmaschine von ferne berühren? Schliemann greift in die Verse Homers, der doch Helena wahrhaft näher stand als Goethe, und seine Mähne ist dieser Schatz. Später im Grabungsbericht wird alles sorgsam dokumentiert, wenn auch mit einigen Ungenauigkeiten, die von der Fachwelt alsbald registriert wurden. Natürlich inszenierte Schliemann alsbald eine Fotositzung, für den seine Frau Sophia das sogenannte »große Gehänge« einer Helena am trojanischen Hof anlegt, als »echte Griechin« und Nachkommin des homerischen Geschlechts – das alles mit geschickter Propaganda und weltweiter Wirkung aus einem erst vierzigjährigen jungen Griechenstaat heraus. Diese Helena/Sophia ist zwar nicht Frau eines südlichen Königs, wohl aber Gattin eines ostdeutschen Oligarchen, seinerseits geboren und aufgewachsen unweit von Stralsund, wo der Urvater der deutschen Hellasliebe, Johann Joachim Winckelmann, fast zwanzig Jahre gelebt hatte. Doch anders als der rastlose Schliemann hatte Winckelmann nie nach einer Helena gesucht, sondern war bis auf seltene Reisen in Italien sesshaft geblieben, meist in Rom, introvertiert und in mythisch schönen Männerkörpern befangen.

Bei aller deutschen Graekomanie – mit seinen pompös vermarkteten Grabungen ging Schliemann für die deutsche Fachwelt zunächst einmal wohl zu weit. Man tadelte und verlachte ihn und misstraute ihm. Der Berliner Papst der klassischen Philologen, Wilamowitz, soll in einer Satire Frau Schliemann gespielt haben, wie sie den Schatz in ein Tuch gewickelt von der Grabungsstätte getragen habe. Das Misstrauen der Philologen saß tief. Seit Gründung der Berliner Humboldt-Universität hatte man ja von oberster Stelle aus das Hellenentum in Gestalt der Gräzistik akademisch eingehegt und in diversen Instituten, wie etwa dem Deutschen Archäologischen Institut Athen, dann aber auch im humanistischen Gymnasium, glorifiziert und versäult. Hier kritisierte man an Schliemann noch lange den *haut goût* des Hochstaplers, des wütend ehrgeizigen Dilettanten und Aufsteigers. Der alte Schmidt in Fontanes »Frau Jenny Treibel« musste jedenfalls noch verteidigen, »dass jemand, der Tüten geklebt und Rosinen verkauft hat, den alten Priamus ausbuddelt«. Und wirklich: Fast rückhaltlose Bewunderung erhielt Schliemann zunächst einmal nur aus England; hier, im Londoner South Kensington Museum, durfte er seinen Fund 1877 ausstellen, bevor seine Frau und der Freund Rudolf Virchow ihn dazu brachten, den ganzen Schatz von mehr als achttausend Teilen 1881 dem Deutschen Reich zu schenken, durchaus zur Freude des Kaisers, der ja selber als Hobby-Archäologe tätig war. Pünktlich zu diesem Anlass erschien nun auch der voluminöse Bericht über das ganze Unternehmen, mit detailgenauen Zeichnungen, zahlreichen Fotos und Beiträgen namhafter Kollegen als Buch unter dem schlichten Titel »Ilios«, mit dem Untertitel »Stadt und Land der Trojaner. Forschungen und Entdeckungen in der Troas und besonders auf der Baustelle von Troja«.

Abbildung 14 in diesem Band zeigte die »Allgemeine Übersicht des in 28 Fuss Tiefe gefundenen Schatzes«, der heute im Berliner Neuen Museum als Replik zu sehen ist: nämlich den Schlüssel der Schatzkiste, die goldenen Diademe, Stirnband, Ohrringe und kleine Juwelen; ferner silberne Talente und Gefäße von Gold und Silber; silberne Vasen und eine merkwürdige kupferne Platte; Waffen und Helmkronen von Kupfer oder Bronze; ein kupfernes Gefäß, kupferner Kessel mit zwei Henkeln, kupferner Schild. Unerhört penibel schildert und zeichnet Schliemann die eigentlichen Schmuckstücke, wie sie eine Trojanerin – Abbildung 688 – wohl getragen haben mag. Der Name Helena taucht im Text nicht auf, aber schließlich kam Helena ja auch aus Sparta und hätte in Troja also fremden Schmuck getragen, was bei einem zehnjährigen Exil in königlicher Umgebung wohl auch denkbar war. Schon Schliemann dachte bei seinen Beschreibungen damals aber auch an ägyptischen Einfluss; natürlich kannte auch er die antike Version der Helena-Sage, wonach ihr Entführer Paris nur ein trügerisches »eidolon« nach Troja gebracht habe, sie selbst aber sei vorsorglich von ihrem Vater Zeus nach Ägypten gerettet worden. Dem gleichsam doppelt fremden Schmuck später im Gräberfeld von Mykene widmete ein deutscher Archäologe namens Meurer 1912 eine sonderbar ausufernde schliemannkritische Studie. Er ließ an eine ägyptische Helena denken, wie sie in der Zeit zwischen den Weltkriegen zur Titelfigur einer Oper von Richard Strauss wurde, mit einem Libretto von Hugo von Hofmannsthal, uraufgeführt in Dresden 1928 und erneut bei den Salzburger Festspielen 1933. – Den echten »Schatz des Priamos« aus dem Hügel von Hissarlik, dann in Berlin, erbeuteten im Zweiten Weltkrieg sowjetische Soldaten; nach 1945 war er angeblich nicht wieder aufzufinden. Erst 1993, nach dem Zusammenbruch des Sowjetreiches, erfuhr die staunende Welt, dass er sich im Moskauer Puschkin-Museum befand, wo er seit 1996 auch wieder gezeigt wird. In Berlin sieht man bisher nur eine detailgetreue Kopie.

Was aber hatte Schliemann letztlich zu dieser archäologischen Raserei gebracht? War es wirklich, wie er in seinen autobiographischen Bemerkungen schrieb, eine allgemeine Begeisterung seiner kindlichen Umgebung für Homer, oder ganz besonders eine vom Vater geschenkte Weltgeschichte für Kinder? 1828 gab es zuhause den Band von Georg Ludwig Jerrer und der Vater hatte ihm daraus vorgelesen. Mit wem konnte man sich dabei identifizieren, mit Agamemnon oder Aeneas oder Herakles oder eben Odysseus? Als der junge Sigmund Freud das berühmte Buch »Ilios« über die Ausgrabungen lesen konnte, war er begeistert, nicht nur von den Griechen, sondern auch von Schliemann. Dieser Mensch hatte eine untechnische, geistige, nämlich sprachliche Entdeckung gemacht, er hatte eine vergangene Wirklichkeit hinter den Buchstaben entdeckt; er hatte in der Tiefe der Geschichte gegraben und sich nicht mit der Oberfläche einer Fiktion begnügt. Mehr als fünfzig Jahre später sollte Freud eine Reise nach Athen beschreiben, die er 1904 zusammen mit seinem Bruder unternommen hatte. Freud erinnerte sich in dem Text, den er »Eine Erinnerungsstörung auf der Akropolis« nannte, wie sonderbar er es nach der Ankunft auf der Burg plötzlich fand, dass nun alles greifbar und vorhanden war, was sie als Kinder bei Homer gelesen hatten und was erst recht Schliemann bekräftigt hatte. Auf den ersten Blick schien Freuds »Störung« also nur eine Abwehr Schliemanns, dessen Abenteuerlust ja gerade mit Finderglück belohnt worden war; aber der zweite Blick offenbarte dann doch tiefen Sinn für das archäologische Verfahren, wenn Freud später etwa die Stadt (Rom) zum Modell der menschlichen Psyche erhob, in der sich Analytiker grabend bewegten, jeder ein Schliemann, und oft auch mit strahlenden Funden belohnt.

Warum aber dieser Schliemann, der doch eigentlich Geschäfte mit Farben und Stoffen und Kriegsmaterial machte, der an der Börse unaufhörlich rechtzeitig kaufte und verkaufte, dessen Briefe von finanztechnischen Details wimmeln, von Verlustängsten gepeinigt, warum also dieser Mann sich in die griechische Antike nicht nur zurücksehnte, sondern regelrecht eingraben wollte wie in ein Pharaonengrab, ist oft erörtert worden. Fontane hat es leise parodiert. Nicht nur seine Frau »Jenny Treibel« will ja möglichst nur Handfestes, selbst der alte Schmidt des Romans meint beim Anblick der ›Agamemnon‹-Maske: »wenn ich mir vorstelle, dass diese Goldmasken genau nach dem Gesicht geformt wurden, gerade so wie wir jetzt eine Gesichts- oder Wachsmaske formen, so hüpft mir das Herz bei der doch mindestens zulässigen Idee, daß dies hier – und er wies auf eine aufgeschlagene Bildseite – daß dies hier das Gesicht des Atreus ist oder seines Vaters oder seines Onkels …« Wieder drängt sich der Fetischcharakter der Funde ins Bild, ihr Koeffizient an Wirklichkeit und Gegenwart, die weder Kunst noch Literatur bieten können. Aber womöglich die Sprache darunter?

Die Welt der alten Griechen aus dem Munde Homers zum Greifen nah: eine solche Intuition mochte Schliemann vielleicht wirklich als Junge aus Ankershagen gehabt haben; inzwischen kannte er aber doch auch die leidenschaftlichen Diskussionen, die Goethes Zeitgenosse Friedrich August Wolf im Jahr 1795 ausgelöst hatte. Wolf erörterte damals die These des italienischen Kulturphilosophen Vico, wonach es den einen und einzigen Homer vielleicht nie gegeben habe, wonach diese grandiosen Epen, Ilias und Odyssee, womöglich in mündlicher Tradition von vielen Sängern überliefert und bis zur schriftlichen Fixierung auch immer weiter verbessert worden seien. Einer wie Schliemann konnte aber beweisen, dass hinter dem Namen Homer ein Historiker stand, kein phantastischer oder gar phantasierender Sänger oder gar eine Gruppe von Sängern. Er konnte, vor allem aber wollte er es beweisen. Und denkbar ist, dass ausgerechnet seine Sprachwut ihn dabei leitete. Als er 1856 in Petersburg bei dem jungen Vimbos Griechisch lernte, war in dessen Kreisen das linguistische Todesurteil über die griechische Sprache sicher gespenstisch bekannt; eben Jakob Fallmerayers Verdikt von 1830. Inzwischen, mit Gründung des Staates und der unermüdlichen Patronage von Adamantios Korais, hatte man die Katharevousa ja eingeführt, ein modernisiertes Altgriechisch, eine Mischung, die natürlich auf Anhieb keineswegs überall gleichmäßig angewandt wurde. Wiederholt hat Schliemann in seinen Erinnerungen beschrieben, dass er genau solch ein Verfahren selber erprobt und sich angeeignet hatte. Nur ist bei ihm niemals die Rede von diesen innergriechischen Debatten und der Name »Katharevousa« fällt nicht. Ob ihn an Fallmerayers Text etwas ganz anderes gereizt hatte? Dort nämlich standen ja die wuchtigen Sätze, die Schliemanns kindliche Vorstellungen zermalmen wollten und zugleich zeigten, wie man sie in Erfüllung gehen lassen konnte, nämlich durch Grabung: »Eine zweifache Erdschichte, aus Trümmern und Moder zweier neuen und verschiedenen Menschenrassen aufgehäuft, decket die Gräber dieses alten Volkes. Die unsterblichen Werke seiner Geister, und einige Ruinen auf heimatlichem Boden sind heute noch die einzigen Zeugen, daß es einst ein Volk der Hellenen gegeben habe. Und wenn es nicht diese Ruinen, diese Leichenhügel und Mausoleen sind; wenn es nicht der Boden und das Jammergeschick seiner Bewohner ist, über welche die Europäer unserer Tage in menschlicher Rührung die Fülle ihrer Zärtlichkeit, ihrer Bewunderung, ihrer Tränen und ihrer Beredsamkeit ausgießen: so hat ein leeres Phantom, ein entseeltes Gebilde, ein nicht in der Natur der Dinge existierendes Wesen die Tiefen ihrer Seele aufgeregt.«

VIERTES KAPITEL
1871 bis 1897

Neue Nachrichten aus Athen. Schliemann zwischen Homer und Darwin. Hellas als Hölderlins »Mutter aus dem Grabe«. Ernst Curtius träumt olympisch. Jacob Burckhardt schimpft. Nietzsche sieht »gräcisierende Gespenster«. Freud träumt begehrlich wie Faust, aber Hella/Helena ist seine Tochter. Nietzsches »wahre Helena« bei Richard Wagner. Die olympischen Spiele.

Während nun also Schliemann mit seinem tollkühn erworbenen Privatvermögen seit 1871 die Ausgrabungen im Hügel von Hissarlik, in Mykene und schließlich auch auf Kreta betrieb, hatte der griechische Staat vierzig dramatische Jahre hinter sich. Wie zu erwarten, waren die drei Großmächte Russland, England und Frankreich im Land als Parteien bei Hofe etabliert, die um Einfluss sowohl beim König wie bei den einheimischen Machthabern rangen, die ihrerseits mehr Mitsprache und eine neue Verfassung wünschten. Die »Bavarokratie« unter Otto I. erregte immer mehr Unmut, und 1843 musste der König der Einsetzung eines Parlaments zustimmen. Zugleich wuchsen die Schulden, trotz der großen Kredite, die seit 1821 gewährt worden waren. Ein erster drohender Staatsbankrott 1847 konnte nur durch die private Mitwirkung des Genfer Bankiers Jean-Gabriel Eynard abgewendet werden. Aber es kehrte keine Ruhe ein. Der kostspielige Staatsapparat wuchs, weil die einheimischen Freiheitskämpfer mit Recht ihren Lohn, sprich ihre Versorgung einforderten; das Militär wuchs mit Blick auf Gefahren aus der Türkei, aber auch in der irredentistischen Hoffnung auf griechische Territorien, die seit alters zum Land gehört hatten. Schließlich verschlangen Hofhaltung und bayerische Beamtenschaft sinnlose Summen. 1863 wurde Otto I. zur Abdankung gezwungen; ihm folgte ein König aus dänischem Haus, Georg I., im Amt bis zu seiner Ermordung 1913, vor Ausbruch des Ersten Weltkrieges. Als eine Art Morgengabe hatte er Griechenland die bis dahin britischen Ionischen Inseln zurückgebracht und mit dieser Geste Englands Einfluss im Parlament bekräftigt. Russischer Einfluss wiederum wurde durch Georgs Heirat mit einer Romanow gestärkt: Olga, die um die Jahrhundertwende mit einer dramatischen Episode in die neugriechische Geschichte einging. Damals brach der schon lange schwelende, nun aber veritable Sprachenstreit um die offenbar lähmende Herrschaft der Katharevousa aus; die Dichter fühlten sich behindert, weil sie das Volk nicht mehr erreichen konnten. Überhaupt fühlte die neue Generation der um 1830 geborenen Griechen sich vom Hellenismus ihrer Eltern weniger erhoben als gefesselt, auch wenn gerade dieser philhellenische Furor sie doch aus ihrer osmanischen Gefangenschaft befreit hatte. Man sei »vom Wahn der Antike befallen; nicht von der Kenntnis der Antike, sondern der ständig und überall betriebenen oberflächlichen, unpassenden und unbegründeten Beschwörung der antiken Vorfahren ...«, schrieb Kostis Palamas, ein maßgeblicher Autor der Literaturszene um 1900; man gebrauche eine »makkaroniartige, pseudohellenische Sprache«, die dem Volk fremd sei und habe »vollständig jedes Gefühl für die Realität verloren.« In dieser Situation agierte Königin Olga aus dem Hause Romanow zusammen mit den Sprachkämpfern von unten. Da sie während des letzten griechisch-türkischen Krieges verwundete Soldaten gepflegt hatte, wusste sie, dass einfache Menschen die Bibel in der alten Hochsprache nicht verstehen konnten. Auf ihre Anregung und sogar mit ihrer Beteiligung wurde das Neue Testament in Dimotiki übersetzt, ja, sie versuchte sich sogar selber an einer Übersetzung. Ein Sturm kam auf; die Regierung des damaligen Ministerpräsidenten Theotokis wurde gestürzt, der Erzbischof von Athen protestierte und trat zurück. Selbst das Parlament entschied gegen die Königin. Bei Strafe verboten wurden fortan eigenmächtige Übersetzungen der Bibel und die vorhandenen Exemplare wurden eingezogen. Die Katharevousa als Schriftsprache blieb buchstäblich im Amt bis zum Ende der Junta und dem der griechischen Monarchie 1976. – Auch die Schulden blieben, trotz neuer Verfassung und neuem König. 1863 wurden erneut Auslandsanleihen aufgenommen; als größter Gläubiger erwies sich schließlich das Deutsche Reich. 1893 kam es zum Staatsbankrott, ausgelöst durch eine unglücklich eingetretene und ungeschickt gehandhabte landwirtschaftliche Panne in der Korinthenausfuhr. Ein internationales Finanzkonsortium wurde beauftragt, die Schuldentilgung fortan im Land zu überwachen: also gab es schon damals eine Art Troika unter deutscher Dominanz. Tatsächlich hat Griechenland dann aber trotz größter Kriegswirren seine Schulden bis 1931 bedient.

In diesen sechziger Jahren des 19. Jahrhunderts, während Schliemann gerade mit seinem Studium an der Sorbonne begann, erregte das erste Buch von Charles Darwin, »Über den Ursprung der Arten« (1859), weltweit Erschrecken wie Bewunderung. Ein kalter naturwissenschaftlicher Blick vereinte Menschen und Tiere jenseits der biblischen Schöpfungsgeschichte; ein übergreifendes Narrativ gewann atemberaubende Präsenz. Stammte der Mensch wirklich vom Affen ab? Gab es konkurrierende Rassen im Kampf um biologische Dominanz in geschichtlichen Zeiten, waren die »Arier« oder womöglich gar die »Achäer« wirklich das physisch auserwählte Volk? Rudolf Virchow, der einzige einflussreiche Freund Schliemanns in Deutschland, der Begründer der Zellphysiologie und damit natürlich auch Biologe und Rassenforscher, bemühte sich um humane Maßstäbe. So etwa setzte er eine Massenuntersuchung in Deutschland bei sieben Millionen Schulkindern durch, die nach physischen Merkmalen wie Haarfarbe und Konstitution durchmustert wurden. Nur ein Drittel war blond und blauäugig, die Mehrheit aber gemischt. Von einer »arischen« Dominanz konnte keine Rede sein. Schliemann ließ Virchow die hellenischen Schädel begutachten, die bei den Grabungen gefunden wurden, und Virchow versah sie mit dem zögernden Befund, dass man zwar, gemessen am Schädelindex sowie der gesamten Kopf- und Gesichtsbildung, vielleicht »an Leute der arischen Rasse zu denken« habe, dass aber »der Naturforscher vor diesen Problemen Halt machen und die weitere Erörterung der archäologischen Betrachtung überlassen« müsse.

Aller behutsamen Einschränkung zum Trotz – wenige Sätze haben die hellenistische Begeisterung in der Folge so kontaminiert wie diese, jedenfalls in Deutschland. Sie befeuerten den Verdacht oder die Hoffnung, das ganze unerhörte »griechische Wunder« sei in Wahrheit ein »arisches«. Es war eine Hoffnung auf antiken Ursprung, auf eine gigantische Familiengeschichte im Zeichen Homers, die nicht nur in der hartnäckigen Rassendiskussion weiterlebte und im »Dritten Reich« zu aberwitziger Prominenz gelangte, vielmehr gab es sie ja schon seit Jahrzehnten auch als Sprachillusion. Der Homer-Übersetzer Johann Heinrich Voss, der den antiken Hexameter und Pindars Metrik in die deutsche Verskunst einführte, der begeisterte Hölderlin, die Brüder Schlegel, vor allem aber Wilhelm von Humboldt, der Begründer des deutschen Gymnasiums: Sie alle fanden in der griechischen Sprache einen ähnlichen Abgott wie einst Winckelmann in der bildenden Kunst. Die Sprache überhaupt, meinte Humboldt, sei »ein absichtslos aus der freien und natürlichen Einwirkung der Natur auf Millionen von Menschen, durch mehrere Jahrhunderte, und auf weiten Erdstrichen entstandenes Erzeugnis« und damit »eine ebenso ungeheure, unergründliche, geheimnisvolle Masse, als das Gemüt und die Welt selbst, mehr, wie irgendetwas andres hervorzubringen imstande ist.« Und in diesem romantischen Überschwang auf der Suche nach indogermanischen Vorfahren sah man schließlich die genuine Verwandtschaft zwischen deutscher und altgriechischer Sprache, also eben auch zwischen deutschem und hellenischem Denken. Es entstand ein ethnisches Phantasma, ein deutschhellenischer Avatar, der über eine »Ehe«, wie etwa die Assoziation eines Faust mit einer Helena, weit hinausging und sich trotz wissenschaftlicher Mühen und realer politischer Feindschaften nicht gänzlich dekonstruieren ließ. Im Gegenteil, durch Denker wie Martin Heidegger und dessen Verliebtheit in vorsokratische Wortwurzeln sollte es unversehens ins 21. Jahrhundert überdauern.

Dabei gab es in diesen sechziger Jahren des 19. Jahrhunderts gleichzeitig auch einen *europäischen* Aufschwung der hellenistischen Wissenschaft, oder genauer: der Wissenschaften im Plural zwischen Archäologie, Kunstgeschichte, Geschichte und Philologie. Doch deutsche Forscher nahmen den Faden nicht auf. Der Kunsthistoriker und Gräzist Carl Justi verfasste vielmehr um 1860 eine dreibändige Biographie über Winckelmann und erneuerte dessen Ruf als epochal deutschen Genius schon mit dem ersten und abschreckend unbeholfenen Satz: »Die Erscheinung Winckelmanns steht gleichsam an der Pforte, die aus der Verknöcherung und Geschmacklosigkeit der vorhergegangenen Zeiten hinüberführt in den unserer Erinnerung so teuren Bezirk, wo die bei den neuern Völkern herumgehende Leitung der geistigen Bewegung an Deutschland kam: seine Werke gehören zu den Erstlingen des deutschen Genius …« Justis Kollege Walter Pater aus Oxford reagierte immerhin sofort und setzte Winckelmann fast gleichzeitig in einem glänzenden Essay ein englisches Denkmal, natürlich auch dem männlichen Genie gewidmet. Aus der Schweiz dagegen meldete sich der Rechtshistoriker Johann Jakob Bachofen mit einer großen Studie über das altgriechische »Mutterrecht« (1861), der sogenannten »Gynaikokratie« – also Frauenherrschaft, für Bachofen die ursprüngliche gesellschaftliche Verfassung. Das Werk wurde zunächst vergessen, aber um die Jahrhundertwende als Vorläufer einer philosophischen Anthropologie hoch geschätzt.

Viele Monate vor Schliemanns erster amtlicher Grabung, aber im selben Jahr 1871 wurde Wilhelm I. zum deutschen Kaiser gekrönt, und in Griechenland kam Ioannis Metaxas zur Welt, der spätere griechische Diktator zur Hitlerzeit. Die deutsche akademische Archäologie widmete im folgenden Jahrzehnt ihre ganze Energie nicht etwa Troja und Homer – das Feld hatte Schliemann besetzt –, sondern der Ausgrabung des antiken Olympia, inspiriert vom antiken Pausanias. Es war ein territorialer Reflex auf den preußischen Sieg über die Franzosen und die Reichsbildung. Unter Leitung von Ernst Curtius führte man ein Projekt durch, dessen Gedankenschmied eher als überragend gebildeter Philhellene galt, denn als Mann des Augenscheins und der Lokaltermine, auch wenn es einige wenige gab. Anders als der fieberhafte Autodidakt Schliemann hatte Curtius – von 1844 bis 1850 Erzieher des späteren Kaisers Friedrich III. und Professor in Berlin – schon seit Anfang der fünfziger Jahre umfassend gelehrte Zielvorstellungen für die Erschließung der gesamten griechischen Kultur des 6. Jahrhunderts entwickelt. Zum Heiligtum von Olympia, hieß es nun, seien damals die meisten griechischen Stämme gekommen; Olympia habe für nationale Einheit gesorgt, auch wenn das Land später dann durch die Perserkriege zersplitterte. Die Erforschung dieser heiligen Stätte und ihrer Rituale würde einen ganzen Kulturkreis erhellen. Curtius rechnete auf die Unterstützung des Hofes, er gehörte nicht zu den Revoluzzern von 1848 wie etwa Jacob Grimm, dem damals berühmtesten Sprachforscher Deutschlands.

Den entscheidenden Vortrag hielt Curtius 1852 in der Berliner Singakademie. Er begann mit einem Rückblick auf die überlieferte Landeskunde von Pausanias, ging weiter über die französischen Ausgrabungen bis zu seinen eigenen Recherchen, die er von diversen Reisen ins Landesinnere wie auch nach Athen mitgebracht hatte. Aufgrund dieser Kenntnisse, aber noch ohne Grabungen, entwarf Curtius einen topographischen »Plan von Olympia«. Er sprach über die Begeisterung der Griechen für den Wettkampf und rühmte das agonale Element der hellenischen Bildungswelt. Man habe die »harmonische Ausbildung aller natürlichen Kräfte« angestrebt und Erziehung hin bis zum Götterdienst im Zeichen des Olymps ausgerichtet. In und mit Olympia als einem »geistigen Mittelpunkt« hätten die Griechen sich als »einiges Volk fühlen« gelernt. Das Kultbild des Zeus vom Bildhauer Phidias habe den Höhepunkt griechischer Kunst und »nationalen Vermögens« bezeichnet. Den letzten Teil der Rede widmete Curtius einer Beschreibung des gesamten Festes, den Riten, den prachtvollen Feiern, der allgemeinen Lebenslust. Mit Beginn des Peloponnesischen Krieges 431 freilich verfiel die Euphorie mehr und mehr, Niedergang folgte für die zweieinhalbtausend Jahre danach.

Schon Winckelmann hatte die Ausgrabung angeregt, französische Forscher hatten Versuche angestellt, aber seither war nichts geschehen. Curtius rief pathetisch nach einem Schliemann, als den er sich selber dachte: »man hörte auf zu suchen, ehe man zu finden aufgehört hatte. Von neuem wälzt der Alpheios seinen Schlamm über den heiligen Boden und wir fragen mit gesteigertem Verlangen: wann wird sein Schoß wieder geöffnet werden, um die Werke der Alten an das Licht des Tages zu fördern! Was dort in der dunklen Tiefe liegt, ist Leben von unserem Leben. Wenn auch andere Gottesboten in die Welt ausgezogen sind und einen höheren Frieden verkündet haben, als die olympische Waffenruhe, so bleibt Olympia doch auch für uns heiliger Boden und wir sollen in unsere […] Welt herübernehmen den Schwung der Begeisterung, die aufopfernde Vaterlandsliebe, die Weihe der Kunst und die Kraft der alle Mühsale des Lebens überdauernden Freude.«

Gefördert wurden die ambitiösen Projekte vom deutschen Hof, erst von Kaiser Friedrich III., der trotz seiner Krankheit – er litt an Kehlkopfkrebs – oder vielleicht sogar ihretwegen das Olympia-Projekt unterstützte, dann von Wilhelm II., der es gegen den Willen Bismarcks finanzierte. Die eigentliche Ausgrabungsstätte besuchte Curtius später nur zweimal für ein paar Wochen. Er war weder ein kunsthistorischer Archäologe noch ein erfahrener Ausgräber, ähnlich wie Schliemann. Trotzdem hielt er in Berlin immer wieder Vorlesungen zur Griechischen Kunstgeschichte und vermittelte seinen romantischen Philhellenismus über Jahrzehnte. Die Buchausgabe erschien in sechs Auflagen – und wurde zum Konkurrenten des gleichzeitig in Basel dozierenden Schweizers Jacob Burckhardt. Burckhardt, der Lehrer von Nietzsche, der Italienkenner und Renaissance-Spezialist, berühmt für seinen »Cicerone« durch die südliche Kunstwelt, hatte das Pamphlet von Fallmerayer nicht vergessen. Er warf das neue und durch zeitgenössische Ärgernisse eher hässliche Bild des realen Griechenlands zurück in die Antike und ließ seinen Erben Sätze zurück, die noch zu Beginn der 1930er Jahre Unmut stiften konnten: »In betreff der alten Griechen glaubte man seit der großen Erhebung des deutschen Humanismus im vorigen Jahrhundert im Klaren zu sein; im Widerschein ihres kriegerischen Heldentums und Bürgertums, ihrer Kunst und Poesie, ihres schönen Landes und Klimas schätzte man sie glücklich, und Schillers Gedicht ›die Götter Griechenlands‹ faßte den ganzen vorausgesetzten Zustand in ein Bild zusammen, dessen Zauber noch heute seine Kraft nicht verloren hat. Allermindestens glaubte man, die Athener des perikleischen Zeitalters hätten Jahraus Jahrein im Entzücken leben müssen. Eine der allergrößten Fälschungen des geschichtlichen Urteils, welche jemals vorgekommen, und umso unwiderstehlicher und überzeugter sie auftrat. Man überhörte den schreienden Protest der ganzen überlieferten Schriftwelt, welche vom Mythus an das Menschenleben überhaupt beklagt und verschätzt war, und in betreff des besondern Lebens der griechischen Nation verblendete man sich, indem man dasselbe nur von den ansprechenden Seiten nahm und die Betrachtung gerne mit der Schlacht von Chaironeia abschloß. Ganz als wären die folgenden zwei Jahrhunderte, welche das Volk, und weit überwiegend durch sein eigenes Tun, bis nahe an die materielle Zernichtung führten, nicht die Fortsetzung des Vorhergegangenen gewesen.«

Jacob Burckhardt demolierte im Sinne von Fallmerayer das begehrenswert schöne Bild, das in Deutschland trotz aller Kenntnisse über die Griechen entworfen wurde – und jenseits der abgründigen Metapher, die Goethe mit dem himmlischen Paar »Faust und Helena« geliefert hatte. Dass dieses Bild immer weiter schön bleiben wollte, mochte aber auch mit einer ganz anderen Phantasie zu tun haben, jenseits von Rassenkunde und Sprachverwandtschaft, zwei Phantasmen, die einem energischen Realisten wie Schliemann jedenfalls fremd sein mussten. Fremd waren ihm, als einem weltweit agierenden Geschäftsmann, die rassistischen Spekulationen ohnehin, seine griechische Frau war weder blond noch blauäugig noch altadelig, sondern eine Nichte seines griechischen Sprachlehrers. Nicht also diese unbefangene, unmythische Sorte von Ehe zwischen einem deutschen Faust und einer griechischen Helena lag in der deutschen Luft, sondern eine eher unheimliche Idee territorialer Landung und Bergung. Ging es beim Werben um Griechenland um Figurationen wie Iphigenie und Odysseus – um Ankünfte, nur ohne vorgängige Reise oder Entführung? Es wäre deutsche Wertarbeit am Mythos, vielleicht absichtslos oder missverstanden, aber doch eine Entstellung. Hölderlin wäre ihr Ahnherr; Sigmund Freud mochte die Stelle gelesen haben, im Zuge der frühen psychoanalytischen Diskussion, denn Rückkehr in den mütterlichen Schoß bildete offenbar schon um 1800 eine deutsche Matrix der gelehrten Erinnerung wie hier des Hyperion: »Mich ergriff das schöne Phantom des alten Athens, wie einer Mutter Gestalt, die aus dem Totenreiche zurückkehrt.«

Hier klingt die Sehnsucht der goetheschen Iphigenie dramatisch, ja neurotisch entstellt, und das nicht zum letzten Mal in der Motivgeschichte. Hölderlins Mitschüler im berühmten Tübinger Stift, der Philosoph Hegel, eröffnete kurz vor dem Höhepunkt der preußischen Auseinandersetzung mit Napoleon seine »Vorlesungen zur Geschichte der Philosophie« mit den Worten: »Bei dem Namen Griechenland ist es dem gebildeten Menschen in Europa, insbesondere uns Deutschen, heimatlich zumute. Die Europäer haben ihre Religion, das Drüben, das Entferntere, einen Schritt weiter weg als Griechenland, aus dem Morgenlande, und zwar aus Syrien empfangen. Aber das Hier, das Gegenwärtige, Wissenschaft und Kunst, was unser geistiges Leben befriedigend, es würdig macht sowie ziert, wissen wir von Griechenland ausgegangen, direkt oder indirekt ... Was aber uns heimatlich bei den Griechen macht, ist, daß wir sie finden, daß sie ihre Welt sich zur Heimat gemacht; der gemeinschaftliche Geist der Heimatlichkeit verbindet uns. Wie es im gemeinen Leben geht, daß uns bei den Menschen und Familien wohl ist, die heimatlich bei sich, zufrieden in sich sind, nicht hinaus, hinüber, so ist es der Fall bei den Griechen. Sie haben freilich die substantiellen Anfänge ihrer Religion, Bildung, gesellschaftlichen Zusammenhaltens mehr oder weniger aus Asien, Syrien und Ägypten erhalten; aber sie haben das Fremde dieses Ursprungs so sehr getilgt, es so umgewandelt, verarbeitet, umgekehrt, ein Anderes daraus gemacht, daß das, was sie wie wir daran schätzen, erkennen, lieben, eben wesentlich das Ihrige ist.«

Obgleich hier von Europa die Rede ist, geht es bei Hegel um Sätze aus zwei sehr unterschiedlichen Horizonten deutscher Sehnsucht. »Heimat« als Seelenwort im graekophilen Kontext hatte ja eine wirklich europaweite Vorgeschichte in Goethes Iphigenie, einer Schlüsselgestalt der antiken Mythologie. Die Tochter des Agamemnon wird von ihrem Vater der Göttin Diana geopfert, um die Winde günstig zu stimmen, die seine Flotte nach Troja bringen sollen, wo man Helena sucht. Die Göttin aber entrückt Iphigenie nach Tauris – die Krim –, zum Priesterdienst an ihr selbst. Obgleich der König der Insel sie zur Frau begehrt, obgleich es ihr gut geht, trauert sie ihrer Heimat nach: »Das Land der Griechen mit der Seele suchend«, steht sie am Strand, dieser Goethevers hat sich der europäischen, also auch der griechischen Seelenbildung eingebrannt. Goethe schrieb das Stück 1779 in sieben Monaten nieder und führte es als Prosafassung noch im selben Jahr auf. Nicht wirklich auffallen konnte damals die merkwürdige Verschränkung von Iphigenie und Helena in seinem Werk – denn nach mythischer Logik hätte man ja Iphigenie eigentlich für Helena geopfert, was wohl selbst den Göttern nicht recht war. Der Knoten blieb auch Goethes späteren Lesern verborgen, da es im »Urfaust« noch keine leibhafte Helena gab. Jedenfalls lieferten beide Frauen eine antike Anklage: beide werden entführt, beide verursachen grauenvolle Verstrickungen, die eine den zehnjährigen Krieg um Troja, die andere einen Rattenkönig an Mordtaten in der Familie des Agamemnon. Nichts davon hatte Hegel im Sinn, als er vom »gemeinschaftlichen Geist der Heimatlichkeit« sprach, der Griechen und Deutsche verbände; aber auch seine Vorlesung fand ja damals noch ohne Kenntnis von Goethes Helena statt, die um 1800 überhaupt erst allmählich entstand. Die iphigenische Sehnsucht nach Heimat, die durch die Versfassung des Stückes 1788 noch einmal ins öffentliche Bewusstsein gelangt war, mochte für Hegel und sein Publikum womöglich von einer ganz anderen, von einer esoterischen Seite kommen. 1794–1796 war der vierbändige Roman »Das Heimweh« erschienen, verfasst von Heinrich Jung-Stilling, einem Augenarzt, Kameralisten und Okkultisten, einem Autor von imponierenden Büchern, Fachbüchern, aber eben auch seelsorgerlichen. Der Roman erzählt von einer Pilgerreise in den Orient, also nicht nach Griechenland, nach Jerusalem und nicht nach Athen. Jung-Stilling bot ein pietistisches Programm zwischen Freimaurertum, Esoterik und christlicher Mystik, das den bis heute sprichwörtlichen Satz hinterließ: »Die beiden schönsten Dinge sind die Heimat, aus der wir stammen, und die Heimat, nach der wir wandern«. Auch wenn der jenseitsvertraute Heiler Jung-Stilling, als Arzt von Körper und Seele lange vor Erfindung der Anthroposophie, irgendwann aufhörte, Geistergespräche zu führen, blieb er vielen suspekt. So vor allem Goethe, der seinen »Wilhelm Meister« fast gleichzeitig mit ähnlicher Intention geschrieben hatte. Doch die spirituelle »Reise des Christian Eugenius von Ostenheim« wird man hinter allem gehobenen Heimweh von Schülern des pietistischen Tübinger Stifts vermuten dürfen; und die Verlegung von Heimat in ein geistliches Jenseits konnte den Reisedrang in der realen Welt naturgemäß unterdrücken, hätten die finanziellen Verhältnisse das nicht ohnehin besorgt. Wenn Hellas nun stellvertretend zur Seelenheimat erkoren wurde, wie von Hölderlin und von Hegel, musste man nicht hinfahren, oder wenn doch, so allenfalls auf den Spuren des Neuen, nämlich griechischen Testaments nach Korinth.

Ganz anders der zweite Horizont von Hegels Heimweh in dieser Vorlesung, deren erster Teil schon 1817 gedruckt wurde, also nach dem Wiener Kongress, aber noch vor dem griechischen Freiheitskampf. Dieses Heimweh gehörte realpolitisch zur preußisch elitären nationalen Selbstbehauptung, die vom Krieg gegen Frankreich gefährdet und nicht weit entfernt war von dem, was Freud später den »Familienroman des Neurotikers« nennen sollte: der Patient will seinen elend kleinen Verhältnissen entkommen, indem er sich großartige Vorfahren imaginiert. So hatte Winckelmann die griechische Antike als unnachahmlich groß herbeizitiert und das dröhnende Echo bewies ihm, welche Lücke das Antikenprojekt im zeitgenössischen deutschen Seelenhaushalt zu schließen hatte und offenbar auch schließen konnte. Wenn Autoren wie Fallmerayer und Burckhardt dieses Spiel verderben wollten, mussten sie Hass erwecken.

Während Hölderlin in den letzten Lebensjahren angeblich geistig verstört im Tübinger Turm bis 1843 vor sich hin dämmerte, wurden Hegels Heimat-Sätze im 19. Jahrhundert von ihm selbst in der immer wieder gehaltenen Vorlesung und nach seinem Tod in der gedruckten Fassung weit verbreitet. Wenig überraschend hat Friedrich Nietzsche in einem nachgelassenen Fragment von 1885 diesen ganzen Gedankengang zugleich verschärft und entkräftet. Wie Hegel, so erkennt auch Nietzsche die Welthaltigkeit des Griechentums, das nicht ohne orientalische Einflüsse zu denken ist. Zwar neigt

Nietzsche wahrhaftig nicht zu provinzieller Heimatkunde, aber wie und mit Hegel sieht er das Zuhause des eigenen Geistes und des eigenen Gemüts im alten unwiederbringlichen Griechenland. Auch Nietzsche, einst Schüler des protestantischen Schulpforta, geistesverwandt mit dem Tübinger Stift, kannte die »Heimat, nach der wir wandern« im Sinne Jung-Stillings. Doch fand er sie in einem darwinistischen Sündenfall, einer Realitätsanmaßung verstörendster Art. Der große Aphorismus aus dem Nachlass zu diesem Thema endet mit einer biologischen Regression – wie man sie eher von seiner Schwester, Elisabeth Förster, erwartet hätte, deren Eingriffe in das Werk des Bruders bis heute nicht durchgehend differenziert werden konnten: »Wir nähern uns heute allen jenen grundsätzlichen Formen der Weltauslegung wieder, welche der griechische Geist, in Anaximander, Heraklit, Parmenides, Empedokles, Demokrit und Anaxagoras, erfunden hat, – wir werden von Tag zu Tage griechischer, zuerst, wie billig, in Begriffen und Werthschätzungen, gleichsam als gräcisirende Gespenster: aber dereinst, hoffentlich auch mit unserem Leibe! Hierin liegt (und lag von jeher) meine Hoffnung für das deutsche Wesen!«

»Der Wille zur Macht«, dieses hybride Werk, erschien posthum 1906 auf Betreiben der Schwester mit durchschlagendem Erfolg. Aus »gräcisierenden Gespenstern« sollte nun der Sprung in eine kommende leibliche Existenz gelingen; aus dem pietistischen Jenseits war offenbar ein messianisches Plagiat geworden, ein Gedanke aus der autoritären Zuchtwahl des »Zarathustra«, dem Propheten des Übermenschentums. Nicht die romantische Verklärung vergangener Größe, sondern die Herstellung künftiger Helden: das war hier – nicht von ihm? – Nietzsches Beitrag zum deutschen Phantom, einem Faust I ohne Faust II, einem Faust ohne Helena, einem »faustischen Menschen«, der zur Züchtung ansetzt.

Wie sehr dann aber gerade diese Art Züchtung selber ein gräzisierendes Kunstprojekt war, ausgehend von Winckelmanns hellenischen Marmorkörpern und einer verqueren olympischen Idee, wurde erst aus den Lehrbüchern der nationalsozialistischen Rassenlehre ersichtlich; vor allem aus der Werkstatt des sogenannten »Rassengünther«, Hans F. K. Günther, seit 1922. Mit dieser Lehre verschob sich das kulturelle Interesse vom kunstsinnigen Athen in das militärische Sparta, oder das, was man dafür hielt, während Olympia zunehmend ein Name für das Deutsche im Griechischen wurde statt wie bisher umgekehrt. Dabei fanden die ersten olympischen Spiele seit der Antike garnicht in Deutschland, sondern 1896 in Athen statt, und zwar mit britischer Hilfe; und dass dies überhaupt möglich geworden war, befeuerte naturgemäß die nationalen Leidenschaften der Griechen. Erneut kam es zu einem Krieg mit dem Osmanischen Reich. Die Insel Kreta, bisher unter britischer Verwaltung, strebte zurück unter griechische Herrschaft, wogegen sich die muslimische Bevölkerung sträubte; das griechische Militär geriet in den Sog nationalistischer Kräfte, trat mit unzureichenden Mitteln gegen die ungleich stärkere türkische Armee an und erlitt eine bittere Niederlage.

Zu den frappierenden Reaktionen auf diese politische Kalamität gehörte damals ein Briefwechsel zwischen Sigmund Freud und seinem jahrelang engsten Freund Wilhelm Fließ. Ende Mai 1897, also nach den Spielen und nach dem Krieg, beschrieb er ihm einen Traum über die neunjährige Tochter Mathilde: »Unlängst träumte ich von überzärtlichen Gefühlen für Mathilde, sie hieß aber Hella, und ›Hella‹ sah ich dann nochmal fett gedruckt vor mir. Auflösung: Hella heißt eine amerikanische Nichte, deren Bild wir bekommen haben. Mathilde könnte Hella heißen, weil sie unlängst über die Niederlagen der Griechen so bitter geweint hat. Sie begeistert sich für die Mythologie des alten Hellas und sieht in allen Hellenen natürlich Helden. Der Traum zeigt natürlich meinen Wunsch erfüllt, einen pater als Urheber der Neurose zu ertappen und macht so meinen noch immer sich regenden Zweifeln ein Ende.«

Schon am 16. Mai hatte Freud dem Freund von dem weinenden Töchterchen berichtet, das sich den Kampf der griechischen Helden gegen die Türken so sehr zu Herzen nahm. Auch Freud selber, der leidenschaftliche Schliemann-Verehrer und hellenisch gebildete Griechenfreund musste von der Schlacht eigentümlich berührt worden sein. Wir wissen nicht, ob er diesen Krieg womöglich zuhause, nach der Lektüre von Zeitungen – das Wort HELLAS in fetten Buchstaben im Traum spiegelte wohl eine Schlagzeile – vor den Ohren der Familie bedrückt kommentiert hat, historisch gebildet wie er war. Denn die Griechen erlitten ja offenbar ausgerechnet auf demselben pharsalischen Feld eine Niederlage wie fast 1800 Jahre zuvor schon Pompeius im Krieg gegen Cäsar im Jahr 45 v. Chr. Es war eine der berühmtesten Schlachten der Antike, ein Kampf um Prinzipien in einem Bürgerkrieg, denn die beiden Feldherren standen für die beiden Grundprinzipien der Staatslenkung: Pompeius für die demokratische Verfassung, Cäsar für die Tyrannis. Offenbar versetzte allein schon der Name der Nichte den träumenden Freud sofort nach Hellas, zwar nicht direkt in die antike Region Thessalien, wohl aber ins Nachleben der pharsalischen Felder bei Goethe, dem Vermittler zur Moderne. Indem Freud den Namen der Nichte Hella an Hellas, aber eben auch an Helena anklingen ließ, verwandelte er sich im Traum nun in einen begehrlichen Mann, in eine Art Faust, der dem Objekt seines (väterlichen!) Begehrens theatergerecht und damit schuldfrei entgegentreten konnte. Vermitteln mochte dem Goethekenner hier das Szenenbild aus Faust II, die düsteren pharsalischen Felder auf der thessalischen Ebene zu Beginn der sogenannten »Klassischen Walpurgisnacht«. Hier nun, im Traum für den gebildeten Freund Fließ, konnte Freud nicht nur angstfrei das väterliche Begehren als Ursprung der Hysterie beschreiben, er konnte bei Goethe auch gleich die Therapie lernen. Zurück in die Kindheit, möglichst auch in die Kindheit der menschlichen Sozialität musste die Erinnerung reichen, um sich mit einer Helena aus

Fleisch und Blut und nicht nur einer Allegorie zu treffen. Das war der sagenhafte »Gang zu den Müttern«, den Goethe seiner Faustfigur vorschreibt und der noch zu Freuds Lebzeiten durch die Werke von Nietzsche und Bachofen ein salonfähiges, wenn nicht gar akademisches Wissen geworden war.

Von Mai bis Oktober 1897 hat Freud diesen Knoten aus Krankheit, Traum, Traumdeutung, therapeutischem Dialog und eben vor allem Literatur geknüpft, bis er endlich am 15. Oktober an Fließ die berühmten Zeilen zum männlichen Inzestwunsch formulierte: »Man versteht die packende Macht des Königs Ödipus [...] die griechische Sage greift einen Zwang auf, den jeder anerkennt, weil er dessen Existenz in sich verspürt hat.« Ob Hölderlins Satz des Hyperion, ihm erscheine Athen »wie eine Mutter aus dem Grabe«, hier Pate gestanden hat? Die Nähe der Gedanken verblüfft jedenfalls. Doch wie auch immer, der Vorteil der antiken Referenz bei Freud lag auf der Hand. Was der jungen Psychoanalyse an wissenschaftlicher Evidenz fehlte, konnte die hellenische Literatur bieten, hier nun also mit Sophokles: generelle Anerkennung, ja anthropologische Gesetzlichkeit. Der antike Ödipus wird zu einem *terminus technicus* des Komplexes allerdings erst 1910; also erst nach Freuds Reise auf die Akropolis im Jahr 1904. Jetzt aber, sieben Jahre zuvor, ging es erst einmal um die entscheidende Frage, ob das Begehren des Vaters – also der aktive Inzest – oder gegenstrebig das Begehren der Tochter bzw. des Sohnes nach der Mutter am Grunde der Hysterie liege. Den Eltern seiner Patienten einen aktiven Part bei der Verführung ihrer Kinder zuzuweisen, hätte die Psychoanalyse im Wien von 1900 gesellschaftlich inakzeptabel gemacht und vernichtet. Es musste sich umgekehrt um ein Begehren der Kinder handeln, und zwar um ein phantasiertes. Die Frage war an diesem 15. Oktober 1897, also wenige Monate nach dem Hellas-Traum, auch schon beantwortet, denn der entscheidende Satz beginnt nun mit den Worten: »Ich habe die Verliebtheit in die Mutter und die Eifersucht gegen den Vater auch bei mir gefunden und halte sie jetzt für ein allgemeines Ereignis früher Kindheit [...] Wenn das so ist, versteht man die packende Macht des Ödipus.«

Mit dieser Wendung schien Faust zwar in der Suche nach den Müttern befangen, aber sonst doch aus dem Spiel gefallen. Geblieben war der Arzt Sigmund Freud in der Figur des antiken Heilers, des Kentauren Cheiron, der Faust eine erste leibhafte Berührung der Helena erlaubt, oder wenigstens doch ein fetischhafte, in Gestalt seiner Mähne, die Helena fast noch als Kind berührt haben sollte. Eine erwachsene Helena kam hier nicht vor.

Ganz anders dagegen das gemarterte Gretchen. Fast neunzig Jahre nach Freuds Brief an Fließ kam es in den Vereinigten Staaten zu einer seltsamen Wiederholung der Diskussion um die Faustik des frühen Freud. Ausgerechnet ein Mann aus der Geistesfamilie von Romain Rolland, dem leidenschaftlichen Indienfreund, ausgerechnet ein designierter Nachfolger Freuds machte sich ans Werk, die ursprüngliche Verführungstheorie auf den ersten Brief an Fließ in dieser Sache zurück und ins öffentliche Bewusstsein zu bringen. Verführt wurden Kinder von ihren Eltern, nicht umgekehrt, und verführt wurde wirklich und nicht im Traum, hieß die These. Die Arbeit des Indologen Jeffrey Masson, der als engster Vertrauter von Anna Freud als Präsident der Internationalen Freudgesellschaft Zugang zum heilig geschützten Archiv in London hatte, erschien 1984 unter dem Titel »The Assault on Truth. Freud's Suppression of the Seduction Theory«; deutsch unter dem harmloseren Titel: »Was hat man dir, du armes Kind, getan?« Das Buch bewirkte einen ungeheuren Aufstand unter den Patientinnen weltweit. Überall klagten plötzlich Töchter die Väter an; überall gab es existenzielle Krisen, sobald derartige Anklagen ruchbar wurden. Männer als Väter psychoanalytisch behandelter Mädchen verloren ihre Stellen, ihr Ansehen in den Clubs, ihre Selbstachtung. Vereine zur Verteidigung der Männer wurden gegründet; die Psychoanalyse verlor an Patienten, verlegte sich auf Verhaltenstherapie und überdachte die jahrelangen, oft allzu einträglichen Bindungen zwischen Patient und Therapeut, die Woody Allen in seinen Filmen der Öffentlichkeit eher ironisch versöhnlich vorgestellt hatte. Das gemarterte Gretchen war aus der Geschichte aufgetaucht und es blieb dort, bis zur jüngsten Kampagne gegen *sexual harassment* in der Filmwirtschaft von 2017 und in der männlich dominierten Berufswelt überhaupt.

Dabei gab es zwischen den hellenischen Inzestträumen von Hölderlin und Freud noch einen früheren und ganz anderen imaginären Gang zu einer Mutter namens Helena. Etwa zur Zeit von Schliemanns ersten Grabungen nahm Friedrich Nietzsche diese Spur auf und entdeckte in der archaischen Welt der ältesten Griechen die Erfinder der Musik: »Wir genießen diesen Urzustand mit der moralischen Empfindung des Erhabenen, des Nicht-wieder-zu-erreichens, es sind die ›Mütter‹ des Daseins: dorther haben wir die wahre Helena, die Musik, zu holen …« Die Musik als »wahre Helena«: das war eine geniale Perspektive. Die ungreifbare Helena nicht als antikes »eidolon« als Akt des Betruges am Betrachter, sondern als herrlich immaterielles, musikalisches Phänomen zu denken: das war ein kategorialer Sprung der Ideengeschichte. Körper können verwesen, Bilder können zerfallen, aber Töne und die Regeln ihrer Abfolgen bleiben im kulturellen Gedächtnis, ohne je verschwinden zu müssen. Aus der tönenden Helena wird ein immer neu aktivierbarer Weg: als reversibler Gang zu den Müttern führt er wie alle immateriellen Wege rückwärts wie vorwärts.

Nietzsches kurzer Aphorismus wird von den Herausgebern auf 1871 datiert, dem Jahr des Friedens von Versailles und der Kaiserkrönung, aber eben auch der Zeit von Nietzsches Arbeit an der Dissertation in Basel, die ein Jahr später erschien. »Die Geburt der Tragödie aus dem Geiste der Musik« war ein kühner Wurf, eine Apotheose aus Nietzsches hellenistischem Blick auf Richard Wagner, dem er eine Wiedergeburt des antiken Dionysoskultes zutraute. Hier, bei diesem Erfinder der tönenden Weihespiele von Bayreuth, erschien eine ekstatische Gegenwelt zur finsteren Kriegsbühne von Troja, der Schliemann recht eigentlich nachforschte, auch wenn er mit Homer die hohe Literatur verfolgte und mit dem »Schatz des Priamos« einen Schleier aus Design und schöner Repräsentation davor legte. Troja: das hieß zwar Kampf um Helena, also um Frauenbesitz, aber auch Kampf um Bodenbesitz, Territorium, Grenze und Krieg um das eine wie um das andere. Die Musik dagegen war eine Welt ohne Grenzen und ohne Raum und dennoch mit ungeheurer Dynamik, Tragik und Leidenschaft, die nun also Wagner bis zu seinem Tod kompositorisch vorstellte. »Tristan und Isolde« von 1865 war das Jahrhundertwerk; uraufgeführt nur ein Jahr nach der munteren Operette »Die schöne Helena« des jüdischen Komponisten aus Köln, Jacques Offenbach, der damals in Paris Erfolge verbuchte. Im Fall Wagner ging es kunstmäßig um die deutsche Emanzipation von südlichen Nachbarn; ähnlich wie hundert Jahre zuvor Winckelmann auf dem Feld der bildenden Kunst gegen französische Stilvorschriften kämpfte Wagner nun gegen die italienische wie auch die französische Oper. Offenbach hatte mit seiner frechen Buffo-Oper den Hellenismus satirisch genutzt; Wagner aber, als Philhellene ohne Griechenlandkenntnis, lieferte 1840 einen ersten sinfonischen Versuch als »Faust-Ouvertüre«, mitsamt einem Gretchenteil. Franz Liszt, der spätere Schwiegervater, half bei der Vollendung, nachdem er gerade selber 1854 eine Faust-Sinfonie komponiert hatte, auch noch in Weimar. Eine Helena tauchte darin nicht auf, nur mystische Gesänge aus Faust II, der damals zwar längst bekannt, aber nicht wirklich populär war.

Nietzsche, der abgründige Übersetzer von Helena in Musik, Nietzsche, der Kritiker der »gräcisierenden Gespenster« im immer ungeliebteren Deutschland, dämmerte ab 1890 dem Tod entgegen, zuletzt in der Villa »Silberblick« seiner Schwester in Naumburg.

Schliemann, den Nietzsche nie erwähnte, starb in diesem Jahr 1890, ohne die Fortschritte der Olympia-Ausgrabungen oder gar die Spiele von 1896 noch zu erleben. Die Konkurrenten Curtius und Burckhardt starben beide im Zeitfenster der ersten neuzeitlichen Olympiade, die der Franzose Coubertin mit großem Engagement in Griechenland zustande gebracht hatte. Geholfen hatte ihm dabei John Astley Cooper, der mit seinen olympischen Komitees schon ab 1891 ganz England überzogen hatte; Coubertin folgte ihm 1894 mit einem Internationalen Olympischen Komitee. Am 6. April 1896 wurden die Spiele eröffnet: mit 295 Amateuren aus 13 Nationen. Coubertin entwarf auch die Ringe, die ab 1920 zum Symbol erklärt wurden. Er blieb Präsident bis 1925, ließ sich von Hitler unterstützen und protestierte nicht gegen dessen Spiele in Berlin. An diesen Spielen brachte der fanatische Sportlehrer Carl Diem mit Hitlers Zustimmung den Ritus des antiken Fackellaufs erstmals zur Aufführung. Endlich war ein »gräcisierendes Gespenst« leibhaftig geworden.

FÜNFTES KAPITEL
1897 bis 1900

Ilias contra Odyssee: Deutscher Hang zu Grund und Boden; englischer Hang zur Seefahrt. Nausikaa statt Helena. Jane Harrisons »Odyssey Lectures« erinnern an Lady Hamilton und Goethe. Samuel Butlers Nausikaa als Dichterin der Odyssee. James Joyce liest Samuel Butler. Hellas/Helena: Nietzsches Heimweh mit Hegel.

Mit dem archäologischen Großprojekt namens »Olympia« hatte die philhellenische Utopie in Deutschland doppelt neuen Boden gewonnen. Nicht mehr nur akademische Hellenisten oder Abenteurer oder Dichter waren begeistert, auch die Sportwelt mit ihrem nationalen Überschwang eines Turnvaters Jahn und damit jene junge Szene, die um die Jahrhundertwende nahtlos in eine Kulturmode mündete, eben den Jugendstil. Der Kult des schönen Körpers in Licht und Luft, Bewegung und Ästhetik suggerierte Freiheit, Kraft und Freude. Die sonnensüchtige, elegante Gestalt des »Fidus«, die Mobilisierung von singenden Pfadfindern im »Wandervogel«, das alles hätte zu keinem anderen Zeitpunkt besser gepasst als zu dieser Jahrtausendwende. Wer zu diesen Kohorten gehörte, mochte sich nicht vorstellen, was in anderen, nicht direkt politischen Soziotopen der Zeit möglich war: etwa den seltsamen Hellenismus Stefan Georges, der Nietzsches Wunsch nach Verleiblichung als Vergöttlichung seines Lieblings Maximin buchstäblich umsetzte; daneben das tragische Ende von Oscar Wilde im Prozess von London; oder auch manche verhängnisvollen Schul- und Internatskulturen der Zeit, beleuchtet vom Dichter Wedekind (»Mine Haha« 1903), und last but not least die Wirkung des englischen Okkultismus auf einen Österreicher wie Rudolf Steiner. 1902 übernahm er die deutsche

Abteilung der mächtigen Theosophiebewegung von Helena Blavatsky und wurde zum größten Faustmissionar der kommenden fünfzig Jahre, weit über seinen Tod 1925 hinaus.

»Faust. Eine Tragödie«, Goethes Lebenswerk, war der Welt und der engeren Goethegemeinde inzwischen längst integral bekannt und vertraut. Faust II, mit der Hochzeit von Faust und Helena und dem anschließenden Erlösungswerk des Teufels, wurde seit 1875 auf der Bühne gespielt, seit 1886 in London. Zwischen der Dichtung und dem darin im 4. Akt imaginierten technischen Fortschritt hatte die Wirklichkeit inzwischen eine Lücke geschlossen; der Suezkanal, von dem schon Goethe wusste, wurde 1869 eröffnet, während industrielle Errungenschaften überall Arbeitswelten bedrohten. Faust, im hohen Alter, war bekanntlich leidenschaftlich an der Wassertechnik interessiert; er ließ Mephisto glauben, dass eine Landgewinnung aus dem Meer auch ihn, den Teufel, zum Ziel bringen könnte, nämlich zum gesuchten Glücksmoment des satanischen Vertrages aufseiten der verkauften Seele. Es sind dann auch Kreaturen des Teufels, die bei der Zähmung des Meeres helfen, Raufebold, Haltefest, Habebald, die Drei Gewaltigen, und am Ende steht eine kriminelle Illusion. In den Versen 10.196 bis 10.233 hört man den entscheidenden Dialog:

»*Mephistopheles:* Geschehe denn nach Deinem Willen! Vertraue mir den Umfang deiner Grillen.

Faust: Mein Auge war aufs hohe Meer gezogen, Es schwoll empor, sich in sich selbst zu türmen. Dann ließ es nach und schüttete die Wogen, Des flachen Ufers Breite zu bestürmen. Und das verdroß mich. Wie der Übermut Den freien Geist, der alle Rechte schätzt, Durch leidenschaftlich aufgeregtes Blut Ins Mißbehagen des Gefühls versetzt. Ich hielt's für Zufall, schärfte meinen Blick, Die Woge stand und rollte dann zurück, Entfernte sich vom stolz erreichten Ziel; Die Stunde kommt, sie wiederholt das Ziel.

Mephistopheles ad Spectatores: Da ist für mich nichts Neues zu erfahren, Das kenn ich schon seit hunderttausend Jahren.

Faust, leidenschaftlich fortfahrend: […] Da faßt' ich schnell im Geiste Plan auf Plan: Erlange dir das köstliche Genießen Das herrische Meer vom Ufer auszuschließen, Der feuchten Breite Grenzen zu verengen Und, weit hinein, sie in sich selbst zu drängen. Schon Schritt für Schritt wußt' ich mirs zu erörtern; Das ist mein Wunsch, den wage zu befördern.

Trommeln und kriegerische Musik im Rücken der Zuschauer, aus der Ferne, von der rechten Seite her.«

Albrecht Schöne, der Faustherausgeber der letzten Jahrtausendwende, hat die Verse desillusioniert gelesen. Keinerlei menschheitsbeglückende soziale Absicht stünde an dieser Stelle des Stücks dahinter, es sei vielmehr ein Interesse, das »sich allein auf den Gewinn von Herrschaft und Eigentum richtet und auf die Bändigung der Elemente.« Deutsche Goetheverehrer mochten das nach 1871 anders sehen; jedenfalls konnte das Interesse am festen Boden auch schon im Umgang der Nation mit dem realen Land der Griechen auffallen. Nicht alle deutschen Philhellenen reklamierten es mit Hölderlin und Hegel imaginär und neurotisch als wahre Heimat und hielten das Griechische obsessiv für eine »Sprache der Mutter«. Mit Einführung des bayerischen Königs samt deutschem Gefolge hatte man ja das Land selbst in corpore besetzt und mit den Ruinen von Schliemann und Curtius sogar Hellas unfassbar dicht unter den Füßen. Man las doch die Ilias mit neuem Blick und bereiste Olympia mit kollegialem Selbstgefühl.

In dieser Zeit gab es dagegen in England ein Revival der Odyssee. Kein Wunder, bei einer seefahrenden und seetüchtigen Nation, deren Held Admiral Nelson hieß und dessen Dichter Byron persönlich für die Griechen zu Schiff in den Krieg gezogen war. Was für eine grundstürzende Differenz auf diese Weise zwischen der jeweiligen Hellaswahrnehmung entstand, entstehen musste, lag auf der

Hand. Nicht zuletzt verdankte sie sich womöglich auch der älteren Textgeschichte seit 1700. Sie stammte aus Frankreich, wo der Geltungsanspruch antik griechischer Konzepte und Stilvorstellungen ja schon lange vor Winckelmann und auch im Bereich der Literatur diskutiert worden war. Der erste normbildende Roman im Stil der Odyssee wurde 1699 die erwähnte Satire des Prinzenerziehers und späteren Erzbischofs von Cambrai, François Fénelon, »Die Abenteuer des Telemach«. Auch der zweite erwähnte große Reiseroman des 18. Jahrhunderts folgte dem Muster der Regimekritik und stand mit seinem Erscheinungsdatum 1787 mitten im Horizont der Französischen Revolution. »Die Reise des jungen Anarchasis in Griechenland« von Abbé Barthélemy stammte von einem Archäologen und Schriftsteller mit Sinn für Raum und Zeit. Schon 1755 hatte er, obwohl Franzose, als Mitglied der Royal Society mit seinem Werk begonnen, während die einschlägige Gesellschaft, zuständig für die sogenannte »Grand Tour«, also die berühmte Society of Dilettanti soeben die Explorateure Stuart, Revett und Chandler nach Griechenland geschickt hatte, zwecks Kartierung und Beschreibung der Ruinenszene des zeitgenössischen Athen. Als gebe es keine Zerstörung, lieferte Barthélemy rund 30 Jahre später eine Reise rückwärts in das vorbildliche, glückliche, griechische vierte Jahrhundert vor Christus, eine Reise, die ihre Leser mit uraltem Land und Leuten vertraut machen sollte. Es war, kommentierte das Publikum, als komme man nachhause, nicht anders als Odysseus nach Ithaka. Reiseromane über Griechenland gab es in Deutschland damals nicht, weil die jungen Intellektuellen nicht reisen konnten oder wollten; selbst die »Geschichte des Agathon« (1766) des hellenistischen Dichters Christoph Martin Wieland, erdacht für denselben Zeitraum wie »Anachasis«, wechselt nur zwischen Syrakus und Athen und entwickelt den jungen Agathon eher intellektuell, im Kontrast zum Sophisten Hippias; und erst recht orientalische Muster wie Jung-Stillings »Heimweh«-Roman waren weniger inspiriert von beweglichen Körpern als von Seelen, wie in der berühmten »Konferenz der Vögel« aus der persischen Mystik.

Unter dem Eindruck der aufklärerischen und revolutionären Stimmungen eines europäischen »en marche« häuften sich jedenfalls englische Übersetzungen der homerischen Odyssee. Seit Alexander Pope 1725 gab es bis ins Jahr 1900 mehr als dreißig weitere Übertragungen, teils auszugsweise, teils in Prosa, teils in jambischen Blankversen, wobei es alle Formate natürlich auch für die Ilias gab. Offenbar hielt jeder etwas prominentere britische Hellenist eine Homerübersetzung für unerlässlich, zumal einer der Großen ihres Faches, Robert Wood, eine Apotheose auf Homer verfasst hatte. Wood war einer jener reisenden Engländer, die das Muster der sogenannten »Grand Tour« mit gründlichen Forschungsabsichten verbanden. Als Entdecker und Beschreiber der syrischen Ruinen von Palmyra war er zum archäologischen Grandseigneur aufgestiegen; seine Apotheose auf »The Original Genius of Homer« (1769) wurde vier Jahre später auch deutsch veröffentlicht und unter anderem von Hölderlin gelesen. Homer, war das Fazit, hatte als einsames Genie Land und Leute, Klima und Politik, Gefühle und Ideen überwältigend realistisch dargestellt, daher waren deutsche Spekulationen, dass verschiedene Sänger beteiligt gewesen sein könnten, müßig. Ein Jahr nach Winckelmanns Tod gab es damit eine erneute Bestätigung für die Annahme, dass Homers Bild von Hellas einer akkuraten Landeskunde weit mehr glich als einer Dichtung, oder mindestens diese Auslegung zuließ. Die Vision des Deutschen rechtfertigte sich offenbar glänzend und sollte auf Jahrhunderte auch europaweit herrschen. Im viktorianischen England las man Homer bald geradezu statt der Bibel. Ein Hintergrund der britischen Aneignungen wurde dabei die Tatsache, dass Kenntnis der sogenannten *classics* inzwischen ausdrücklich für den Eintritt in den höchsten Staatsdienst verlangt wurde und eben nicht nur für akademischen Nachwuchs oder interessierte Intellektuelle. Sinn für die Odyssee konnte im

19. Jahrhundert aber auch durch die wachsende Präsenz der maritimen Kriegsführung im öffentlichen Bewusstsein entstehen, etwa durch Figuren wie Lord Nelson und Byron, aber auch überhaupt durch Englands staatliche Teilnahme an den Seeschlachten gegen das Osmanische Reich.

Wie das gebildete deutsche, interessierten Homers Epen natürlich auch das gebildete englische Publikum weit über einen politisch aufgeladenen Sprachunterricht hinaus. Schließlich gehören die beiden Epen zu faszinierend verschiedenen Welten, auch wenn sie einem gemeinsamen Mythen- und Sagenkreis entstammen. Beide spielten etwa im 12. Jahrhundert v. Chr., sammelten noch weitaus ältere Motive ein, wurden aber erst im 9. bzw. 8. Jahrhundert gedichtet oder gesungen und noch viel später niedergeschrieben. Die Ilias kündet dicht an der historischen Realität entlang von einem ausgesprochen unschön und blutig geführten Krieg, dessen Anlass gleichwohl eine überirdisch schöne, ausdrücklich blonde, weißhäutige Frau namens Helena gewesen sein sollte: ein für die Neuzeit undenkbares Kriegsmotiv. Die Odyssee dagegen hatte stark märchenhafte Züge und glich damit eher dem zweiten großen Erzählwerk des 18. Jahrhunderts, den orientalischen »Geschichten aus Tausendundeiner Nacht«, die seit 1706 auf Französisch kursierten und in denen es ebenfalls eine abenteuerliche Meeresgeschichte gab: »Sindbad der Seefahrer«. Zwar endete die Odyssee etwas spießig, eben märchenhaft in der friedlichen Heimkehr des Helden zu seiner Frau und seiner Familie, aber genau diese endlich gelingende Heimkehr auf den eigenen Grund und Boden und zu den eigenen Menschen konnte die Odyssee zu einer markanten gesellschaftlichen Parabel aufsteigen lassen, wenn nicht sogar zu einer Parabel des menschlichen Daseins unter der Hut wohlmeinender Götter, die wussten, was ein Happy End sei. Wie grotesk verwandt war also Goethes Faust mit dem antiken Odysseus, als sich am Ende der inzwischen blinde deutsche

Mann »ein freies Volk auf freiem Grund« erhofft, als letztes Glück auf Erden, während ihm doch Lemuren das Grab schaufeln: das sich schließende Grab als Gegenwelt zum Olymp und als nachgerade luziferischer Ort für einen Schliemann, der Gräber eher als Wiege einer lukrativen Auferstehung ansah.

Die maßgebliche englische Prosaübersetzung der Odyssee im letzten Drittel des 19. Jahrhunderts stammte von Andrew Lang und Samuel Butcher und erschien 1879. Zu diesem Zeitpunkt hatte Schliemann seinen Priamos-Schatz bereits in London ausgestellt, und die deutsche Regierung hatte Curtius offiziell grünes Licht für die Olympia-Grabungen gegeben. Das junge deutsche Reich war damit, wie schon mit Winckelmanns ästhetischem Manifest, mit Humboldts Bildungsreform und Nietzsches Dionysoskult, zum Nachlassverwalter einer, wenn nicht *der* hellenischen Kultur aufgestiegen; und zunehmend wurde es auch ökonomisch zum größten Gläubiger des zeitgenössischen Landes.

In dieser Situation traten zwei britische Forscher auf den Plan, die beide einen neuen Blick auf die Odyssee warfen, unerschrocken von akademischen Hütern und musischer als die meisten philologischen Wächter. Jane Harrison hieß die eine, Samuel Butler der andere. Harrison stammte aus wohlhabender Familie und gehörte zu den frühesten Schülerinnen des neuen Newnham College, dem weiblichen Teil von Cambridge seit 1871. Sprachbegabt wie sie war – neben Französisch, Lateinisch, Griechisch lernte sie auch schon früh Russisch –, studierte sie hingebungsvoll Mythologie, antike Kunstgeschichte und Anthropologie und machte sich durch besondere Vorträge im Britischen Museum bekannt. Vornehmlich widmete sie sich dort der Vasenkunst, die im Museum vertreten war, darunter die Schätze von William Hamilton, dem ehemaligen britischen Gesandten im Neapel der Goethezeit. Hamilton, der Zeuge und Nutznießer der Ausgrabungen in Pompeji und Herkulaneum, hatte seine Sammlungen erfolgreich an das Museum verkauft, ähnlich wie Lord Elgin Jahrzehnte später die Parthenon-Stücke aus Athen. Berühmt wurde der Sammler aber fast mehr noch als Ehemann der legendären Lady Hamilton, geborene Emma Hart aus Liverpool, der Erfinderin dessen, was heute »Performance« genannt wird. Die Mimesis der antiken Vasenkunst, Lady Hamiltons *Attitudes* und das *Statue Posing*, waren zum Schlager um 1800 geworden, europaweit nachgeahmt; selbst Goethe hatte es auf seiner Reise nach Italien erlebt und den Sammler gelobt: »Er hat ihr ein griechisch Gewand machen lassen, das sie trefflich kleidet, dazu löst sie ihre Haare auf, nimmt ein paar Schals und macht eine Abwechslung von Stellungen, Gebärden, Mienen, usw., dass man zuletzt wirklich meint, man träume. Man schaut, was so viele tausend Künstler gerne geleistet hätten, hier ganz fertig in Bewegung und überraschender Abwechslung. Stehend, kniend, sitzend, liegend, ernst, traurig, neckisch, ausschweifend, bußfertig, lockend, drohend, ängstlich, usw., eins folgt aufs andere und aus dem andern. Sie weiß zu jedem Ausdruck die Falten des Schleiers zu wählen, zu wechseln, und macht sich hundert Arten von Kopfputz mit denselben Tüchern. Der alte Ritter hält das Licht dazu …«

Doch die Urheberin dieser eindrucksvollen Metamorphosen wurde bald vergessen, sie blieb verhasst wegen ihrer üblen Herkunft und schillernden Liebeskunst. Dabei hatte sich 1802 ausgerechnet der Herr der Meere, Lord Nelson, in sie verliebt, zum Verdruss des englischen Hofes und der gesamten Admiralität. Aber die triviale Literatur des 19. Jahrhunderts wie vor allem das frühe Kino nahmen Emma Hart dann wieder nachdrücklich in Schutz. 1941 stärkte man die britischen Soldaten sogar mit dem Film »Nelsons letzte Liebe«; Emma Hart gespielt von Vivien Leigh mit Sir Laurence Olivier an der Seite. Ein halbes Jahrhundert danach widmete Susan Sontag der Künstlerin und ihrem Mann – also William – einen eigenen Roman »The Volcano Lover«, »Der Liebhaber der Vulkane« (1993), und regte so wenigstens das feministische Interesse an Emma Hart wieder an. Eher unfreiwillig griff Sontag dabei einer eigenen amerikanischen Tradition buchstäblich unter die Arme. Denn auch wenn Goethe später nur noch abfällig über die Lady sprechen mochte, die Geschichte ihrer *Attitudes* hatte einen weiblichen Philhellenismus in Gang gesetzt, eine eigene Dynamik in der Geschichte des Tanzes. Um 1900 brillierte darin die Amerikanerin Isadora Duncan, sehr verehrt von Jane Harrison und anderen graekophilen Frauen um die Jahrhundertwende.

Jane Harrison selber tanzte nicht, sondern inszenierte ihre Vorträge im Britischen Museum für das interessierte weibliche Bildungsbürgertum um 1880. Damit lag sie im Trend einer neuen hellenistischen Bewegung im Horizont von Schliemanns Grabungen. Im Jahr des Erscheinens seiner monumentalen Dokumentation »Ilios« (1881) gründete man in London eine Society of Hellenic Studies, mit dem ausdrücklichen Ziel, das Studium des Griechentums auf praktisch die gesamte Geschichte und die gesamte Welt auszudehnen. Es war das Gegenteil der deutschen Absicht, immer tiefer und tiefer in das wahre alte Hellas zurück zu tauchen, wo man sich selbst zu finden glaubte. Die Briten dachten weniger diachron als synchron. Wann immer und wo immer man Zeugnisse der hellenischen Kultur finden würde, solle man sie erforschen und mitteilen, schrieb der Vorsitzende Charles Newton einleitend im neuen »Journal of Hellenic Studies«. 25 Jahrhunderte stünden zur Verfügung; ab sofort wolle man unter Hellenistik auch Byzantinistik, griechische Gegenwart, sämtliche Dialekte und Literaturen, vor allem Inschriften verstehen, einschließlich der Klosterkultur im Osmanischen Reich mit ihren reichen Schätzen an Handschriften, seien sie spät- oder früh- oder vorchristlich. Wie nicht anders zu erwarten, trat in das Zentrum dieser neuen Orientierung der Typus des kunstsinnigen Reisenden, der ja schon seit dem 16. Jahrhundert zur treibenden Kraft des britischen Hellenismus geworden war. Wissensdurstige Reisende sollten das Land der Griechen eben nicht mehr nur mit der Seele suchen, sondern mit allen Sinnen; ja mit Abenteuerlust ausgestattet sollte man auch entlegene Regionen bereisen und – lässt sich ergänzen –: womöglich gefährliche oder kostspielige Unternehmungen, Werkzeuge oder Konnektionen auf- und mit sich nehmen. Eben etwa so wie man es vom abenteuerlustigen Odysseus der deutschen Gegenwart, von Schliemann erlebt hatte. Der Autor dieses Aufrufs, Sir Charles Newton, schloss mit der Pointe, dass es dieser neuen Gesellschaft nicht nur um Philhellenen gehe, sondern auch um Leute, die einfach nur Hellenisten sein wollten.

Charles Newton war damals Direktor der Antiken-Abteilung des Britischen Museums, und unter seiner Anleitung begann Jane Harrison mit ihren bald spektakulären Erläuterungen der antiken Bild- und vor allem Vasenkunst. Sie ließ gläserne Bildträger nach Art einer Diashow anfertigen und zeigte sie mit passender Beleuchtung im abgedunkelten Raum: kaum anders als Lady Hamilton hundert Jahre zuvor, als ihr Mann »die Lampe hielt«, nur dass jetzt eben nicht Harrison selber antike *Attitudes* vorführte, sondern deren kunsttechnische Vorbilder erläuterte. Ihre lehrhafte Performance erlangte bald landesweite Bekanntschaft, sie verdiente sich damit ihren Lebensunterhalt, trieb aber zugleich ihre Studien weiter. 1882 erschien ihre Dissertation unter dem Titel »Myths of the Odyssey in Art and Literature«; und die Odyssee blieb auch für die nächsten Jahre ihr bevorzugtes Thema. Sie näherte sich hier ihrer späteren Haupterkenntnis, wonach die Bilddokumente – nicht nur der Vasen, auch der Flachkunst aus Hellas – nicht etwa als Illustrationen der homerischen Epik zu betrachten seien, sondern dass beide, Literatur und Kunst, auf denselben Lebensalltag zurückgingen, also auf real geschehene Handlungen, Riten und Gebärden. Eine These, die offenbar auf die Meinungen aus der Schule von Karl Marx gemünzt war, den die britische Linke natürlich las.

Harrisons Dissertation von 1882 bezog sich nun aber aus unerfindlichen Gründen nicht wirklich auf die homerische Odyssee, sondern auf deren ökonomisch erzählte, knappe Spiegelung im Text selber, auf die sogenannte »Apologe«. Im sechsten Buch berichtet Odysseus, bereits am Hof des Königs der Phäaken Alkinoos angekommen, seine abenteuerliche Geschichte selber, er wird gleichsam zum Nacherzähler seines eigenen Autors Homer. Manche Interpreten sehen darin eine psychologische Raffinesse, als wolle Homer seinem Protagonisten Gelegenheit geben, seine abenteuerliche Reise nach Art einer Auto-Analyse in Kurzform zu rekapitulieren, bevor er wieder ins normale Leben eines Familienvaters und Königs zurückkehrt; es sei eine Art Trauma-Bewältigung. Worum ging es aber nun wirklich?

Unter den Zuhörern auf der Phäakeninsel ist naturgemäß die Tochter des Königs, Nausikaa, die den Schiffbrüchigen am Meeresstrand gefunden und nachhause mitgenommen hatte. Es war eine Geste halb aus Verliebtheit, halb aus Fürsorge für den wildfremden und auch noch nackten Mann, einen schönen, aber hilflosen Flüchtling, den sie schließlich doch gehen lassen muss; denn er sucht ja nach seiner Heimat, nach Frau und Kind. Goethe hat dieser Episode in seiner »Italienischen Reise« ein bekanntes Fragment gewidmet; er sah einen tragischen Nukleus in Nausikaas Verzicht, wollte sogar ein Stück schreiben, verfolgte die Spur aber nicht weiter. Jahrzehnte später lieferte er eine etwas trockene Inhaltsangabe nach; niemand weiß, warum. Ob er sich selber am Hof des Botschafters Hamilton, auf der Flucht vor dem engen Weimar, wie ein anlandender Odysseus gefühlt hatte? Ob er selber um die Gunst der Emma Hamilton geworben hatte? Viele Dokumente dieser Zeit hat er offenbar mit Fleiß vernichtet. Das Thema Flucht und Gastfreundschaft hat er dann immerhin mit dem Versepos »Hermann und Dorothea« von 1797 behandelt – übrigens das beliebteste Goethestück für die englischen Leser.

Eine Art Rächer der hellenischen Prinzessin Nausikaa betrat rund ein Jahrhundert später die literarische Weltbühne. Samuel

Butler, kein Goethefreund, aber ein Schriftsteller unter Harrisons Zuhörern, hatte sich bisher mit gänzlich anderen Themen befasst, vor allem mit Charles Darwin. Aufsässiger Sohn eines Bischofs, aber klassisch gebildet, entlief er den ungeliebten Bedingungen von Familie und Schule 1861 nach Neuseeland und widmete sich der Schafzucht; nach zwei Jahren konnte er die Farm mit Gewinn verkaufen und sich der Schriftstellerei widmen. Mit den Entwürfen kam er zurück nach London und schrieb seinen bis heute bekanntesten Roman, »Erewhon«, das Wort »Nowhere« in Umkehr. Es war ein dystopischer Roman über Darwins Evolutionstheorie, vier Jahre nach Erscheinen von dessen Hauptwerk über den »Ursprung der Arten«. Hellsichtig und grotesk zugleich behauptete Butler nun, die Evolution des Menschen müsse in eine Evolution von Maschinen übergehen, ja diese Maschinen müssten und würden sich schließlich auch selbst fortpflanzen und stetig verbessern, ganz im Sinne des Schlagworts vom »Survival of the Fittest«. Eine Anspielung auf Frankenstein oder Faust fiel nicht – aber sie lauerte unter dem Text. Der Plot des trocken ironisch verfassten Romans zeichnete eine Gesellschaft, in der Krankheit und Behinderung als Verbrechen galten, Straftaten aber als heilbar. Gleichzeitig verbannte diese Gesellschaft aber sämtliche technischen Geräte; selbst Uhren waren verboten. Man konnte an die Sekte der Amish People denken.

Mit einer Erbschaft von Großvater und Vater versorgt, begann Samuel Butler dann regelmäßig nach Italien zu reisen. 1881 erschien der erste Bericht, 1888 der zweite. Es waren zwei sehr kleine Schwestern von Goethes »Italienischer Reise«. Sein halb autobiographischer Roman »Der Weg allen Fleisches« erschien erst nach S. Butlers Tod 1902. Es war eine Abrechnung mit seiner Familiengeschichte, machte ihn aber geradezu populär. Der Bloomsbury Circle um Virginia und Leonard Woolf und Lytton Strachey schätzten den Autor, obgleich er sich in seinen Notebooks durchaus antijüdisch geäußert hatte. Sein sozialironischer Zukunftsroman dagegen inspirierte Aldous Huxley und George Orwell, und die darwinistische Ahnung, dass Maschinen die Evolution fortsetzen oder vollenden würden, war ja noch nie so realitätsgesichert wie heute. Nicht wenige seiner Verehrer schätzten aber auch ein Werk von Samuel Butler, das in den Biographien gern übergangen blieb, ein Buch aus seinem letzten Lebensjahrzehnt. 1897, ausgerechnet im Jahr des kretischen Aufstandes und der griechischen Niederlage gegen die Türken, aber auch dem Jahr von Sigmund Freuds Hellas-Traum, erschien eine Abhandlung, die bis heute teils als Satire, teils aber auch ernsthaft erörtert wird. Unter dem Titel »The authoress of the Odyssey where and when she wrote, who she was, the use she made of the Iliad, & how the poem grew under her hands«, also ein Buch über »Die Autorin der Odyssee, wo und wann sie schrieb, welchen Nutzen sie aus der Ilias zog und wie das Gedicht unter ihrer Hand wuchs«, stellte er die These auf, dass eben nicht nur Odyssee und Ilias überhaupt von zwei verschiedenen Autoren verfasst worden seien, sondern dass die Odyssee von einer Frau geschrieben worden sein müsse. Sie habe vermutlich in Sizilien gelebt, und zwar in Trapani, dem antiken Ithaka, ihr Name müsse Nausikaa lauten, Tochter des Königs der Phäaken, Alkinoos. Als Begründung für diese tollkühne Zuschreibung genügte Samuel Butler der Hinweis, dass nur eine Frau so genaue Kenntnis von Haushaltsführung hätte haben, nur eine Frau umgekehrt so drastische Fehler in der Beurteilung technischer Details der Seefahrt hätte liefern können und nur eine Frau so ausschweifende erotische Phantasien hätte entwickeln mögen wie diese Autorin für ihren Helden – aber auch für dessen Frau. Hätte diese Penelope nicht längst alle hundert Freier vom Hof jagen können, wenn sie gewollt hätte? Wäre es nicht überhaupt ihre sittsame Pflicht gewesen? Dass sie es unterließ, war doch merkwürdig. Samuel Butler kam auf diese Ideen angeblich bereits 1891; das fertige Buch wurde dann aber von dreißig Verlagen abgelehnt und den Druck musste er selbst finanzieren. Immerhin hatte er schon 1892 in einem öffentlichen Vortrag über »Homer and Humour« Lacherfolge erzielt, denn jedermann hielt es für eine Satire. Nur Bernard Shaw soll sich trotz lauten Lachens überzeugt gezeigt haben. Butler hat sich jedenfalls niemals von der Idee abbringen lassen. Noch als er 1895 Jane Harrison auf einer Griechenlandreise in Athen begegnete, kam er sofort darauf zu sprechen: »In Athen traf ich Samuel Butler, wir waren in demselben Hotel; er sah mich alleine essen und fragte freundlich, ob er sich zu mir setzen könne. Natürlich war ich entzückt und freute mich schon auf die anregenden Unterhaltungen, aber ach! er wollte mich nur als ein Sicherheitsventil für seine Theorie der weiblichen Autorschaft der Odyssee, und das Summen dieser verrückten Biene erstickte jedes vernünftige Gespräch.«

Und doch lag die These selber ein wenig in der Luft; nicht zuletzt durch den Aufstieg von Jane Harrison selber, als der ersten anerkannten Hellenistin des Vereinigten Königsreiches, die nun also in ihrer Dissertation ausgerechnet ihrerseits das Nausikaa-Kapitel in den Mittelpunkt gerückt hatte, um eine neue, vorsichtig feministische Ritualtheorie zu proklamieren. Wollte Samuel Butler, dieser hagestolze Ironiker, sie etwa karikieren? Nausikaa kam um diese Zeit jedenfalls nicht nur bei Harrison und Butler vor. Seit 1878 gab es herrliche Porträts dieser homerischen Gestalt von viktorianischen Malern wie Frederic Leighton und Edward Poynter in der Britischen Nationalgalerie; aber es gab eben auch seit 1883 eine erste englische Übersetzung von Goethes »Italienischer Reise«, mit der Reminiszenz an sein Nausikaa-Projekt aus Palermo, im Mai 1787. Dieses englische Goethebuch erlebte zwei Nachdrucke, 1887 und 1892, war also präsent in den Jahren, da Butler seinen ersten Vortrag über Nausikaa entwarf. Anders als Goethe wollte er seiner Autorin einen Roman zutrauen, keine Tragödie. Keine epische, keine dramatische, sondern eine weltlich erzählende, ja eine jungmädchenhaft vergnügte Stimmung schrieb er der weiblichen Verfasserin zu; alles Metaphysische und Mythologische wurde getilgt und das Epos auf diese Weise für das 20. Jahrhundert aufbereitet. Der berühmteste Leser der »Authoress« und der darauf folgenden Odyssee-Übersetzung (1899) war dann erwiesenermaßen James Joyce, dessen unerhört vielsprachiger »Ulysses« (1922) der romanhaften Aufbereitung des homerischen Epos offenbar die zentrale Inspiration verdankte, das Ganze romanhaft und nicht etwa mythopoetisch anzulegen. Und versteckte Joyce nicht sogar hinter der sinnlichen Ekstase seiner Molly eine Penelope mit hundert womöglich begehrten Freiern?

Mit der neuen Liebe zur Odyssee jedenfalls verschwand mehr und mehr die Figur der Helena aus dem britischen Blick; nur eingefleischte Faustianer unter den Historikern mochten sich vielleicht noch an Napoleons Ende auf der Insel St. Helena erinnern, als einer gespenstischen Variante der mythischen Vorlage. Nun, aus dem Inneren der Odyssee heraus, bot sich den Hellenisten des Commonwealth vielmehr eine Nausikaa als irdische, menschlich erfinderische, blutvolle junge Frau geradezu an; vor allem wenn man anstelle der chaotischen griechischen lieber die sonnige sizilianische Gegenwart vorzog, die Magna Graecia nicht aus dem Geist des ermordeten Winckelmann, sondern aus dem Geist Goethes.

Es lag aber auch an der Odyssee selber. Das Epos vereinte eben völlig widersprüchlich wirkende Motive. Einerseits abenteuerliche Irrfahrt, andererseits märchenhafte, untragische, familiale Heimkehr. Was aus diesem literarischen Testament auf dem Kontinent geworden war, hat Nietzsche fast zeitgleich mit Butler schon Ende der 1880er Jahre ebenso hellsichtig kritisch wie pompös beschrieben: »Die deutsche Philosophie als Ganzes – Leibnitz, Kant, Hegel, Schopenhauer, um die Großen zu nennen – ist die gründlichste Art Romantik und Heimweh, die es bisher gab: das Verlangen nach dem Besten, was jemals war. Man ist nirgends mehr heimisch, man verlangt zuletzt nach dem zurück, wo man irgendwie heimisch sein kann, weil man dort allein heimisch sein möchte: und das ist die griechische Welt! Aber gerade dorthin sind alle Brücken abgebrochen, – ausgenommen die Regenbogen der Begriffe! Und die führen überall hin, in alle Heimaten und ›Vaterländer‹, die es für Griechen-Seelen gegeben hat! Freilich: Man muß sehr fein sein, sehr leicht, sehr dünn, um über diese Brücken zu schreiten! Aber welches Glück liegt schon in diesem Willen zur Geistigkeit, fast zur Geisterhaftigkeit! Wie ferne ist man damit von ›Druck und Stoß‹, von der mechanistischen Tölpelei der Naturwissenschaft, von dem Jahrmarkts-Lärme der ›modernen Ideen‹! Man will zurück, durch die Kirchenväter zu den Griechen, aus dem Norden nach dem Süden, aus den Formeln zu den Formen; man genießt noch den Ausgang des Altertums, das Christentum, wie einen Zugang zu ihm, wie ein gutes Stück alter Welt selber, wie ein glitzerndes Mosaik antiker Begriffe und antiker Werturteile. Arabesken, Schnörkel, Rokoko scholastischer Abstraktionen – immer noch besser, nämlich feiner und dünner, als die Bauern- und Pöbel-Wirklichkeit des europäischen Nordens, immer noch ein Protest höherer Geistigkeit gegen den Bauernkrieg und Pöbel-Aufstand, der über den geistigen Geschmack im Norden Europa's Herr geworden ist und welcher an dem großen ›ungeistigen Menschen‹, an Luther, seinen Anführer hatte: – In diesem Betracht ist deutsche Philosophie ein Stück Gegenreformation, sogar noch Renaissance, mindestens Wille zur Renaissance, Wille, fortzufahren in der Entdeckung des Altertums, in der Aufgrabung der antiken Philosophie, vor Allem der Vorsokratiker –, des best-verschütteten aller griechischen Tempel! Vielleicht, daß man einige Jahrhunderte später urteilen wird, daß alles deutsche Philosophieren darin seine eigentliche Würde habe, ein schrittweises Wiedergewinnen des antiken Bodens zu sein, und daß jeder Anspruch auf ›Originalität‹ kleinlich und lächerlich klinge im Verhältnisse zu jenem höheren Anspruche der Deutschen, das Band, das zerrissen schien, neu gebunden zu haben, das Band mit den Griechen, dem bisher höchst gearteten Typus ›Mensch‹.«

Nietzsche starb 1900, zwei Jahre später starb Samuel Butler. Das Erscheinen von Freuds »Traumdeutung« ebenso wie das Erscheinen von Harrisons erstem und Aufsehen erregendem Werk »Prolegomena to the Study of Greek Religion« von 1903 läuteten eine neue Epoche der Ideengeschichte ein. Fortan sollte sie das Verhältnis des bewussten Lebens zum unbewussten, des historisch erkannten zum historisch spekulierten Dasein neu gewichten. In Deutschland konnten Figuren wie Rudolf Steiner und C. G. Jung mit ihren okkulten Landschaften riesige Anhängerschaft gewinnen; und die weltanschaulichen Szenen um Stefan George und Oswald Spengler setzten dem »höchst gearteten Typus Mensch« neue Maßstäbe – deutsche Maßstäbe, zum Schrecken des Auslands.

Sophia Schliemann als Helena, beinahe echt
Mit dem »Großen Gehänge« aus dem Schmuckfund von Troja 1873.

ZWEITER TEIL

Der weibliche Blick

Von Elisabeth von Österreich bis zu Eliza Butler

SECHSTES KAPITEL
1900 bis 1914

Arthur Evans auf Kreta. Das Labyrinth der Ariadne, minoische Lebenskunst. Phönizische contra hellenische Seefahrt: Victor Bérards zwölf Bände zur Odyssee. Philhellenische Majestäten auf Korfu. Kaiserin Sisi, das Achilleion und Heinrich Heines Faustballett. Isadora Duncans Griechentanz. Kaiser Wilhelms tanzende Gorgo.

Tatsächlich gewann bei den künftig alliierten Großmächten Frankreich und England das Paradigma namens »Odysseus« und die dazugehörige Sicht auf die Griechen als Seefahrer immer mehr Statur. Die britische Archäologie entdeckte seit dem Schlüsseljahr 1897 ein überraschend altes, marines Griechenland durch die Ausgrabungen von Arthur Evans auf Kreta, wo der Palast des Minos von Knossos eine vorhellenische Kultur von Seefahrern offenbarte, mit zauberhaften Fresken, Figuren und raffinierten architektonischen Anlagen. Evans faszinierte vor allem das Labyrinth, in dem der sagenhafte Minotaurus die Königstochter Ariadne gefangen hielt, die dann von einem heldischen, aber listigen Theseus mit dem sogenannten »Ariadnefaden« befreit wurde. Theseus wird in der griechischen Mythologie aber auch mit dem Raub der Helena assoziiert; sein Kult mochte den Sieg der jüngeren mykenischen Kultur über die ältere, sogenannte minoisch-kretische bedeutet haben; es gab Spuren eines Untergangs durch einen Vulkanausbruch auf der Insel Santorin, deren Ursachen und Folgen erst nach Evans erörtert wurden und noch heute umstritten sind. Oder war ein Kulturkrieg die Ursache, ein »clash of cultures« zwischen einer alten matriarchalen und einer neuen patriarchalen gesellschaftlichen Verfassung?

Arthur Evans war seinem Habitus nach das Ideal des abenteuerlustigen, auch wissenschaftlich interessierten und finanztüchtigen Reisenden, wie ihn Charles Newton in seinem hellenistischen Journal skizziert hatte, auch wenn er ihn später nicht immer freundlich behandelte. Auf den Spuren von Schliemann und dessen Nachfolger Wilhelm Dörpfeld ordnete Evans die Ergebnisse seiner Grabungen einer Kultur zu, die er »minoisch« nannte und von Homers mykenischer Welt unterschied. Wie so häufig in der Geschichte der Archäologie spielten Sprache und Schrift eine entscheidende Rolle. International Aufsehen erregten vor allem die Zeugnisse einer linksläufigen Lautschrift, die Evans als »Linear B« – für die mykenische – und »Linear A« – für die minoische Welt – unterschied. Neben zahlreichen Einzelstücken, Medaillen und Stempel, hatte der Ausgräber etwa dreitausend Tontafeln entdeckt, entziffert und transkribiert; und mit dieser Entdeckung die Elternschaft des phönizischen Alphabets für das griechische plausibel gemacht. Im Licht der neueren Forschung ging es um die Vorläuferschaft einer kanaanitisch-semitischen Sprache und zugleich um die Schrift überhaupt als einer epochalen und schlagend ökonomischen Erfindung der Phönizier. Statt einer opulenten Bilderschrift nutzten diese offenbar nur sparsame 22 Klangzeichen, eine Lautschrift, die heute als Vorläuferin aller neueren Schriften gilt, also auch der griechischen. Die Griechen führten nur zusätzlich eigene Zeichen für die Vokale ein. Wer solche Texte lesen, oder genauer: lesend hören konnte, bedurfte keiner priesterlichen Deutung mehr wie etwa die Bilderschrift der ägyptischen Hieroglyphen; jeder Leser wurde vielmehr unmittelbarer Zeuge des gesprochenen Wortes. Es gelang damit eine Art säkularer, wenn nicht demokratischer Traditionsbildung im Horizont der Kommunikation, auch wenn Platon, der seine Dialoge selber schrieb, als Gegner der Schrift in die Geschichte einging, weil sie das Gedächtnis entkräfte. Nicht als Denker, sondern gerade als Seefahrer und Händler konnten die semitischen Phönizier für eine weite Verbreitung der Lautschrift im ganzen Mittelmeer sorgen, konnten so bessere und schnellere Geschäfte machen und waren damit, wie mit der kundigen Seefahrt ohnehin, eine echte Konkurrenz der Hellenen.

Diesem ganzen atemberaubenden Wettbewerb zwischen der deutschen und der englisch-französischen Archäologie setzte ab 1888 ein französischer Forscher ein ungeheures Denkmal in Gestalt eines zwölfbändigen Werkes über die Odyssee, dessen letzter Band 1929 erschien. Victor Bérard war einer der produktivsten, aber auch politischsten Hellenisten Frankreichs um die Jahrhundertwende. Er lehrte das Fach Historische Geografie sowohl an der EPHE (École pratique des hautes études) als auch bis 1914 an der École Navale und lieferte der Marine einen grundstürzend neuen Baustein der Bildung. Denn wie Heinrich Schliemann glaubte Bérard, dass Homer nichts erfunden, sondern Wirklichkeiten beschrieben habe, und dies auch auf dem Meer. Odysseus musste die Seewege der Phönizier gekannt und verfolgt haben, die Bérard seinerseits mit eigenen Segeltouren nachstellte und in Bild und Text festhielt. Aus dem Großprojekt seiner Schriften zur Odyssee erreichte allein schon die dreibändige Übersetzung und Kommentierung der Epen mehr als fünf Auflagen bis in die 1950er Jahre. Bérard war aber auch außenpolitisch energisch: Von 1904 bis 1911 verantwortete er die Beiträge zur französischen Politik in der »Revue de Paris«, engagierte sich für Capitaine Dreyfus und schrieb Bücher über das russische Reich und über Serbien. Er warnte die Welt vor den Deutschen, aber auch vor den Türken, und als einer der Ersten berichtete er – im Schicksalsjahr der Griechen 1922 – auch vom Massaker der Türken an den Armeniern.

Samuel Butlers These von der weiblichen Urheberschaft der Odyssee hätte der Anlass für Bérard zu einer gigantischen Widerlegung sein können, wenn er ihn überhaupt wahrgenommen hätte. Kein Epos zeigte sich doch vertrauter mit dem Handwerk der Seefahrt als gerade die Odyssee. Aber eines hatte Bérard eben doch mit dem skurrilen Engländer gemein: die Idee, dass Ilias und Odyssee gewiss niemals von einer anonymen Gruppe oder gar einem Volk verfasst worden sein konnte, wie es die deutsche Hellenistik seit Friedrich August Wolf behauptet hätte. 1916 entwarf Bérard eine flammende Streitschrift gegen die deutschen »Lügen« im Gebiet der Homerforschung, tadelte die »Sintflut homerischer Metaphysik, mit der die germanischen Ästheten von 1914« die Franzosen und Engländer überschwemmen wollten, und eröffnete so einen eigenen Kriegsschauplatz. Seinen letzten Angriff auf die deutsche – resp. germanische Hellenistik – lieferte er ein Jahr vor seinem Tod 1931 mit dem Buch: »La Résurrection d'Homère«, die »Auferstehung Homers«: »Seit 20 Jahren erleben wir eine Auferstehung von Homer. Die germanische Gelehrsamkeit des 19. Jahrhunderts, im Dienst der Romantik, hatte diesen Ahnherrn unserer Dichtung zerfetzt und unterdrückt. Aber die Wissenschaft des 20. Jahrhunderts errichtet sein Denkmal soeben wieder auf der Schwelle des Tempels abendländischer Literatur.« Und überhaupt: niemand könne die sogenannten Achäer verstehen, der sich nicht in die Welt der vorgriechischen Lehrmeister, eben die minoische Welt der Phönizier zwischen 1600 und 1200 v. Chr. vertieft habe. In letzter Instanz müsste es Helenas Lebenswelt gewesen sein, wäre sie eine reale Figur gewesen.

Arthur Evans, zwanzig Jahre zuvor, musste sich noch nicht mit den Deutschen anlegen, auch wenn die selbstbezüglich akademischen Diskussionen etwa zwischen Nietzsche und dem damaligen Papst der Klassischen Philologie, Ulrich von Wilamowitz-Moellendorff, oder der weihevolle Hellenismus um Stefan George die kommenden graekomanen Exzesse hätten erkennen lassen. Nicht die Kunst der Seefahrt, sondern das Motiv der Heimkehr zu sich selbst als Grieche, ein grausam gebildetes »Heim ins (griechische) Reich« also, beherrschte die deutsche Phantasie, die sich mehr und mehr an Schliemanns Mykene hielt, um den britischen Entdeckungen einer viel älteren Hochkultur auf Kreta Paroli zu bieten. Ganz anders dagegen führten Evans Ausgrabungen der minoischen Kultur und deren – nicht immer glückliche – Rekonstruktionen in Frankreich und England zu einer Welle von kulturellen Erfindungen in Kleidung, Design und Kunst. Der französische Schriftsteller Paul Durand behauptete später sogar, die »Ballet Russes« des Impresarios Djagilew hätten ihre Ideen aus Knossos bezogen. Allein die Ornamentik der Minoer, die vermuteten Farbgebungen, die Gesten und Gebärden und Gestalten auf den Fresken ließen eine verfeinerte, wenn nicht überhaupt weibliche Lebenswelt erkennen, die auch die spätviktorianische Gesellschaft – etwa Oscar Wilde oder Aubrey Beardsley oder in Deutschland Graf Kessler – begeistern musste. Vor allem aber regten sie die Reiselust an; schließlich gab es seit 1883 den Orientexpress zwischen Paris und Konstantinopel, dessen luxuriöse Waggons ihn als »König der Züge und Zug der Könige« auswies; und seit 1904 wuchs auch die astronomisch teure Bagdad-Bahn, ein Lieblingsobjekt des deutschen Kaisers. In Athen sammelten sich ohnehin seit der ersten Olympiade die Besucher; aber auch die Inseln empfingen neugierige Griechenfreunde wie Hugo von Hofmannsthal, Graf Kessler, Aristide Maillol, Virginia Woolf, Gerhart Hauptmann und viele andere; und die meisten hinterließen über diese Besuche auch Zeugnisse in mehr oder minder künstlerischer oder literarischer Absicht.

Vielen von ihnen hatte sich auch eingeprägt, was Elisabeth Förster-Nietzsche als »Wille zur Macht« (1906) von ihrem Bruder überliefert hatte; und nicht zuletzt die griffigen Formeln der Dissertation von 1872. Apodiktisch wie einst Winckelmann hatte Nietzsche sich in der »Geburt der Tragödie aus dem Geiste der Musik« die hellenische Welt unterworfen und der gängigen Apotheose des »Apollinischen« eine begriffliche Gegenmacht aus dem Geist des »Dionysischen« ins Spiel gebracht, um das kollektive Drama der Musik (also der antiken Tragödie, aber eigentlich Richard Wagners) neben die leuchtende Individualität der bildenden Kunst zu platzieren. Aber diese blendende Begriffsbildung und bodenlose Ideengeschichte war natürlich auch und nicht zuletzt der fehlenden Realkenntnis des Landes geschuldet, auch wenn es Anfang der 1870er Jahre schon ganze Serien ergreifender Fotografien eines weitgehend leeren und sonnenverbrannten Landes gab. Anders als viele seiner Zeitgenossen mochte sich Nietzsche nicht mit den Tribulationen der griechischen Politik, den Schuldenbergen und militärischen Ambitionen einer ehrgeizigen Kaste aus ehemaligen Klephten und bayerischen Offizieren befassen. Seine Hoffnung auf Auferstehung des alten Griechentums aus dichter Substanz wirkte so suggestiv, dass ihr selbst Reisende angesichts der realen Ruinenlandschaft um 1900 huldigten. Hugo von Hofmannsthal etwa führte den Chor derer an, die nicht das schüttere Athen oder die Kunstrestwerke des Landes oder die unsichtbare Epik, sondern die griechische Landschaft vergötterten, genauer die ureigene Kultkraft des Lichts. »Augenblicke in Griechenland« nannte Hofmannsthal 1908 seine Erinnerung an die gemeinsame Reise mit Kessler und Maillol, die nicht spannungslos, aber doch unter Nietzsches Diktat verlief und keineswegs einen philhellenischen Realitätsschock auslöste: »Der erste Eindruck dieser Landschaft, von wo man sie betrete, ist ein strenger. Sie lehnt alle Träumereien ab, auch die historischen. Sie ist trocken, karg, ausdrucksvoll und befremdend wie ein furchtbar abgemagertes Gesicht: aber darüber ist ein Licht, dessengleichen das Auge nie zuvor erblickt hat und in dem es sich beseligt, als erwache es heute erst zum Sinn des Sehens. Dieses Licht ist unsäglich scharf und unsäglich mild zugleich. Es bringt die feinste Einzelheit mit einer Deutlichkeit heran, einer sanften Deutlichkeit, die einem das Herz höher schlagen macht, und es umgibt das Nächste – ich kann es nur paradox sagen – mit einer verklärenden Verschleierung. Es ist mit nichts zu vergleichen als mit Geist. In einem wunderbaren Intellekt müßten die Dinge so daliegen, so wach und so besänftigt, so gesondert und so verbunden – wodurch verbunden? – nicht durch Stimmung, nichts ist hier ferner als dies schwimmende, sinnlich-seelische Traumelement – nein: durch den Geist selbst. Dies Licht ist kühn und es ist jung. Es ist das bis in den Kern der Seele dringende Sinnbild der Jugend. Bisher hielt ich das Wasser für den wunderbaren Ausdruck dessen, was nicht altert. Aber dieses Licht ist auf eine durchdringendere Weise jung.«

Drei Episoden erzählt Hofmannsthal in dem Text, und alle drei gehen noch über dieses geistige Schauen und Jungwerden hinaus. Der Besuch im Kloster, der Besuch im Museum, das Wandern mit dem Mönch stehen vielmehr im Bann einer philosophischen Physiognomik, wie sie gerade eben von Rudolf Kassner in Österreich schwindelerregend schwierig entwickelt wurde. Hofmannsthal aber ergreift das zentrale Anliegen eines liebevollen Philhellenen. Alles, was er in Griechenland sieht, trägt ein Gesicht, schaut ihn an und will den erwidernden Blick. Niemals wurde die Botschaft von Goethes Faust, eine griechische Helena aus dem Hades ins angesichtliche Leben zu rufen, subtiler vorgetragen als mit dieser Metapher vom lebendig zurückblickenden Gesicht der Landschaft. Es war das Gegenteil der Botschaft, die Gerhart Hauptmann mit seinen besitzergreifenden Sätzen dem kaiserlichen Haus mitteilen zu müssen glaubte.

Denn gerade 1908, als Hofmannsthals Sätze erschienen, kam neben Kreta eine zweite griechische Insel ins deutsche Bewusstsein, wenn auch aus einer ganz anderen Richtung. In diesem Jahr beauftragte der deutsche Kaiser den Baumeister seiner Schwester Sophie, Ernst Ziller aus Athen, mit der Renovierung des sogenannte »Achilleion«, einer schlossartigen Villa, die er nach seinem Korfubesuch 1905 von den Erben der österreichischen Kaiserin erworben hatte, jener Kaiserin Sisi, die ein Attentäter in Genf zehn Jahre zuvor ermordet hatte. Elisabeth von Österreich war bekannt für ihre Liebe zu den Griechen, nicht nur zu den Hellenen. Das Buch ihres

»ästhetischen Reisemarschalls« Alexander von Warsberg, »Odysseeische Landschaften«, hatte es ihr angetan; er hatte sie auf das alte Haus aufmerksam gemacht. Sisi war eine Philhellenin modernen Zuschnitts, ohne Berührungsangst vor der griechischen Realität. Zwar liebte sie Homer, auch hatte sie die Grabungsstätte Hissarlik von Schliemann besucht und aus der Ilias den Namen des »Achilleion« nach dem Helden Achilles gewählt. Aber sie hatte auch Neugriechisch gelernt – also Dimotiki. Niemand in ihrer Umgebung konnte so gut mit den Einheimischen sprechen wie sie. Ganz und gar überraschend aber war die Tatsache, dass sie ihre Neigung mit einem deutschen Autor teilte, der weder in Österreich noch im deutschen Kaiserreich bei der Oberschicht wirklich beliebt und anerkannt war: mit Heinrich Heine. Die Statue, die sie ihm in ihrem Park errichten ließ, wurde von Kaiser Wilhelm später natürlich unverzüglich entfernt; ebenso eine Statue des sterbenden Achill, den er durch einen siegreichen ersetzen ließ.

Heinrich Heine hatte sich zwar schon früh mit dem deutschen Philhellenentum überworfen; sein Gedicht über die »Götter Griechenlands« kam als eine Replik auf Schillers sehnsüchtigen Abgesang zustande. Heine dagegen, seit 1825 katholisch, dichtete wenig später in seinem »Buch der Lieder« geradezu fromm: »Ich hab euch niemals geliebt, ihr Götter! Denn widerwärtig sind mir die Griechen, Und gar die Römer sind mir verhaßt. Doch heil'ges Erbarmen und schauriges Mitleid Durchströmt mein Herz.« So empört blieb er dann keineswegs. Nach der Emigration befreundete er sich in Paris mit dem Grafen Saint-Simon und dessen bizarr sensualistisch-sozialistischer Religion und bekannte sich letztlich doch lieber zur sinnlichen Welt der alten Griechen als zur verklemmten Szene der Restauration nach dem Scheitern der Julirevolution. Was immer Kaiserin Sisi von ihm gelesen hatte – es konnte ihr nicht entgangen sein, dass Heine sich sogar mit Goethe angelegt hatte; und zwar ausgerechnet mit Goethes Faust. Hat Sisi das groteske

»Faustballett« von 1850 wohl gelesen? »Dr. Faustus. Ein Tanzpoem« von Heinrich Heine, wo es plötzlich statt Mephistopheles eine Mephistophela, als Primaballerina, gab. Aufgeführt wurde es niemals, aber gedruckt. Heine, von Goethe ungnädig behandelt, hatte sich aus Geldnot bereit erklärt, dem Londoner Theaterdirektor Lumley ein Libretto zu schreiben – und für sein Lesepublikum verfasste er eine umständliche Rechtfertigung, die sich der dornigen britischen Szene anpasste. Dort hatte Goethe bekanntlich eher Feinde als Freunde, nicht zuletzt wegen schlechter Übersetzungen; aber Feinde gab es schon seit dem Werther, dessen Selbstmord die tonangebende fromme Gesellschaft nicht dulden mochte. Erst recht nicht die Idee, einen Verführer zu glorifizieren, der eine junge Frau geschwängert, zur Kindsmörderin gemacht und in Wahnsinn und Tod getrieben hatte. Und schließlich Goethe selber, der Minister, der am Hof trotz seiner Mätresse Christiane offensichtlich akzeptiert wurde. Hatte hier William Hamilton ein Modell hinterlassen? Heine jedenfalls warf dem deutschen Literaturabgott vor, dass er die einfache Wahrheit und Botschaft des Volksbuches missachtet habe. Der Faust von Johann Spies und Christopher Marlowe sollte nach dem Geschmack des Volkes, nach dessen »gesundem Empfinden«, für seinen Teufelsvertrag büßen, in der Hölle schmoren und nicht etwa erlöst oder gar belohnt werden, erst recht nicht mit der schönsten Frau des Altertums. Heine tadelte Goethe auch nach poetischen Regeln: Faust und Helena, meinte er schon 1827, passten auch allegorisch nicht wirklich zusammen, auch nicht in einer »Klassisch-Romantischen Phantasmagorie«. Hätte Goethe die Romantik nicht so verteufelt, »hätte er noch die alte Karfunkel-Garde, das blaue Blumenregiment, die Wünschelhusaren – wieviel göttlichen Unsinn hätte Göthe in jenem Gedichte anbringen können, er hätte sich in seinen alten Tagen, schwelgend in geistreichem Wahnsinn, noch etwas zugute tun können – Aber er merkte wohl, daß ihm der alte Hinterhalt fehlte und hielt sich zumeist an die Antikenform. Der Anfang ist schön, man glaubt den alten Tragödien Pathos – aber es geht allmählig über in einen Schikanederschen Operntext.«

Kaiser Wilhelm auf Korfu hielt sich später natürlich nicht an Heine – wohl aber auffällig an einen weiblich-tänzerischen Geist der Insel. In einem ausführlichen Bericht von 1908 beschrieb er hingebungsvoll einen archaischen Tanz der einheimischen Frauen, offenbar einen alten »Syrtos«, dessen Zeuge er in einem kleinen Dorf unterhalb des Achilleions geworden war: »Die Frauen ordnen sich zum Tanz in dicht aufgeschlossener Kolonne zu mehreren nebeneinander. Sie fassen sich an den bis zur Brusthöhe erhobenen Händen, die kleinen Finger ineinander gehakt, während in den rückwärtigen Reihen eine oder die andere das Ende eines Taschentuches in der Hand hält, das in den Gürtel der vor ihr Schreitenden eingehakt ist. Die Musik beginnt, der Vortänzer – der einzige Mann – ladet durch Gruß mit dem neuen Osterpanama und durch leichte Verbeugung die Frauen ein. Die Kolonne setzt sich in Bewegung und schreitet in langsamem Rhythmus im Kreise herum. Drei Schritte voraus, zwei auf der Stelle, einer zurück. Tempo und Rhythmus sehr schwer zu behalten.«

Es war diese Tradition des Syrtos, den der Dichter Kazantzakis nach Ende der deutschen Besatzung in »Alexis Sorbas« beschrieben hatte, der viel später im Film als »Sirtaki« (= kleiner Syrtos) zur Ikone der Nationenversöhnung werden konnte. Den Bericht des Kaisers hatte der ungarische Religionsphilosoph Karl Kerényi um 1940 in die gebildete Öffentlichkeit überliefert; Kazantzakis, der Kreter, mochte Kenntnis davon bekommen haben. Denn der Tanz erhielt hier höchste Weihen. Kerényi nutzte den berühmte Augenzeugen und Hauserben der österreichischen Kaiserin aus Korfu für eine These, die eigentlich für Kreta gedacht war, nämlich für die Deutung des Labyrinths von Knossos, berühmt durch den Mythos von Theseus und dem Minotaurus. Das Labyrinth, meinte Kerényi, sei nichts anderes als der Raum gewordene Syrtos; und wie alle Tänze sei er letztlich kosmischen Ursprungs. Genau diese Meinung konnte man allerdings auch beim spätgriechischen Satiriker Lukian finden, dem ersten und maßgeblichen Historiker des antiken Tanzwesens, dessen Werke seit 1911 in einer neuen Übersetzung vorlagen. Zwar beurteilte Lukian die Tanzkunst damals nicht sehr engagiert, sprach etwas verächtlich von Pantomime und brachte mithin ausgerechnet die gröbste satirische Kunst – das freche bis bösartige Nachäffen also – in die Tanzgeschichte ein, aber er entschädigte die Leser doch mit einem breiten kulturhistorischen Rundblick.

Tatsächlich hatte der Tanz schon lange vor Alexis Sorbas eine versöhnliche, weibliche Note in die Wahrnehmung des lebendigen Griechenland gebracht, vor allem durch die Gestalt Isadora Duncans, jener amerikanischen Tänzerin, die sich später in den russischen Dichter Sergeij Jessenin verliebte und dann bei einem Autounfall dramatisch zu Tode kam. Beseelt von einem wahnhaften Nietzscheanismus erwarb sie sich 1903 einen kleinen Tempel in der Nähe von Athen, um der hellenischen Kultur nachzuleben; sie versuchte sogar, alten Chorgesang im originalen Dionysostheater aufzuführen. Junge Griechen sollten anhand alter Noten liturgisch agieren; – sie nahm sie mit nach Berlin und gründete dort eine eigene Tanzschule. Leider ließen sich die jungen Griechen aber nicht transplantieren, sie wurden aufsässig oder unglücklich oder verschwanden sogar. Mit viel Geld mussten sie am Ende wieder nachhause gebracht werden.

In Athen getanzt hat Isadora öfter, auch vor dem König und hohen europäischen Adligen. Sie traf dabei auch auf gebildete Zuschauer wie die Freundin von Hugo von Hofmannsthal, Helene von Nostitz. Von ihr stammte die wohl letzte Beschreibung eines Duncan-Auftritts 1913 in den antiken Ruinen von Athen, im Überschwang von Lukians Pantomimik, die ihr Hofmannsthal ein paar Jahre zuvor beschrieben hatte: »Ich erlebte Isadora Duncan … kurz vor dem Kriege in Athen. Wie so oft, füllte sie einen ganzen Abend mit ihren Tanzphantasien aus. Nicht einen Augenblick ermüdete das Publikum. Denn hier war die Fülle des Lebens und der Kunst Ausdruck geworden. Sie tanzte die Säulen, die sie bei Sonnenuntergang und unter Sternen erlebt hatte. Sie tanzte die heiligen Schauer der Tempel, von denen der Weihrauch zu den Göttern aufsteigt, tanzte die Nymphen der Berge, Wälder und Flüsse, und die bacchantische Freude dionysischer Feste, tanzte die majestätische Tragik antiker Tragödien. Dann raste sie wieder daher wie eine Mänade und war die Furie, die Erinnye, die Orest in den Wahnsinn treibt, oder erschien als klagender Orpheus, als verlorene Seele, und tanzte die Sehnsucht, oder schritt als Iphigenie in weißem Gewande einher. Wie auf einer antiken Vase sank ihre Gestalt zu Boden und lag sinnend mit erhobenem Arm, und schwang sich dann wieder auf und war die freudige Göttin, mit Blumen bekränzt.«

Der Tanz als kretische, also minoische Kunst, als verkörpertes Labyrinth aus dem himmlischen Raum brachte erneut das Mantra der odysseeischen Beweglichkeit zum Ausdruck, nun schon gesteigert zum aviatischen Überschwang. Denn welche überragende Intelligenz hatte das Labyrinth ersonnen oder aus dem Himmel herabgeholt– wenn nicht jener Baumeister des Königs Minos namens Daidalos? Verbunden mit diesem Namen ist bis heute die Figur des Sohnes Ikarus und die Hybris menschlichen Fliegens; und genau dieser originalgriechischen Absage an die Schwerkraft setzte die Duncan in ihrem Manifest zum »Tanz der Zukunft« (1903) ein durchschlagendes verbales Denkmal. Am Beispiel eines hellenischen Hermes hat sie ihr Credo verklärt: »Er wird fliegend auf dem Wind dargestellt. Wenn der Künstler es wollte, so konnte er den Fuß einfach vertikal positionieren, da ein Gott, der auf dem Winde fliegt, nicht die Erde berührt. Jedoch zur Erkenntnis gelangt, dass keine einzige Bewegung wahr erscheint, wenn sie nicht zugleich einen Wellenkreis von Folgebewegungen andeutend erzeugt, positionierte der Bildhauer den Hermes so, dass sich der Ballen seines Fußes auf den Wind stützt, und erreichte damit den Ausdruck einer ewig währenden Bewegung. Auf diese Art und Weise könnte ich weitere Beispiele anführen über jede Pose und Gebärde in Tausenden von Figuren, die uns die alten Griechen auf ihren Vasen und Basreliefs hinterlassen haben. Sie werden da keine einzige Bewegung finden, die nicht die nächste erahnen lässt.«

Der forschungs- und bewegungsfreudige Kaiser auf Korfu, der wie in Berlin so auch vor seinem Schreibtisch im Achilleion auf einem Sattel zu sitzen pflegte statt auf einem Stuhl, begnügte sich natürlich nicht mit einer Archäologie des Tanzes. 1911, gerade noch in Friedenszeiten, präsentierte er der archäologischen Öffentlichkeit die Ausgrabung eines kleinen Tempels mit dem Fries einer tanzenden Gorgo, also eben jener medusischen Tochter des griechischen Meergottes Phorkys, deren Gestalt Mephisto in Faust II annimmt, um die Erscheinung Helenas einzuführen.

SIEBTES KAPITEL
1914 bis 1935

Faust und Helena: eine kulturelle Ehe? Faust »für alle« in Athen. Der Kreter Venizelos, die »Kleinasiatische Katastrophe«. Der Kreter Nikos Kazantzakis: hilft Flüchtlingen und übersetzt Faust. Dagegen das »Faustische« in Berlin. Spengler und Steiner: Goethe-Großmächte der Weimarer Republik.

In diesem Jahr 1911, als Kaiser Wilhelm II. eine Gorgo auf Korfu entdeckte, war Goethes Faust schon seit vielen Jahren auch in Athen heimisch geworden. Die Parabel von einer deutsch-griechischen Ehe, die nach Goethes Willen in einer Burg im byzantinischen Mistra geschlossen wurde und mit dem byronesken Euphorion zudem einen englischen Horizont hatte, diese Parabel aus Faust II war mindestens für die deutschen Philhellenen ergötzlich, wenn nicht sogar existenziell geworden. Denn es gab ja wirklich eine deutsch-griechische Liaison, auch wenn es von Anfang an eine denkwürdige Mesalliance war. Noch immer war zwar der Einfluss der bayerischen Herrschaft im Land der Griechen beträchtlich; denn die beiden wichtigsten Regentschaftsberater des jungen Königs Otto I., Georg von Maurer und Friedrich Thiersch, hatten in aufreibenden Kraftakten weitreichende Rechts- und Schulordnungen eingeführt, die zum Teil bis tief ins 20. Jahrhundert gültig blieben. Mit der wachsenden Konkurrenz von archäologischen Entdeckungen, wenn nicht Eroberungen in Olympia, Troja, Mykene und Tiryns einerseits, auf Kreta oder Delphi andererseits, rückten aber inzwischen Engländer und Franzosen in eine alliierte Ideengemeinschaft zusammen gegen die Deutschen, und dies eben schon um die Jahrhundertwende, keineswegs erst im Weltkrieg. Kriegsphantasien wurden damals ohnehin schon geschürt, sowohl durch die grelle Konfliktlage der Affaire Dreyfus wie auch durch die Anläufe der Russischen Revolution von 1905 und nicht zuletzt durch die wiederaufflammende Gegnerschaft zwischen Griechenland und Türkei, dem Vorspiel der Balkankriege von 1912.

Unter diesen Vorzeichen war an sich jede deutschfreundliche Interaktion willkommen, und es gab sie tatsächlich auf allen Ebenen, trotz der damals dänischen Monarchie in Athen aus dem Hause Glückstadt. Zahlreiche Griechen studierten in Deutschland oder Österreich oder der Schweiz; das Netz der ökonomischen und intellektuellen Bindungen erstarkte mit wachsender Graeko- oder umgekehrt eben Germanophilie. So etwa übersetzte der deutschfreundliche Kulturvermittler Konstantinos Chatzopoulos im Jahre 1904 Faust I erstmals in das dimotische Griechisch; das Stück wurde unter dem österreichischen Intendanten Thomas Oikonomou im Königlichen Hoftheater inszeniert, mit großem Erfolg. Das prachtvolle Haus, 1881 von Ernst Ziller erbaut – dem Baumeister von Georg I., der auch den Schliemann-Palast in Athen und sogar Schliemanns Grabmal konzipierte –, war die ideale Gegenwelt eben für dieses Stück, gerade weil es zunächst nur um Faust I ging: um das Schreckbild eines unmäßig wissbegierigen deutschen Mannes im Bund mit dem Teufel, der ein junges Mädchen zugrunde richtet und dennoch, rätselhaft, von einer ominösen »Weiblichkeit« schuldbefreit endet. Faust II, als hochklassisches Drama, hätte Gretchen hinter einer königlich hellenischen Helena verschwinden lassen und Goethes Hoffnung auf eine epochal gelingende deutsch-griechische Ehe beschworen. Genau darum konnte es aber je länger, desto weniger gehen.

Der neugriechische Faust I in Athen wurde mehr als dreißigmal aufgeführt; neben Shakespeares Sommernachtstraum das meistgespielte Stück. Die Textgestalt blieb mündlich bis zur ersten Drucklegung 1916. Tatsächlich aber hatte es Faust-I-Übersetzungen ins

Griechische schon lange zuvor, nämlich seit 1887 gegeben, also kurz nach der ersten Aufführung in London, aber sie waren der Katharevousa verpflichtet oder was man dazu erklärte. Das Volksstück auf der Athener Bühne jedenfalls präludierte ab 1904 den Eintritt der Griechen in das Jahrzehnt ihrer Kriege, erst auf dem Balkan, dann neben den Deutschen und schließlich mit den Alliierten 1914 bis 1918, und wieder 1919 bis 1922. Es war ein unheimliches Präludium, denn im Verlauf dieser Jahre stellte sich tödliche Feindschaft zwischen den Ländern heraus. Der Übersetzer des Faust war noch, wie so viele seiner intellektuellen Kohorte, seit der Jahrhundertwende als ausgesprochen germanophil bekannt; mit seiner Zeitschrift namens »Techni«, »Kunst« (1898), hatte er philhellenische Größen wie Stefan George, Gerhart Hauptmann und immer wieder Nietzsche nach Griechenland vermittelt und auch die beiden maßgeblichen deutschen Byzantinisten der Zeit, Karl Krumbacher und Karl Dieterich, zu Wort kommen lassen. Selbstironisch meinte Chatzopoulos später, jeder gut griechische Ministerpräsident werde doch wohl Kinder und Künstler in Deutschland studieren lassen, um Sturm und Drang zu lernen. Die dimotische Übersetzung von Goethes Faust war so gesehen eine Besinnung auf neugriechisches, volkstümliches Eigenleben, und dazu kam es allerdings in den folgenden Jahren durch die Schrecken griechischer Außenpolitik von selber.

1910 war der Kreter Eleftherios Venizelos Ministerpräsident geworden, zunächst unter König Georg I., nach dessen Ermordung 1913 dann unter dem deutschfreundlichen Sohn Konstantin I. Die Jahre zwischen 1912 und 1920 standen im Zeichen einer massiven militärischen Aufrüstung und Schulung. Venizelos holte französische und britische Instrukteure ins Land, und die beiden Balkankriege 1912 und 1913 brachten zunächst wirklich auch territorialen Zugewinn, vor allem den Anschluss Kretas und Salonikis. Aber ab 1914 kam es zu einer folgenreichen und dauerhaften Spaltung der griechischen Gesellschaft in Monarchisten und Republikaner. Der dänische König Konstantin I., seit 1913 mit Sophie von Preußen, Schwester des deutschen Kaisers verheiratet, simulierte zwar für den 1. Weltkrieg politische Neutralität seines Landes, war aber eigentlich eine Marionette von Wilhelm II., weil seine Frau nun hinter der Bühne Handlungsanweisungen aus Berlin weitergab. Konstantin entließ Venizelos, musste ihm 1917 aber wieder weichen. Sein Widersacher erreichte den Anschluss an die Entente und konnte sich 1918 zu den Siegern von Versailles zählen.

Sein lange mit dem englischen Militär zusammen gehegtes Projekt eines großgriechischen Reiches verfolgte Venizelos nun aber erst recht. 1919 erklärten die Griechen erneut der Türkei den Krieg im irredentistischen Versuch, die griechisch sprechende Minorität aus dem Osmanischen Reich auszulösen, wo es zunehmend zu mörderischen antigriechischen Pogromen gekommen war; zwischen 1913 und 1923 soll es dort mehr als eine halbe Million Tote gegeben haben. Nach ersten militärischen Erfolgen und einem Vertrag von Sèvres 1919, der den Griechen wiederum neue Gebiete des westlichen Thrakien zusprach sowie verwaltungstechnische Hoheit über Smyrna, wendete sich das Glück. Schicksalhaft grotesk starb der Nachfolger von Konstantin, sein Sohn Alexander I., schon 1920 an den Folgen eines Affenbisses; Vater Konstantin, der zwar den Thron verlassen, aber nicht regulär abgedankt hatte, kehrte zurück und führte als militärischer Oberbefehlshaber ausgerechnet das Türkei-Manöver zum katastrophalen Ende von 1922. Die Türken unter dem Oberbefehlshaber der Befreiungsarmee, Mustafa Kemal Pascha, später Atatürk, besiegten die griechischen Truppen vernichtend. Smyrna, die Hauptstadt der griechischen Community an der kleinasiatischen Küste, brannte nahezu vollständig nieder.

Das Jahrhundert der Genozide und massenhaften Vertreibungen hatte begonnen, zuerst mit der deutschen Herero-Katastrophe, dann 1915 mit dem türkischen Völkermord an den Armeniern. Für dieses Jahr 1915 existiert auch ein bedrückendes Zeugnis über die griechische Szene nach den Balkankriegen. Ein katalanischer Journalist namens Gaziel war im Auftrag der Zeitschrift La Vanguardia aus Barcelona zu einer Reise nach Serbien und Griechenland aufgebrochen, um die Trümmer der schlechten, wenn auch ehrgeizigen Politik der deutsch-griechischen Allianz zu besichtigen. Auf dem Weg nach Athen kam Gaziel im November als Gast in das Kloster Megaspiläon, das einstmals berühmteste Kloster Griechenlands mit der größten Bibliothek. Der geistliche Herbergsvater schilderte dem Katalanen in einer längeren Rede die Situation mitten im Ersten Weltkrieg. Unfreiwillig, oder womöglich doch überzeugt, rekapitulierte dieser Grieche die griechenkritischen Thesen des berüchtigten Historikers Fallmerayer: »Griechenland befindet sich in einem bedauerlichen Zustand des Chaos. Nach den vielen Fremdherrschaften im Mittelalter und der anschließenden Versklavung durch die Türken kann kaum ein Grieche eine reine Abstammung für sich beanspruchen. Bis auf einige vereinzelte Inselbewohner, vor allem die von Kreta, der Heimat Venezelos', dürfte es keinen Griechen geben, bei dem sich nicht auch Spuren lateinischen, albanischen, türkischen, deutschen oder slawischen Bluts finden. Sogar das Klima, das in der Antike als das mildeste der Welt galt, hat sich von Grund auf gewandelt. Erklären lässt sich dieser Wandel größtenteils durch die unzähligen Katastrophen, von denen die Halbinsel heimgesucht wurde, durch das Abholzen der Wälder und durch das vollständige Fehlen von Landwirtschaft. Und so hat der Regen die schönen Berge Griechenlands zu Felsskeletten degradiert. In den meisten Gegenden wurden die kultivierbaren Böden in den Jahrhunderten der Sklaverei und Barbarei in den Grund der Schluchten geschwemmt, mit dem Ergebnis, dass sich das Klima in Griechenland, von wenigen Ausnahmen abgesehen, durch extreme Trockenheit und jähe Temperaturwechsel auszeichnet. [...] Das derzeitige Königreich Griechenland ist das Ergebnis diplomatischer Würfelspiele und im Vergleich zur antiken hellenischen Nation ein kleines erschöpftes

Territorium. Die Unabhängigkeit, die Europa verlieh, verlieh sie im Grunde nur rund fünfhunderttausend Griechen. Der Rest, also mehrere Millionen, lebte weiter unter dem ottomanischen Joch.«

Aber, gibt auch der Mönch zu, es gibt einen griechischen Reichtum in Gestalt der Diaspora, die millionenfach ausgewanderten, oft wohlhabenden Landeskinder, die dem Mutterland helfen. Nur die nagende Leidenschaft der militärischen Elite, ein großgriechisches Reich im Sinne der »Megali Idea« herzustellen, sollte das Land ins Verderben treiben.

Sieben Jahre nach Gaziels Besuch gab es zwar keinen Genozid, sondern den Vertrag von Lausanne, doch nach einem älteren Plan von Fridtjof Nansen entschied man sich im Vertrag von Lausanne 1923 für eine gigantische nationale Umsiedlung: anderthalb Millionen Griechen sollten nach Griechenland und eine halbe Million Türken aus Griechenland zurück in die Türkei ziehen. Es wurde eine traumatische und auf Dauer traumatisierende Flüchtlingsfolter, deren volle Sprengkraft erst mit dem Einmarsch der Deutschen 1941 zum Ausbruch und zum Bewusstsein kam. »Aus dem zertrümmerten Europa nach Hellas kommend, findet der Wanderer ein Land, das eine Ruine vernichteten großen Lebens ist«, hatte der Korrespondent der Frankfurter Zeitung, Bernhard Guttmann, schon 1924 notiert.

Venizelos resignierte 1922; Konstantin starb in Italien; einige Jahre regierte sein Sohn Georg II. Als Republik holte Griechenland 1928 Venizelos wieder zurück; 1935 folgte neuerlich eine Monarchie unter Georg, dann eine Diktatur. Die Einsetzung des hitlerfreundlichen Ministerpräsidenten und späteren Diktators Metaxas erlebte Venizelos nicht mehr, er starb in Paris im März 1936. Eine seiner Amtshandlungen nach der kleinasiatischen Niederlage war die Ernennung des Kreters Nikos Kazantzakis zum Sozialminister gewesen. Der kommunistisch begeisterte, mystisch empfindende Freund und Dichter, ein Geistesbruder des französischen Autors Romain

Rolland, neunmal zum literarischen Nobelpreis vorgeschlagen, wurde für die Rückführung von 150.000 Pontosgriechen zuständig. Seither hatte er zwei große Pläne auf seinem Schreibtisch: eine neue Version der Odyssee zu schreiben – und eine Übersetzung von Goethes Faust. Beide Werke erschienen später fast gleichzeitig zum Tod des Freundes Venizelos; der Faust wurde 1937 sogar in der noch heute existierenden Zeitung »Kathimerini« in einzelnen Folgen gedruckt, wenn auch erst 2002 aufgeführt.

1922, das Jahr der griechischen Katastrophe, war auch sonst ein denkwürdiges Datum. In Italien machte Mussolini mit seinem Marsch auf Rom und anschließender Ministerpräsidentschaft den Faschismus hoffähig; in England erschienen Schlüsselwerke der literarischen Moderne wie T. S. Eliots Dichtung »Das wüste Land« und der »Ulysses« von James Joyce. Aber auch in Deutschland gab es in diesem Jahr ein Epochenwerk, Oswald Spenglers *opus magnum* »Der Untergang des Abendlandes« Band zwei, dessen erster Teil bereits 1912 fertig geschrieben, wenn auch erst 1918 erschienen war. Kein Dichter war diesem Geschichtsphilosophen näher und wichtiger als Goethe und keine literarische Figur in diesem gigantischen Entwurf prominenter als Faust. Es war der Faust der okkulten Studierstube, der rasende Grübler und Entdecker, der nicht zu bändigende Ingenieur, der einen Homunkulus zu konzipieren imstande war und dieses teuflische Werk auch noch arrogant einem Famulus überlassen konnte. Es war nicht der Mann aus Faust II, nicht der sehnsüchtige Hellasfahrer, der auf einer mittelalterlichen Burg demütig die schöne Frau erwartet und sich von einem Turmwächter begeistert schildern lässt. Eine Helena kommt bei Spengler nicht vor, es sei denn als anderer Ausdruck für das schöne Nachbild und ganz verlorene Paradies namens Hellas aus dem 8. bis 4. vorchristlichen Jahrhundert, eine Kultur, die Spengler dann doch eher leise verachtet als bewundert. Mit der Idee des Faustischen sollte eine unbehagliche germanische Modernität das »apollinische« Hellenentum ablösen; gemütlich vielleicht in Spenglers Augen und keineswegs in militärischen Kreisen oder im graekophilen Georgekreis, wo das dionysische Element in seltsame Blutskulte überging. Im Gegenteil: niemand konnte so höhnisch über Spengler herziehen wie der Dichter Stefan George, der sich seinerseits mit dem Kult um den Münchner Jüngling Maximin zum Gespött machte. Aber wer war auf dieser ideellen Bühne der wirklich Erwachsene?

Das monumentale Geschichtswerk des ungeselligen, rastlosen Forschers und Denkers Oswald Spengler, der nach kurzen Jahren als Studienrat alles auf seine eigene Karte setzte, gewann im verzweifelten Deutschland der Weimarer Republik und auch noch lange nach 1945 den Rang einer ideologischen Großmacht. Die höchstgebildeten »Umrisse einer Morphologie der Weltgeschichte« fanden Leser in ganz Europa, auch in England, und erlebten bis in die 1980er Jahre in Deutschland eine Auflage von über 200.000 Exemplaren. Außer der skurrilen Kulturbiologie, die allen Gesellschaften weltweit vier Lebensalter zusprechen wollte und angeblich auch dem Tod der eigenen fatalistisch ins Auge sah, wurde in Wahrheit die Überlebenschance der westlichen Welt gepredigt. Als Hort von Naturwissenschaft und Technik war diese westliche Welt, also genauer die germanische, dazu bestimmt, dem unendlichen Weltall auf faustische Weise zu trotzen oder unterzugehen – eine Diagnose, die sich durch die damaligen Fortschritte der Physik nur bestätigen ließ. Wer weiß, was Spengler, der 1936 starb, zur Erfindung der Kernspaltung gesagt hätte.

Auf der Rückseite dieser gnadenlosen Thanatologie rückten aber im Deutschland des Jahres 1922 zwei ebenso problematische Figuren voller Lebensmut, wenn nicht Wut ins Rampenlicht. Der eine hieß Hans F. K. Günther, war ein hochgebildeter Philologe aus musischem Elternhaus, dessen Leidenschaft für den Nationalsozialismus zur grotesken Korruption seiner akademischen Moral führte.

Den Bestseller zur »Rassenkunde des deutschen Volkes« von 1922 verfasste er noch als Student der Anthropologie in Wien, aus dem Geist Houston Stewart Chamberlains; Hitler erhielt es mindestens dreimal vom Verlag zugesandt und konsultierte es nachweislich, vor allem die dritte Ausgabe mit einem Anhang über die europäischen Juden. 1928 verfasste derselbe Günther, nun schon als »Rassenpapst« tituliert, eine »Rassengeschichte des hellenischen und römischen Volkes«, die noch 1956 erneut erscheinen durfte: »Der echte Hellene der frühen hellenischen Geschichte stellt sich als ein nordischer Mensch dar, und nach dem Bilde des nordischen Menschen sind die dichterischen Schilderungen von Göttern und Göttinnen ausgestaltet. Die Götter und Helden der Ilias (9. Jh. v. Chr.) sind blond wie die der Odyssee (7. Jh. v. Chr.). Die Ilias nennt unter den Göttinnen Athene blauäugig, Demeter blond, Aphrodite goldhaarig.«

Blond und blauäugig, mit feinem Haar, erschien natürlich auch Helena bei Homer; und im Gefolge des Linguisten Fallmerayer, der eine slawische Überfremdung und Verschüttung der dorischen Urvölker beklagt hatte, kamen nun auch die Schädelgutachten von Rudolf Virchow aus Schliemanns Grabungsstätten wieder zum Zuge und nicht zuletzt der weihevolle, an Kant geschulte Rassismus von Houston Stewart Chamberlain, Richard Wagners Schwiegersohn und Freund des Kaisers. Auch der Brite Chamberlain war eine ideologische Großmacht im Deutschland der Jahrhundertwende geworden, mit seinem deutsch geschriebenen Bestseller über »Die Grundlagen des 19. Jahrhunderts« (1899), die im Rassismus, vor allem aber im Antisemitismus wurzelten. Kein Wunder, dass sich der aufkommende Nationalsozialismus der Autorität des germanophilen Briten bediente, der noch als bettlägeriger alter Mann 1923 Hitler in Bayreuth empfing. Chamberlains Buch über Goethe von 1912 hielt kategorisch am rassischen Unterschied zwischen germanischen und hellenischen Typen fest – im Sinne Spenglers. Goethe war für ihn exemplarisch »nichtgriechisch«, vielmehr durch und durch germanisch, gerade wegen Faust I, noch ohne Helena, auch wenn diese doch schon seit 1800 in vielen Versen existierte. Aber die ganze Hochzeit gefiel Chamberlain nicht. »Never was so un-hellenic a work written as Faust«, stand 1912 in der englischen Volksausgabe des Buches; »if Hellenic art were necessarily our ideal, we should have but to confess that invention, execution, everything in this poem is a horror.« Und später noch deftiger: »Faust, Helena, Euphorion – and as counterpart, Greek classicism! The Homeric laughter, into which we must burst on hearing such a comparison, would be the only ›Greek‹ thing about it.«

Hier konnte Spengler seinen Meister finden, der eben keine »Entfaustung«, sondern im Gegenteil Enthellenisierung betrieb und sogar forderte. Zehn Jahre später, angesichts der Kleinasiatischen Katastrophe, sollte alles, was man aus Griechenland vernahm, eben diese sardonische Perspektive bestärken. Das Land mit seinen lebenden Menschen drohte unter dem Ansturm der Flüchtlinge aus der Türkei zu zerreißen; Monarchie und Demokratie folgten einander in ratloser Turbulenz; Hellas schien im archäologischen oder philologischen Gewerbe der ausländischen Forscher aufzugehen wie das Kleid des Gekreuzigten im Würfelspiel der Soldaten. Wenigstens erhielt das geschundene Land einen stattlichen Kredit vom Völkerbund, um mit der Lage fertigzuwerden. Als die Wehrmacht 1941 in Griechenland einmarschierte, waren ihre Offiziere vielfach und von gebildetster Seite geschult im Wahn, als dorische Nachfahren und eigentliche »Achaier« in ein germanisches Kernland zu kommen, in ihre Heimat, die von slawischen Untermenschen zu Unrecht okkupiert sei. Der Archäologe Ernst Buschor widmete 1943 sogar eine didaktische Broschüre über »Das Kriegertum der Parthenonzeit« ausdrücklich »dem Gedenken an deutsche Soldaten, die auf griechischem Boden und anderen Rändern des Abendlandes für das Große Griechische Erbe fielen«. Mehr als ein Jahrhundert innere Propaganda aus bodenlosen deutschen Träumen sollte hier nun Wirklichkeit werden; und aus der schönen Helena endgültig ein Gretchen, eine missbrauchte Nation, die sich in bitteren Bürgerkriegen selbst zu zerstören schien.

Zu den kriegsvorbereitenden Einstellungen der deutschen Graekomanie gehörte 1922 unmittelbar auch Spenglers Einschätzung der neueren Funde auf Kreta. In diesem Jahr rezensierte das britische *Journal for Hellenistic Studies* die grandiose Konkurrenz zu Schliemanns »Ilios«-Buch von 1881, Arthur Evans soeben erschienenen Bericht über seine Entdeckung der minoischen Kultur. Spengler hatte alles genau verfolgt. Unter dem Titel »Die Seele der Stadt«, dem zweiten Kapitel des zweiten Bandes, kontrastierte er pünktlich zum Erscheinen des britischen Werkes die minoische mit der mykenischen Kultur in deutlich zeitpolitischer Absicht: »Wir werden diese Erscheinung, die eben heute in den Mittelpunkt der Forschung rückt, nie wirklich verstehen, wenn wir den Abgrund der Gegensätze nicht ermessen, der zwischen beiden Seelen liegt. Die Menschen von damals müssen ihn tief gefühlt, aber kaum erkannt haben. Ich sehe es vor mir: das ehrfürchtige Hinaufschauen der Bewohner von Tiryns und Mykene zu der unerreichten Geistigkeit der Lebensgewohnheiten in Knossos; die Verachtung, mit welcher dessen gepflegte Bevölkerung auf jene Häuptlinge und ihr Gefolge herabblickte; und doch wieder ein heimliches Gefühl von Überlegenheit bei diesen gesunden Barbaren, wie es jeder germanische Soldat den greisenhaften Würdenträgern Roms gegenüber hatte. [...] In Mykene haust eine ursprüngliche Rasse, die ihre Sitze nach dem Bodenertrag und der Sicherheit vor Feinden wählt; die minoische Bevölkerung siedelt nach geschäftlichen Gesichtspunkten [...] Ein mykenischer Palast ist ein Versprechen, ein minoischer ist etwas Letztes. Aber ganz ebenso lagen um 800 [n. Chr.] die fränkischen und westgotischen Gehöfte und Edelsitze von der Loire bis zum Ebro, und südlich davon die maurischen Schlösser, Villen und Moscheen von Kordova und Granada ...«

So klang die Vorlage, die Spengler für eine kommende Kohorte von Soldaten oder besser von Offizieren artikulierte. Mykene stand für die Germanen; Minos für die Ägypter, Phönizier und Semiten, selbst auch für den Islam. Minoisch war die uralt verfeinerte Herrenrasse; mykenisch waren die andrängenden, noch ungeschliffenen, robusten Aufsteiger, die eben deshalb schließlich siegreichen indogermanischen Dorer oder Achäer, wie man zu Spenglers Zeiten und erst recht in der NSDAP ab 1930 glaubte. Der Chef des Amtes Rosenberg schrieb es dem deutschen »Mythus im 20. Jahrhundert« direkt ins Stammbuch: »Am schönsten geträumt wurde der Traum des nordischen Menschentums in Hellas. Welle auf Welle kommt aus dem Donautal und überlagert neuschöpferisch Urbevölkerung, frühere arische und unarische Einwanderer. Bereits die altmykenische Kultur der Achäer ist überwiegend nordisch bestimmt. Spätere dorische Stämme stürmten erneut die Festen der fremdrassigen Ureinwohner, versklavten die unterjochten Rassen und brachen das Herrschertum des sagenhaften phönizisch-semitischen Königs Minos, der durch seine Piratenflotte bis dahin die später sich Griechenland nennende Erde befehligte. Als rauhe Herren und Krieger räumten die hellenischen Stämme mit der heruntergekommenen Lebensform des vorderasiatischen Händlertums auf und mit den Armen der Unterjochten erschuf ein Schöpfergeist ohnegleichen sich Sagen aus Stein«.

Unter den teils begeisterten, teils erzürnten oder ratlosen Lesern des »Untergangs« gab es damals aber wenigstens einen Zeitgenossen, der ein ebenso großes, ebenso ideologisches und von Goethes Faust beherrschtes Werk wie Spengler vorgelegt hatte. 1922 rezensierte der österreichische Esoteriker Rudolf Steiner den zweiten Band des »Untergangs« mit einer stupenden Kritik aus Sicht der »Anthroposophie«, die er sich seit zehn Jahren zur Lebensaufgabe gemacht hatte. Ab 1902 hatte der ehemalige amtliche Herausgeber von Goethes naturwissenschaftlichen Schriften als Generalsekretär eines deutschen Ablegers der britischen Theosophie fungiert; 1912 trennte er sich von ihr, um einer eigenen »Geisteswissenschaft« zu huldigen: »Während nun dasjenige, was der Mensch durch seine Sinne und durch den an die Sinnesbeobachtung sich haltenden Verstand über die Welt wissen kann, ›Anthropologie‹ genannt werden kann, so soll dasjenige, was der innere Mensch, der Geistesmensch wissen kann, ›Anthroposophie‹ genannt werden. [...] Weil dieser andere Mensch, dieser innere Mensch, der Geistesmensch ist, so kann man dasjenige, was er als Wissen erlangt, auch ›Geisteswissenschaft‹ nennen. Und der Name ›Geisteswissenschaft‹ ist noch weniger neu als der Name Anthroposophie.«

Kernstück dieser Lehre war neben okkulten Residuen vor allem Goethes Werk; nicht nur die Schriften zur Natur, die Farben- und Gesteinslehre, sondern ausdrücklich auch Faust – eine Figur ohne Spengler, ohne Strebertum; ein Faust aus dem Horizont von Goethes »Märchen«, neben Helena ein Faust unterwegs zur Ehe von Schönheit und Wissen, gedacht als Weg einer Initiation. Ohne Goethe hätte es keine Anthroposophie gegeben.

Auch Steiner befasste sich mit den Völkern der Welt und mit der Evolution; er erbte von den Theosophen die kruden Vorstellungen von sechs »Wurzelrassen«, die sich evolutionär nach oben, zur arischen Rasse entwickelten; natürlich galt dann die westliche, nein die deutsche Welt als Gipfel, kaum anders als bei Spengler. Unmittelbaren Anteil an nationalsozialistischem Unheil hatte Steiner selber aber nicht; er starb bereits 1925 und seine Lehre wurde 1935 verboten. Letztlich ging es seiner Anthroposophie um eine Ideologie ohne Völkerhass, und dieses *mission statement* hat er wohl auch weitgehend erreicht. Kenner und Anhänger des Steinerschen Werkes wollen in dem heute 300 Bände umfassenden Gesamtwerk nur wenige rassistisch empörende Sätze gelesen haben; Sätze, die aber natürlich im Kontext der Zeit als Bekenntnis verstanden wurden. Von seiner Londoner Meisterin Annie Besant stammte offenbar der theosophische Anspruch auf den »Nucleus einer universellen Bruderschaft ohne Unterschied von Rasse, Glaubensbekenntnis, Geschlecht, Hautfarbe oder Kaste.«

Anders als der introvertiert pessimistische Spengler wurde Steiner ein begeisternder Zarathustra seiner Zeit, ein offenbar umwerfender ideologischer Redner, von seiner Sache leidenschaftlich entflammt und bis in höchste Kreise vernetzt. 1919 konnte er mit seiner Frau Marie von Sivers im schweizerischen Dornach eine Art kulturelles Zentrum, das sogenannte Goetheanum eröffnen. Es war nach anthroposophischen Grundsätzen erbaut, ohne rechteckige Winkel, ein Gesamtkunstwerk nach dem Vorbild von Wagners Bayreuth. In Dornach entfaltete sich eine breite Kulturaktivität, die noch heute die Lehrpläne der Waldorfschulen inspiriert, in Kunst, Medizin, Musik und Theater – und ein Hauptanliegen war lange nach Steiners Tod die erste integrale Aufführung von Goethes Faust I und II. Inszeniert wurde sie von Marie von Sivers 1938; auf der Bühne wurde eurythmisch gesprochen und gestikuliert, man war also näher an einer Oper denn an einer Tragödie. Das Ehepaar Steiner, vor allem Marie, die einstige Schauspielerin, hatte diese Bewegungskultur erfunden, jedenfalls den Namen, denn in den vielfachen Ansätzen der Körperkultur um die Jahrhundertwende war Eurythmie nur eine Variante, wenn auch vielleicht die volkstümlichste. Ob sich Steiner und Sivers als Faust und Helena verstanden? Jedenfalls wurde mit Fausts Erlösung durch das Weibliche eine weisheitliche Aura um das Paar auf der helvetischen Bühne entfaltet und keine mephistophelische Exaltation.

Rudolf Steiner starb 1925. An Renommee und sozialem Einfluss übertraf er Spengler in der Folge bei weitem, trotz jahrelanger unendlicher Streitigkeiten unter den Erben. Seine heute eher unlesbaren Werke werden seit einigen Jahren von einem renommierten Schweizer Verlag regelrecht ediert; während man in Dornach jährlich an die 700 Veranstaltungen zählt. Wer die Bilanzen der anthroposophischen Naturalwirtschaft studieren könnte, wäre überrascht, wie nah dies alles der heutigen New-Age-Industrie und Umweltbewegung steht; nicht zu vergessen die Nähe zur Kunst und zur Volksbildung. Noch Joseph Beuys hat sich auf Steiner berufen; aber zu Recht? Neuere Recherchen wollen auch bei Beuys NS-Einfluss erblicken. Wirklich gab es seit 1900 in der Steinerwelt auch eine starke Rückbindung an die christliche Mystik, zuletzt 1922 in Gestalt einer neu gegründeten deutschen »Urgemeinde der Christenheit«, die den völkischen Entgleisungen später dienlich wurde. Helmut Zander beleuchtet das Amalgam von romantischer Naturseligkeit, goetheanischer Poetik, esoterischem Christentum und darwinistischer Verstiegenheit: lehrreich und erschreckend zugleich.

Welche Rolle damals daneben der unchristliche Okkultismus spielte, der im faustischen Pakt mit dem Teufel überall lauerte, wird erst allmählich erforscht. Bei Spengler verbarg er sich hinter den Ausführungen über das Maschinenwesen, mit denen der zweite Band dramatisch und kategorisch endet. Maschinen sind unser Schicksal, denn sie tragen uns über das Menschengemachte hinaus, lautet die finale Botschaft: »Es ist das hinaus- und hinaufdrängende und eben deshalb der Gotik tief verwandte Lebensgefühl, wie es in der Kindheit der Dampfmaschine durch die Monologe des Goetheschen Faust zum Ausdruck gelangt. Die trunkene Seele will Raum und Zeit überfliegen. Eine unnennbare Sehnsucht lockt in grenzenlose Fernen. Man möchte sich von der Erde lösen, im Unendlichen aufgehen, die Bande des Körpers verlassen und im Weltraum unter Sternen kreisen.«

Ob Spengler wohl den Roman »Erewhon« von Samuel Butler kannte? Noch kurz vor dessen Tod 1902 gab es ja eine revidierte Fassung dieser Darwin-Satire von 1872, die doch das Szenario der menschlichen Entwicklung hin zur selbstzeugenden und machtergreifenden Maschine gezeichnet hatte. Das »Buch der Maschinen«, ein durchaus ernstgemeintes Kapitel dieses satirischen Romans, sprach damals zwar nicht von Flugzeugen, sah aber doch weit in die technische Zukunft hinaus. Um 1920 war der leider langweilig erläuterte Text schon vierzehnmal nachgedruckt worden, und Butlers Freund Festing Jones hatte das Leben des Autors langatmig beschrieben. Trotzdem rückte damals niemand näher an Butlers Vision heran als Oswald Spengler. Schon in seinem zweiten Untergangsband von 1922, aber erst recht in der kleinen Schrift »Der Mensch und die Technik« rund zehn Jahre später folgte er den frühen Ideen, die Samuel Butler spielerisch erwogen hatte und die von einem deutschen Geohistoriker namens Ernst Kapp wenig später gründlich ausgeführt worden waren. Wenn nicht schon bei S. Butler, so doch bei Ernst Kapp konnte Spengler seine Faustvorstellung bis zur Selbstzerstörung bestätigt finden: »**Selbst** eine Welt erbauen, **selbst** Gott sein – das war der faustische Erfindertraum, aus dem von da an alle Entwürfe von Maschinen hervorgingen, die sich dem unerreichbaren Ziel des Perpetuum mobile so sehr als möglich näherten [...] Der Herr der Welt wird zum Sklaven der Maschine. Sie zwingt ihn, uns, und zwar alle ohne Ausnahme, ob wir es wissen und wollen oder nicht, in die Richtung ihrer Bahn. Der gestürzte Sieger wird von dem rasenden Gespann zu Tode geschleift.«

Der Satiriker Butler hätte sich nie zu solchen Apotheosen verstiegen. Trotzdem wäre er gern berühmt geworden. Zwar war er im Bloomsbury Circle weidlich bekannt; aber das maßgebliche Ehepaar Woolf ließ nach dem Krieg kein gutes Haar mehr an ihm. Leonard schrieb einen Verriss der Werkausgabe, Virginia kritisierte die Biographie. Beide drückten sich um die unerhörte Behauptung, die Odyssee sei von einer Frau verfasst worden: und zwar ausgerechnet von der Tochter des homerischen Königs Alkinoos, Nausikaa, verliebt in Odysseus und von diesem verlassen. Nicht die Woolfs, wohl aber James Joyce hatte die »Authoress« literarisch rezipiert; und eine neue Auflage von Butlers Buch begleitete den »Ulysses« pünktlich zu seinem Auftritt von 1922. Beide Bücher boten singuläre Oppositionen zu Spenglers »Untergang« aus demselben Jahr; singulär nicht nur wegen der unerhörten sprachlichen Modernität des Joyceschen Textes, sondern auch wegen der doppelten Rettung der weiblichen Elemente – etwa im berühmten Schlussmonolog der Molly – und des odysseischen Elements überhaupt. Homers Nausikaa, eine Frau des Meeres, lauscht den Berichten eines schiffbrüchigen Seefahrers und huldigt damit einer der ältesten englischen Leidenschaften, eben der Seefahrt; natürlich der englischen, aber eben dahinter doch auch der griechischen und phönizischen. Nicht die Dampfmaschine, von der Spengler spricht, sondern das Schiff mit seinen mutigen und kunstfertigen Kapitänen steht im antiken Zentrum der Ausfahrt ins Bodenlose. Spengler mit seinen Sätzen wollte zwar demselben Risikogott huldigen, aber ohne ein Schiff zu betreten: ähnlich wie deutsche Philhellenen vom alten Hellas schwärmten und dabei bodenlos blieben, im »Luftreich des Geistes« nach Heinrich Heine. Deutsche Bildungsbürger der Weimarer Republik, die Spenglers Buch wirklich bis zu Ende gelesen hatten, mochten die Sätze über den Weltraum romantisch, wenn nicht sogar katholisch finden – wieder andere mochten den Schwefelgeruch des Mephisto spüren. Die Engführung von Gotik und Goethe hatte ja etwas vom Jahrmarkt der Ideengeschichte, den auch Thomas Mann später besuchen sollte; schließlich stand Goethes bekannter Besuch 1772 im Straßburger Münster, dem damals welthöchsten und größten Exempel gotischer Baukunst, im Zeichen des geniepoetischen »Sturm und Drang« und keineswegs im Zeichen des maschinellen Fortschritts. Andererseits war 1922 ein Wernher von Braun bereits zehn Jahre alt, und der Klassiker zur Raketentechnik, der ihn als Jungen begeisterte, erschien nur ein Jahr später; es war das Buch von Hermann Oberth, »Die Rakete zu den Planetenräumen« (1923). Hier sprach ein deutscher Daidalos mit sicherer Bodenhaftung.

Doch gerade die Art, wie Oswald Spengler sein Vermächtnis formulierte, seine apodiktischen Sätze und Vorsätze, hatte das Ausland schon immer an deutschen Denkern schockiert. Nun, nach dem Ersten Weltkrieg, ließ das Buch erst recht alle Befürchtungen aufflammen. Man fürchtete den deutschen Willen zur Abstraktion und zur Umsetzung einmal gefasster Pläne, wie man es gerade am deutsch ersonnenen Marxismus in Gestalt des russischen Bolschewismus studieren konnte. Jane Harrison, die berühmte Hellenistin der Jahrhundertwende, hatte schon nach dem ersten Kriegsjahr 1914 jeden Kontakt nach Deutschland abgebrochen und konstatiert: »Die Deutschen ›Hunnen‹ zu nennen ist so dumm wie beleidigend. Was sie praktizieren, ist grausam nicht von Natur, sondern aus Absicht. Sie sind über-gebildet, unnatürlich gehorsam, nicht nur dem Militär, sondern auch Ideen; sie sind trunken nicht nur von Bier, sondern von Theorien. Diese Herrschaft der Ideen wirkt auf uns heute kalt, herzlos, unmenschlich.«

Sekundiert wurde Harrison damals vom amerikanischen Philosophen George Santayana, der gerade ein ganzes Buch gegen die deutsche Philosophie verfasste. Was die Deutschen als Philosophie bezeichneten, sei einzig von der romantischen Idee des Selbstbewusstseins und der Innerlichkeit diktiert; menschliche Wirklichkeit, Außenwelt, Entdeckerfreude, historische Vernetzung seien ihr fremd. Die Bezeichnung »romantisch« war nur noch ironisch zu verstehen. Santayana widmete praktisch das ganze Buch der faustischen Grundierung deutschen Denkens; im Index heißt es: »Faust: typical egoist, 13, 14; prefigures the evolution of Germany 50, 51, 107.« Und zum Helenaprojekt gab es schneidenden Tadel: »Nichts beispielsweise war bei Goethe romantischer als sein Klassizismus. Seine Iphigenie und seine Helena und seine ganze Vorstellung der Antike waren erfüllt vom Pathos der Distanz. Diese pompöse Süsse, diese eindringliche Maßhaltung, diese moralische Schlafwandlerei verrieten die Absicht, und Goethe empfand das auch selber. Sein Faust besucht, nachdem Helena verdampft ist, die heimatlichen Berge und denkt wieder an Gretchen. Eigentlich ist es eine vernünftige Heimkehr, weil die unsinnige Sucht nach Klassik in Gestalt einer Helena doch den Geist vom wirklichen Leben entfremdete, und nur zu hoffnungslosen Imitationen und affektierten Posen führte. Gretchens Garten, ja selbst die erste Walpurgisnacht, war in Wahrheit viel klassischer. Ich will damit nur sagen, dass der Versuch, Griechisch zu sein, selbst Goethe misslang, denn das wahrhaft Klassische ist niemandem fremd. Es bezeichnet genau den Teil von Tradition und Kunst, der uns nicht von unserem Leben oder unserem Naturell entfernt, sondern uns in aller Tiefe und Nacktheit enthüllt, frei von den Moden und Verrücktheiten von Raum und Zeit.«

Georges Santayana war ein gebürtiger Spanier. Er hatte Philosophie in den USA und in Deutschland studiert und pflegte einen »kritischen Realismus«. Die letzten Lebensjahre verbrachte er im römischen Kloster der »blauen Nonnen«. Zu seinen Schülern gehörten Gertrude Stein, Walter Lippmann, T. S. Eliot und Wallace Stevens. Seine Autobiographie erschien unter dem Titel »Der letzte Puritaner« im Jahr 1935 – als in Griechenland die Monarchie wieder eingeführt wurde und ein Diktator namens Metaxas nach der Macht griff.

ACHTES KAPITEL
1935

*Eliza Marian Butler: Kindheit, Studium und Weltkriegsarbeit.
Ihre geistigen Geländer Jane Harrison, John Robertson,
Stefan Zweig und Fürst Pückler. Olympia 1936, Hitlers Rassenfaust.
Freud sieht das Ungeheuer von Loch Ness.*

Nun also, im Herbst 1935, erschien im englischen Cambridge das Buch der damals völlig unbekannten Elsie Butler mit dem reißerischen Titel »Die Tyrannei Griechenlands über Deutschland«. Es ist unklar, ob Elsie mit Samuel Butler verwandt war; die Namenfamilie ist riesig. Dass sie von seinem Nausikaabuch wusste, ist aber hoch wahrscheinlich, denn im Bloomsbury Circle war der Autor bekannt, wenn nicht mit seiner belächelten Nausikaa, so doch mit seiner Familiengeschichte oder eben mit »Erewhon«. Jedenfalls aber teilte sie mit ihrem Namensvetter die Abneigung gegen die Deutschen, was nach dem Ersten Weltkrieg und mit dem drohenden Hitlerismus mehr als berechtigt schien. Mit dem Wort »Tyrannei« im Titel ihres Buches war trotzdem keine politische Gewalt gemeint, sondern der überragende, fast masochistisch geförderte Einfluss der hellenistischen Bildung auf die deutschen Dichter, Denker und Künstler seit Mitte des 18. Jahrhunderts. Warum mussten sich die Deutschen diesem Bildungsregime derart unterwerfen, fragte sich Butler, hatten sie keine eigenen Ideen? Butler sah sie alle von Hellas gleichsam überfallen wie Laokoon von der Schlange, diesem befremdlichen Idol der deutschen philhellenischen Ästhetik seit Winckelmann.

Ihr Buch bot dem akademischen Publikum eine erste germanistische Kritik des deutschen Philhellenismus, die erste Ideengeschichte großen Stils über Winckelmanns Kulturrevolution und deren womöglich verheerende Folgen. Kunst, Philosophie, Literatur und Religion mussten überdacht werden; zur Debatte stand ja eine inzwischen fast unheimliche Ruhmeshalle von Herder, Lessing, Goethe, Hölderlin und Nietzsche, Schliemann und vielen anderen bis hin zu Stefan George, einem Zeitgenossen der Autorin. »The Tyranny of Greece over Germany« wirkte wie ein Donnerschlag, denn tatsächlich hatte bis zu diesem Jahr 1935 fast niemand an der traumhaften Fata Morgana eines uralten, urweisen »griechischen Wunders« gezweifelt. Gab es etwas im Reich des Geistes, das man nicht liebend gern von den alten Griechen geerbt hatte? Nicht alle nannten es »Helena«; und schon Herder wusste natürlich, dass Hellas seinerseits große Erbschaften aus Ägypten bezogen hatte oder aus Assyrien. Aber Goethes Ausspruch über die neugriechische Lyrik, die er bei einem Vortrag in Rom erlebt habe, »wie ein Stern in der Nacht erscheint«, eben wie eine archaische Erleuchtung, war philhellenischer *common sense*. Wer diesen Stern sah, folgte ihm wie die Weisen aus dem Morgenland unterwegs zu einem Erlöser.

Gerade um 1900 wollten die Deutschen mehr denn je daran glauben. Nicht nur hatten die Archäologen mit ihren Ausgrabungen alle möglichen Träume in handfeste Realität übersetzt oder sogar neue Träume erweckt; mit Nietzsche stieg damals ein deutscher Verehrer der ältesten Griechen als Entdecker ihrer dionysischen Leidenschaften auf die Weltbühne, auch wenn man zunächst nicht ahnte, in welcher dämonischen Rolle im Zusammenspiel mit Wagner. Auch das Gegenteil der dionysischen Entgrenzung, die Klassische Philologie als Erbin der protestantischen Bibelkritik und Grundstein von Humboldts humanistischem Gymnasium, gewann damals europäisches, ja weltweites Ansehen. Und mit den neuen verkehrstechnischen Möglichkeiten erfuhr nun ohnehin das Weltbildungsbürgertum das Land der Griechen leibhaft, statt es nur immer wieder »mit der Seele« zu suchen. Und wirklich: Selbst beim konkreten Anblick des damals immer noch verarmten, sozial zerrissenen und ruinenreichen Landes, dem der Kunsthandel seit der Antike viele beste Stücke bereits entwendet hatte, behielten die meisten Geistesfreunde ihre anbetende Haltung. Sie reisten gebildet hin, wie Heidegger noch in den 1960er Jahren, mit Hölderlin im Gepäck oder gleich mit Homer über das Meer. Manche blieben einfach auf dem Schiff und versenkten sich in den elementaren Kosmos von Land und Himmel und Meer, den die Hellenen doch schon ebenso genossen haben mussten wie nun man selber.

Nur wenige gaben sich dabei so ehrlich Rechenschaft über die bildungsbürgerlichen Voraussetzungen dieser Touristik wie Gerhart Hauptmann. Fast gleichzeitig mit, aber ganz anders als Hofmannsthal notierte er in seinem »Griechischen Frühling« 1907 eher befangen: »ich gestehe mir ein, daß ich eigentlich niemals an die Möglichkeit ernstlich geglaubt habe, das Land der Griechen mit Augen zu sehen. Noch jetzt, indem ich diese Notizen mache, bin ich mißtrauisch! Ich kenne übrigens keine Fahrt, die etwas gleich Unwahrscheinliches an sich hätte. Ist doch Griechenland eine Provinz jedes europäischen Geistes geworden; und zwar ist es noch immer die Hauptprovinz. Mit Dampfschiffen oder auf Eisenbahnen hinreisen zu wollen, erscheint fast so unsinnig, als etwa in den Himmel eigener Phantasie mit einer wirklichen Leiter steigen zu wollen«.

Aber trotz dieser Zweifel, oder vielleicht gerade ihretwegen, gab er sich dann vor Korfu der Glücksschau des Seefahrers inbrünstig hin und lockte den Leser mit den Wonnen der Landung. Ob er dabei an Wilhelm II. dachte? Es war jedenfalls eine Landnahme, deren Vorspiel er mit Dichtern und Denkern seit Hölderlin teilte: »Wieder bemächtigt sich unser jenes Entzücken, das uns eine Küstenlandschaft bereitet, die man vom Meere aus sieht. Diesmal ist es in mir fast zu einem inneren Jubel gesteigert, im Anblick des schönen Berges, den wir allmählich nach Süden umfahren und der seine von der Morgensonne beschienenen Abhänge immer deutlicher und verlockender ausbreitet. Ich sage mir, dieses köstliche fremde Land wird nun auf Wochen hinaus – und Wochen bedeutet auf Reisen viel – für mich eine Heimat sein. Was mir bevorsteht, ist eine Art Besitzergreifen. Es ist keine unreale, materielle Eroberung, sondern mehr. Ich bin wieder jung. Ich bin berauscht von schönen Erwartungen, denn ich habe von dieser Insel, solange ich ihren Namen kannte, Träume geträumt.«

Texte wie diese mochte Elsie Butler gelesen haben, aber sie verriet es nicht, und sie verriet auch nicht, wie überwältigt sie selber von derartigen Berichten womöglich war. Obgleich sie mehrfach auf der Insel Lesbos das Licht, das Meer, den überwölbenden Himmel erlebt haben musste, mochte sie diese Genüsse ganz offenkundig nicht mit deutschsprachigen Literaten teilen.

Diese unbekannte Germanistin also, Elsie Butler, geboren 1885 im irischen Lancashire als Tochter eines Schwerindustriellen, hatte ihr Buch in leidenschaftlicher Sorge verfasst, denn die deutsche Anbetung der Griechen, von der sie seit ihren Bonner Studententagen und dann entscheidend durch Jane Harrison wusste, hielt sie damals aus mehreren Gründen für gefährlich, auch wenn man ihr rückblickend eine Neigung zum politischen Klischee vorwerfen kann. Mit Hitlers Machtantritt kam ja nicht nur ein im Doppelsinn gemeiner Philhellene an die Regierung, es stieg auch ein unheimlicher Charakterzug der Deutschen aus der Geschichte hoch wie ein neptunisches Haupt aus dem Meer. Es war derselbe Zug, der schon den Ersten Weltkrieg ausgelöst, wenn nicht beherrscht haben sollte; Butler nannte es mit dem Philosophen Santayana einen Hang zu blutleeren Abstraktionen und gewaltigen Spekulationen, ohne Rücksicht auf Raum und Zeit, Leben und Sozialität, nur um völlig egoistisch ein als »Innerlichkeit« ausgegebenes intellektuelles Projekt zu verfolgen und so einen Mangel an kreativer Vitalität und vor allem Realitätssinn zu überdecken. Was könnte von deutschen Dichtern und Denkern und Künstlern bleiben, nähme man die Griechen und das ganze Hellas-Thema aus ihrer Geistesgeschichte?

Der Charme und die Tiefe, die sie alle aus dieser Quelle bezogen, waren doch nur geliehen, nicht originär, und alles umso peinlicher, je härter man die jeweils gerade lebenden Griechen verurteilte wie schon Hölderlin im »Hyperion«.

Auch wenn man gerade solch einen Leihbetrieb auch an anderen hellenistisch verliebten Kulturländern seit Alexander dem Großen hätte kritisieren können, nicht zuletzt auch an England: Spätestens seit 1914 fürchtete man nun umgekehrt den genuin nichtgriechischen, eben deutschen, wenn nicht germanischen Denkstil. Vorwürfe darüber waren in England verbreitet seit Kant und Hegel, deren riesenhafte Denksysteme von Männern wie Marx und womöglich Hitler rezipiert und in bedrohliche Taten umgesetzt werden sollten. Schon Heinrich Heine hatte immer wieder vor seinem eigenen Land gewarnt und protestantisch versklavte Seelen darin beschrieben; aber bei Ausbruch des Ersten Weltkrieges – die Russische Revolution war noch unvollendet – konnten selbst Denker wie Santayana nicht ahnen, welche Ausgeburten die »reine Vernunft« der Deutschen mit dem Zweiten Weltkrieg zur Welt bringen würden.

Elsie Butler war weder Gräzistin noch Philosophin und sie hasste die Deutschen. Nach jahrelangen Aufenthalten in Deutschland und Frankreich, wohin sie der deutschfreundliche Vater geschickt hatte, wo sie widerwillig zur Schule ging und Sprachen lernte, war sie 1908 nach England zurückgekehrt. Nach der Schulzeit im damals sehr fortschrittlichen Newnham College, dem zweiten Frauen-College nach Girton seit 1871, versuchte sie in Bonn Germanistik zu studieren, doch wieder wegen offenbar unerträglicher Professoren kehrte sie nur mit noch mehr Deutschenhass 1914 nach England zurück. Der Ausbruch des Krieges änderte alle Lebenspläne. Empört wie die meisten ihrer Freunde und trotz langjähriger Beziehungen zu deutschen Hellenisten offen deutschfeindlich, wandte sich damals Jane Harrison, längst eine der prominentesten Professorinnen von Newnham, offen den Russen zu. Sie begann in Paris ihre Russisch-Kenntnisse zu vertiefen und ab 1917 auch selbst zu unterrichten. Unter ihren Schülerinnen war Elsie Butler. Niemals würde Elsie diesen Unterricht, der eben kein Griechisch-Unterricht war, vergessen; Jane Harrison blieb lebenslang ihre angebetete Geistesmutter.

Jetzt aber lernte Butler hier für den Krieg, um sich an der Front im Osten nützlich zu machen. Als Dolmetscherin eines Krankentransports schottischer Frauen – der *Scottish Women's Hospital Units* – fuhr sie 1917 durch Norwegen, Schweden, Finnland und Bessarabien bis nach Odessa und bis an die serbische Grenze nach Mazedonien, wo man die Mission unter unglaublichen Umständen bis 1918 fortführte. Die Leiterin dieses Teams, Dr. Elsie Inglis, war offenbar eine glühende Serbenfreundin, und genährt worden war diese Flamme ausgerechnet von Victor Bérard, dem französischen Schliemann auf Odysseus' Spuren, dem geohistorischen Professor der französischen Marine. Seine Broschüre über Serbien war 1916 auf Englisch in der feministischen »Women's Printing Society« (seit 1876) erschienen und mochte Inglis befeuert haben.

Elsie Butler erkrankte schließlich an Malaria und kehrte 1918 auf abenteuerlichen Wegen zurück in die Heimat. Unterwegs machte sie Halt in Athen, um die Akropolis zu besteigen, auf der Suche nach Erleuchtung im Geiste des von ihr ungenannten Hugo von Hofmannsthal. Sie erlebte »die heilsame Strahlkraft dieses Weltwunders wie eine Bastion gegen die Geister des Bösen, ein großes Zentrum des Lichts mitten in der Dunkelheit«.

Nicht alle Dozenten in Newnham waren Deutschland so feindlich gesonnen wie Harrison. Die Kollegin Alice Gardner hielt noch am 25. Oktober 1914 eine beschwörende Rede über die veränderte Situation durch den Kriegsausbruch und erinnerte an die Qualitäten der deutschen Universitäten. Sie ermahnte die Belegschaft, nicht zu vergessen, welche geistigen und geistlichen Erträge man den Deutschen verdanke. »Lassen Sie uns auch die kühnen Gedanken anerkennen, mit denen man in Religion und Philosophie neue Wege beschritten hat. Es ist lächerlich, die Religion des Kaisers als das letzte Wort des Protestantismus zu interpretieren.« Auch in London gab es trotz allem Hass deutschfreundliche Germanisten, darunter John George Robertson, auf dessen Rat Elsie Butler nach qualvollen Jahren im Schuldienst ihre Forschungen zu Heinrich Heine begann, dem einzigen deutschen Autor, der damals Gnade vor ihren Augen fand. Nicht nur sah sie Heine in Paris mit den sogenannten Sensualisten befreundet, sie erkannte und rezipierte auch Heines durchdringenden Blick auf die offenbar auch ihm ganz unheimliche Mentalität der Deutschen: »Deutschland – Ein Wintermärchen«. Andererseits widmete ausgerechnet ihr Lehrer Robertson 1924 seine Antrittsvorlesung an der Londoner Universität den »Göttern Griechenlands in der deutschen Poesie«, er schlug also eine Brücke zwischen der geliebten griechischen Welt von Jane Harrison und der ungeliebten deutschen. Wie alle Welt sah auch Robertson in Winckelmann die Schlüsselfigur für die europaweite hellenistische Begeisterung seit 1755, aber anders als die meisten fand der Londoner Professor, vielleicht etwas ungerecht, Winckelmanns Götter leblos, aus Marmor gemacht und nur für das Museum. Nicht Winckelmann, sondern der blutvolle Herder habe dem Idol Leben eingehaucht, weil er die Völker liebte und nicht nur die Kunst. Ganz ähnlich argumentierte im selben Jahr auch der später berüchtigte Germanist Josef Nadler. Aber ließ sich eine Welt aus der Ferne von zweieinhalbtausend Jahren überhaupt wiederbeleben? Das Wort »Renaissance« war wohl trügerisch.

Elsie Butlers Dissertation über Heine und das Junge Deutschland erschien 1926; sie war damals schon wieder in Newnham, diesmal aber als Lehrerin. Jane Harrison blieb in Paris, wo sie sich mit einer jungen Freundin namens Hope Mirrlees Übersetzungen aus dem Altrussischen hingab. Aber in London gab es den Bloomsbury

Circle und in Newnham Frauenzirkel und Freundinnen, wie die viel jüngere Bibliothekarin und spätere Indologin, genauer Pali-Professorin Isaline B. Horner, die Butler lebenslang bis zu deren Tod 1959 begleiten sollte. Jetzt aber, in der Zwischenkriegszeit, suchte Butler nach einer Anstellung, die sie als über Vierzigjährige kaum noch erhoffen konnte. Auch litt sie an traumatischen Zuständen, wohl nicht nur kriegsbedingt; denn schon als Kind hatte sie sich eine eigene irreale Welt erfühlt und ihre Familie mit Schlafwandeln beängstigt. Nun brauchte sie therapeutische Hilfe. Zum Glück gab es nahe Beziehungen zur Welt der Psychoanalyse, durch Pernel Strachey in Newnham, einer romanistischen Kollegin von Butlers Schwester Kathleen und ihrerseits Schwester von James Strachey, dem Freud-Übersetzer und Bruder von Lytton, dem engen Freund von Virginia Woolf. Was in diesen Jahren wirklich los war, ob es gar Annäherungen an okkultistische Kreise gab, weiß man nur spärlich aus Butlers Autobiographie »Paper Boats«, die gut bewacht von I. B. Horner gegen Lebensende entstand und im Jahr ihres Todes 1959 erschien. Weiterer Nachlass ist offenbar in Privathand geblieben oder überhaupt ganz verschwunden.

Zwei deutsch schreibende Autoren halfen Elsie Butler damals aus der Depression. Der eine war Stefan Zweig, Autor von drei biographischen Studien über Hölderlin, Kleist und Nietzsche; alle drei mit hellenischen Visionen geschlagen. »Kampf mit dem Dämon« hieß der Band, der 1926 erschien, und brieflich hatte Zweig das Projekt seinem Freund Romain Rolland schon drei Jahre zuvor mit starken Worten angekündigt. Er bereite ein Buch vor, hieß es da, über »die drei typischen Charaktere in Deutschland: die drei dämonischen Naturen, die einzigen, die nicht mit der Gesellschaft, der Nation, der Epoche paktiert haben, und die natürlich zerstört worden sind: Hölderlin, Kleist, Nietzsche. Es wird ein Appell an die Künstlerfreiheit, an das Heldenhafte des Leidens, eine große Paraphrase auf den Dämon. Ich fürchte, dass ich in manchen Teilen das deutsche Publikum verletze (oder vielmehr fürchte ich es nicht), vor allem, wenn ich darlege, daß Goethe und alle nach ihm lieber den Dämon in sich erwürgt haben, anstatt sich von ihm erwürgen zu lassen.«

Von welchem Dämon war hier die Rede, was für eine Fragestellung war gemeint? Elsie Butler jedenfalls kam sie gerade recht; ihre ziemlich offene Neigung zum Okkultismus, die sie mit vielen britischen Intellektuellen teilte, sah sich bestätigt. Zwar hatte mit Sokrates und später Goethe eine durchaus positive Vorstellung des »Dämonischen« in die Ideengeschichte Einzug gehalten; Goethe hatte mit seinem Freund Eckermann ausgiebig darüber gesprochen; aber mit Zweig wurden andere, gefährlichere Töne laut. Dämonen konnten warnen, befeuern, aber auch verführen und vernichten. Nicht alle Dämonen waren aufgeregt oder laut, es gab auch Mächte des Erstickens und Erfrierens. Natürlich wagte Zweig dann doch nicht, das deutsche Publikum zu verstören, das ihm damals – wie heute erneut – überschwänglich geneigt war. Er unterdrückte im Buch seine Meinung und machte Goethe im Gegenteil zum Kronzeugen einer überragenden, alles Dämonische bezwingenden Kreativität unter widrigen Bedingungen. Zu diesen rechnete Zweig vor allem die unmenschliche deutsche Philosophie, an der Hölderlin, Kleist und Nietzsche gescheitert seien. Bei Zweig brach die Furcht vor dem schneidenden deutschen Geist geradezu hysterisch heraus. Ein freier Blick, meinte er, müsse endlich wagen, die verhängnisvollen Schäden der kantischen Philosophie festzustellen, dieser dogmatisch-grüblerischen Invasion deutschen Denkens. Kant habe die reine Produktivität der klassischen Epoche unendlich gehemmt, er habe die Sinnlichkeit, die Weltfreudigkeit, die Phantasie bei allen Künstlern gestört; jeden deutschen Dichter dauerhaft behindert. »Wie könnte, so frage ich, eine solche Nichtnatur, ein dermaßen unspontaner, selbst zu einem starren System gewordener Geist [...] jemals den Dichter fördern, den sinnlichen, vom heiligen Zufall des

Einfalls beschwingten, von der Leidenschaft beständig ins Unbewußte getriebenen Menschen?«

Diesen Aufschrei eines jüdischen Autors dürfte Elsie Butler neben das Manuskript ihrer Dissertation über Heine gelegt und sich auf ewig zu eigen gemacht haben. Rund zehn Jahre später stellte sie ihre kritische Ideengeschichte in den Horizont dieser philosophischen Verdammnis und widmete sich ungefragt und wie aus heiterem Himmel einer eigentlich europäischen Hellas-Verehrung, die deutscherseits monoman verkommen sei. Schon Anfang der dreißiger Jahre und erst recht nachdem ihr Lehrer Robertson im Mai 1933 gestorben war, machte sie sich ans Werk. 1934 hielt sie auf ihn einen Nachruf vor der Englischen Goethegesellschaft im Londoner King's College und zeichnete dabei ein Bild von Goethes Inspiration durch Winckelmann, gesehen durch die böse Brille von Stefan Zweig, der seinerseits wenige Tage zuvor nach London emigriert war. Unwahrscheinlich, aber denkbar war er im King's College zugegen; vielleicht hatte er auch Freunde im Publikum. Denn die Pointe dieses Vortrags war gerade der Einspruch gegen Zweigs krampfhaft schönes Goethebild im gedruckten Buch. Als hätte Butler Zweigs Brief an Rolland gekannt, als hätte sie für ihn den Sündenbock spielen wollen, verkündete sie im London der Emigranten, auch und gerade Goethe habe in seiner klassischen Phase den kreativen Impuls in sich unterdrückt, habe Winckelmann und seine griechischen Marmorstatuen zu einer erstickenden inneren Figur gemacht, habe sich tyrannisieren lassen.

Viel lebendiger und belebender aber war der zweite Autor, der Butlers Deutschenhass Ende der zwanziger Jahre etwas mildern konnte. Es war der exzentrische Fürst Pückler-Muskau, der berühmte Gartenherrscher von Branitz und Muskau, der sich mit seinen Landschaftsprojekten tief in Schulden verstrickt und diese mit Heiratsplänen in England zu tilgen versucht hatte. Den dabei entstandenen Berichten aus England, den »Briefen eines Verstorbenen« (1831), verdankte er dann tatsächlich einige Einnahmen, wenn auch keine lukrative Hochzeit. Butler fand seinen brieflichen Nachlass im Archiv der Berliner Staatsbibliothek und fühlte offenbar eine gewisse Verwandtschaft mit der fürstlichen Neigung zur erotischen Eskapade und wiederum zum Okkultismus. Diese Neigungen überragten in ihren Augen alles andere; sie überging in ihrem Buch von 1928 ganz ungerecht Pücklers wirkliche Leistungen im Gartenwerk ebenso wie seine Reiseberichte aus Griechenland. Aber als Gegentyp zum deutschen Verstandesterror zollte sie ihm Bewunderung, und sie benutzte den Einstieg zu größeren Plänen. Als Germanistin sah sie die großen Feiern zu Goethes 100. Todestag 1932 und Goethes 200. Geburtstag 1949 kommen; und nachdem sie mit der »Tyrannei Griechenlands« 1936 eine Professur in Manchester erhalten hatte, begann sie mit ersten Forschungen zum österreichischen Hellenismus, im Umkreis von Sigmund Freud. 1938 hielt sie vor der Goethegesellschaft in London einen Vortrag über die moderne Figur der Elektra, aus der Sicht von Hugo von Hofmannsthal, der für die gleichnamige Oper von Richard Strauss das Libretto geschrieben hatte. Der spätere Aufsatz trug den Untertitel: »A Graeco-Freudian Myth« und war womöglich eine Hommage an Freud, der im selben Jahr 1938 als todkranker Mann endlich von Wien nach London übersiedelt war, auf der Flucht vor den Nazis. Freud kam im Juni; Butlers Text erschien im ersten Heft der gerade gegründeten Zeitschrift der Warburg Library, im November. Aby Warburg, der legendäre Sammler aus Hamburg, hatte unter dem Druck des Hitlerregimes seine Bibliothek nach London verschifft, wo sie ein eigenes Haus erhielt und bis heute zugänglich ist. Einer der Schwerpunkte von Warburgs Interessen waren die antike Astrologie und die damit verbundenen okkulten Praktiken samt ihrer Geschichte. Für Butler stand hier ein großes Werkzeug bereit. Was hatte es auf sich mit Fausts Beschwörung der Helena? Wie kam ein Homunkulus zustande, was gab es für Rituale, welche Beschwörungen? Ihr Aufsatz, wohl auch ihr Vortrag, begann mit folgenden Worten: »Die Geschichte des nordischen Zauberers Faustus, der den Schatten der Helena aus der Unterwelt herauf beschwört, könnte als Symbol für die Beziehung des modernen Europa zu den alten Griechen gelesen werden. Seitdem die Kunst und Dichtung der Griechen wiederentdeckt worden war, zuerst also in der Renaissance, und dann erneut im 18. Jahrhundert, hat der moderne, aber besonders der deutsche Mensch danach getrachtet, eine ungreifbare Substanz des fernen Zeitalters in die Gegenwart zu holen. Unsere Architektur, unsere Dichtung, unsere Art zu denken, selbst unsere Sprache bezeugen vielsagend die Tatsache, dass der Westen, indem er nahezu berauscht auf eine geisterhafte Vorstellung von Hellas starrte, ganz ähnliche Empfindungen gehabt haben muss wie jener Faustus in Marlowes Dichtung, der ausrief: ›Und niemand ausser Dir soll meine Liebste sein‹ – was man etwas prosaischer übersetzen kann mit: ›Und nichts als Du soll fürder meine Norm bedeuten‹.«

Die Zuhörer mochten wissen, wie es zu dieser Allegorie gekommen war, und sie mochten sie begrüßen, falls sie den Hitlerismus nicht längst für literaturunfähig hielten. Butlers Buch über die »Tyrannei Griechenlands über Deutschland« von 1935 war ja unter den Bedingungen des rasend aufsteigenden Nazismus entstanden, der die deutsche Graekomanie in vielfacher Hinsicht bewirtschaftete. Seit drei Jahren hatte die alleinregierende und von Hitler allein geführte Partei ihr rassistisches und militaristisches Programm mehr oder minder konsequent in die Tat umgesetzt. Reichstagsbrand und Röhmputsch stellten 1934 die Weichen für einen dauerhaften Ausnahmezustand; 1935 konnten die Nürnberger Gesetze verabschiedet werden. Es waren normative Zwangsvorstellungen über das germanische Ariertum. Ausgerechnet anlässlich des sogenannten »Reichsparteitags der Freiheit« wurden sie am Abend des 15. September einstimmig vom Reichstag in Nürnberg angenommen.

Diese rassistische Bestimmung des Hitlerreiches, längst angekündigt, aber bisher eben noch nicht amtlich, fiel tatsächlich in eine Hochzeit der hellenistischen Begeisterung – oder auch umgekehrt. Zwar hatte Rudolf Virchow bei seinen Schädelmessungen in Hissarlik für Schliemann noch ausdrücklich eine definitiv »arische« Diagnose der gefundenen Köpfe verneint, aber solche wissenschaftlichen Behutsamkeiten gab es fünfzig Jahre danach nicht mehr. Das Standardwerk des späteren Tiermediziners Hans F. K. Günther zur »Rassengeschichte des hellenischen und römischen Volkes« von 1929 wähnte sich im Besitz eines sogenannten »Wissens«, nicht mehr der Wissenschaft. Flankiert, aber keineswegs aufgehalten wurde der darwinistische Exzess damals von Werken berühmter Religionsforscher wie Walter F. Otto, der angeblich noch selber an die griechischen Götter glaubte und eine Studie über Dionysos vorlegte; während der Papst der Klassischen Philologie, Ulrich von Wilamowitz-Moellendorff, über den »Glauben der Hellenen« (1932) dozierte und der Georgianer Kurt Hildebrandt einem Führer zu huldigen glaubte: »Der Kampf des Geistes um die Macht« (1933) – eines von insgesamt 26 Büchern über Platon allein aus dem Georgekreis. Ein Jahr später folgte vom Hellenisten Werner Jaeger der großangelegte Entwurf zum sogenannten 3. Humanismus, einer Pädagogik, die sich eben nicht der Züchtung von Menschen, sondern der pädagogischen Zucht und deren vorbildlicher hellenischer Geschichte widmete: »Paideia. Die Formung des griechischen Menschen«. Das dreibändige Werk erlebte noch bis in die Nachkriegszeit hinein vier Auflagen. Jaeger, von den Schülern 1933 gleichsam störrisch als »unser Führer« bezeichnet, emigrierte mit seiner jüdischen Frau 1936 nach USA, wo er für eine englische Übersetzung seines Werkes sorgte. Als Inhaber eines eigens für ihn gegründeten Lehrstuhls an der Harvard-Universität hatte er zahlreiche Schüler und Anhänger, blieb allerdings weniger einflussreich als sein deutsch-jüdischer Kollege Leo Strauss, der mit einem hellenistischen Buch über »Tyranny« bis in die jüngste deutsche Gegenwart wirkt. Doch nicht nur Biologen, Philosophen und Kulturalisten beschworen das Gespenst namens Hellas damals intensiv, sondern natürlich auch die Germanisten. So erschien 1936 die große Studie von Walther Rehm, Werkherausgeber von Winckelmann und also Hüter des philhellenischen Grals. »Griechentum und Goethezeit. Geschichte eines Glaubens« nannte er sein Buch, das in vielerlei Hinsicht als Gegenstück zu Butlers Pamphlet gelten konnte: besinnlich, belesen, ausufernd lang, den deutschen Dienst an Hellas als Gottesdienst lobend. Überschwänglich dachte auch er an eine epochale Hochzeit von Faust und Helena im Zeichen einer Wahlverwandtschaft von Griechen und Deutschen; und der ergriffene Ton seines Buches erinnerte an esoterische Strömungen, die sich das Paar, inspiriert von und unter Rudolf Steiner, angeeignet hatten.

1936, mit dem Kult der Olympiade, erreichte die deutsche Griechenanbetung aber dann einen ganz anderen Höhepunkt. Vielleicht war es der seit Ernst Curtius politisch schon immer gemeinte Zenit, vielleicht waren auf diesen Zenit alle hellenistischen, humanistischen, graekophilen und inzwischen eben auch graekomanen Veranstaltungen zugelaufen, die mit Winckelmanns Kult des schönen griechischen Körpers, der griechischen Seele, griechischen Daseins überhaupt in Deutschland begonnen hatten. Hitler persönlich hatte den Ritus der olympischen Fackel eingeführt; Hitler persönlich finanzierte die nach der Wirtschaftskrise eingestellten Ausgrabungen der originalen Stätte, mit denen die offizielle deutsche Archäologie 1884 begonnen hatte. Schon in »Mein Kampf« hatte der damalige Häftling in Bayern verlangt, der »völkische Staat« müsse seine gesamte Erziehungsarbeit auf das »Heranzüchten kerngesunder Körper« konzentrieren; erst danach gehe es um die geistigen Fähigkeiten und erst zum Schluss um Wissenschaft. Vorbild dieser Körperschulung sei das »griechische Schönheitsideal« und überhaupt das »hellenische Kulturideal«. Entsprechend wurden die Jugendverbände im »Dritten Reich«, vor allem auch die Mädchen, auf ein Idol von »Glaube und Schönheit« eingeschworen. Der zweiteilige Olympia-Film von Leni Riefenstahl »Fest der Völker«, »Fest der Schönheit«, uraufgeführt am 20. April zu Hitlers Geburtstag 1938, erlangte Weltruhm. Ein Jahr später plante sie angeblich einen Film über das Kleist-Drama »Penthesilea«, deren Rolle sie sogar selber spielen wollte. Wer war hier der Achill, den sie liebend zerfetzen wollte? Der Ausbruch des Weltkrieges in Polen im September 1939 setzte den Dreharbeiten in Libyen ein Ende.

Ob Elsie Butler den Olympiafilm je gesehen oder Berichte darüber vernommen hat? Ihr diagnostisches Werkzeug für die deutsche Ideengeschichte, die magische Beschwörung einer schönen Helena aus der Unterwelt hinein ins Leben, die Anbetung des Körpers im Zeichen maßlosen Ehrgeizes, war doch gerade in diesem Film bare Realität geworden; Kunst-Realität, Medienwirklichkeit. Der Film beginnt mit dem Bild der Akropolis, die Kamera wandert über göttliche und heldische Köpfe und landet schließlich beim Diskobolos, dem Diskuswerfer, eine der strahlendsten Figuren hellenischer Kunst, geschaffen im 5. Jahrhundert vor Christus vom Bildhauer Myron. Riefenstahl verwandelt trickfilmartig – mephistophelisch – die Statue vor den Augen des Zuschauers in einen lebendigen Körper des Jahres 1936, in einen posierenden und agierenden Diskuswerfer, aufgetaucht am Meeresstrand – an dem eben auch die schöne Helena in Faust II anlandet. Dass die Aufnahmen in der Kurischen Nehrung in Ostdeutschland stattfanden, dass der Sportler im Film nicht der wirkliche olympische Sieger Ken Carpenter war, ein Mann mit bronzener Hautfarbe, sondern der weißhäutige Meister des Zehnkampfs Erwin Huber, störte niemanden.

Wie schlüsselfertig diese Szene des Auftauchens aus dem Wasser tatsächlich für die lange Geschichte nicht nur der deutschen Griechenliebe war, konnte Elsie Butler auch an einem tiefsinnigen Beispiel aus dem olympischen Jahr studieren. Im Januar 1936 hatte Sigmund Freud den siebzigsten Geburtstag seines Freundes Romain Rolland zum Anlass genommen, um öffentlich über seine Athenreise vor mehr als dreißig Jahren nachzudenken. »Eine Erinnerungsstörung auf der Akropolis« überschrieb er den Text enigmatisch, hielt sich dann aber mit der gewohnten Genauigkeit der psychoanalytischen Exploration an das Geschehen. Die Anfahrt mit seinem Bruder war offenbar unbequem, aber im August 1904 bestieg er endlich die antike Burg: »Als ich dann am Nachmittag nach der Ankunft auf der Akropolis stand und mein Blick die Landschaft umfaßte, kam mir plötzlich der merkwürdige Gedanke: Also existiert das alles wirklich so, wie wir es auf der Schule gelernt haben?! … Mit einer mäßigen Übertreibung: als ob jemand, entlang des schottischen Loch Ness spazierend, plötzlich den ans Land gespülten Leib des vielberedeten Ungeheuers vor sich sähe und sich zum Zugeständnis gezwungen fände: Also existiert sie wirklich, die Seeschlange, an die wir nicht geglaubt haben!«

Für Freud, in diesem allzu spät erinnerten Moment, entstieg dem Meer also nicht etwa eine Helena oder ein schöner Sportler, sondern das Gegenteil, und umarmen wollte er das Ungeheuer gewiss nicht. Tatsächlich war von einem lebenden Monster in Loch Ness überhaupt erst seit Mai 1933 die Rede, natürlich unter weltöffentlicher Aufregung. Manch einer dachte dabei an Hitler. Wie konnte Freud ausgerechnet das Lieblingskind der europäischen Bildungswelt, die Akropolis, damit assoziieren? Hatte er womöglich Gerhart Hauptmanns ganz ähnlich zweifelnde Bemerkungen aus dessen »Griechischem Frühling« von 1907 gelesen, wonach man als homerisch geschulter Tourist kaum glauben mochte, was man sah? Jedenfalls schwenkte Freud nun nicht wie der deutsche Dichter in Begeisterung um, sondern führte den Zweifel wirklich zu Ende. Er erklärte Rolland, dass er den unwillkürlichen *Un*glauben an die Existenz des alten Hellas wahrscheinlich seiner Kinderzeit verdanke. Als Zögling eines humanistischen Gymnasiums, als jugendlicher

Leser, hatte sich seine Griechenliebe in ein Phantasma umgewandelt, dem keine Realität gerecht werden konnte. Dass Schliemann zur selben Zeit ganz real das alte Troja nicht nur ausgraben wollte, sondern auch fand, gehörte offenbar in ein anderes Register. Hinzu kam, dass die Urteile über das zeitgenössische Griechenland ohnehin immer schärfer geworden waren; die schneidenden Kommentare von Jacob Burckhardt aus Basel machten die Runde, lange bevor dessen Vorlesungen gedruckt wurden. Und doch war Sigmund Freud 1904 natürlich glücklich überrascht, die Akropolis mit eigenen Augen zu sehen und den Boden der Antike mit eigenen Füßen zu betreten. Dass er dieses Glück nicht sogleich empfinden mochte, dass er seinem armen Vater gegenüber geradezu ein schlechtes Gewissen hatte, weil er ihm schließlich seine ganze Bildung und also auch diese Reise verdankte, wird in dem Brief ausgiebig erörtert. Lange nach seinem Tode konnte man Freuds Eindruck mit den Erinnerungen von Ludwig Curtius vergleichen, der 1904 wenige Wochen nach Freud aufgebrochen war und Athen bei seiner Ankunft erst unbeschreiblich, dann aber doch überwältigend fand: »alles war grau, der Himmel, die Berge, die holprige löchrige Straße und die staubbedeckten, im Sommer ausgedörrten Bäume … ich wagte mich nicht auf die Burg, ich fürchtete mich vor dem Eingeständnis vor mir selber, ich sei um den Sinn meines Lebens betrogen. Erst am letzten Tage vor der Abreise nach Ägina faßte ich mir ein Herz. Der Nordwind hatte die Wolken zerstreut, es war ein herrlicher Tag, die Tore in das Land Hyperions waren wieder geöffnet, und während ich demütig zwischen den Säulen des Parthenons einherschlich und die Koren der Erechtheionhalle verehrte, erlebte ich das Wort Renans ›Es gibt einen einzigen Ort, wo die Welt vollendet ist, die Akropolis von Athen.‹«

Warum nun aber schrieb Freud ausgerechnet im Zenit der vitiösen deutschen Griechenanbetung diese Betrachtung nieder, dreißig

Jahre nach seinem Ausflug? Und warum war er so schlecht gelaunt? Es war nicht leicht zu verstehen, aber auch nicht ganz abwegig. Schließlich hatte er mit dem berühmten Hella-Traum von 1897 das Dogma vom Ödipuskomplex vorbereitet und sich damit der alten hellenischen Welt zutiefst verpflichtet. Es war ein Traum von gefährlicher Nähe am Inzest gewesen; die begehrenswerte Nichte Hella und seine Tochter Mathilde waren in diesem Traum mit dem alten Hellas verschwommen. Womöglich war es eben diese Verflechtung, die ihm nun rückblickend die griechische Wirklichkeit verleidete? Elsie Butler dürfte jedenfalls diesen Geburtstagsbrief an Romain Rolland gelesen haben, schließlich waren Autor und Empfänger längst weltberühmt, der Wiener Freud auch als Seelenarzt, und gerade die Wiener Literaturszene beschäftigte ab 1936 die Germanistin in ihr. Aber es dürfte doch eine zwiespältige Lektüre gewesen sein, denn selbst wenn Freud jetzt plötzlich das hellenische Erbe als hässliches Ungeheuer beschrieb, war er doch selber eines der besten Beispiele für Butlers Tyrannenthese. Wenige Theorien waren doch der altgriechischen Kultur so ergeben wie Freuds Psychoanalyse. Dieses Motiv wenigstens nahm Butler in ihrem Vortrag von 1938 auf; und Freud, alt und krank wie er war, hätte es sogar in London in der Zeitschrift des Warburg-Instituts lesen können.

Ohnehin war das Novemberheft fast gänzlich dem Thema gewidmet, das Aby Warburg sich zum Lebensinhalt gemacht hatte: dieses Nachleben der Antike, das Butler wahrhaftig nicht so freundlich betrachtete wie Warburg seit der Jahrhundertwende. Zwar hatte sie auch nichts mit Bildern oder bildender Kunst zu tun, aber genaugenommen hätte auch Aby Warburg unter ihr Verdikt fallen müssen, auch er war ja von der Antike besessen. Folglich wurde ihr Buch hier auch niemals rezensiert. Passend zur Ankunft von Freud befasste sich Butler mit den Einflüssen der Psychoanalyse auf die österreichischen Autoren Hofmannsthal und Hermann Bahr im Zeichen des Hellenismus. »Elektra«, das Drama von Hofmannsthal, galt Butler als angewandte Psychoanalyse, dionysisch von Nietzsche inspiriert. Diese Elektra konnte schreien und weinen, hysterische Szenen durften Bühne und Zuschauer erschüttern. Hermann Bahr wiederum übertrug Freuds Erkenntnisse zurück auf die griechische Tragödie, die er als therapeutische Institution der hellenischen Hysterie bezeichnete. Kurz, Sigmund Freud hatte die eigene Kultur um die Jahrhundertwende ins Mark getroffen mit seiner Idee, eine Wiedergeburt der griechischen Mythologie im Zeichen modernster neurologischer Erkenntnisse zu präsentieren. Mit einem Ödipus im Zentrum kamen griechische Begriffe und Figuren wie Elektra, Narziss und Orpheus, Katharsis und Psyche, Eros und Thanatos in weltweiten Umlauf; ebenso weltweit, wie das hellenische Reich seit zweieinhalbtausend Jahren als Idee und Kultur sich verbreitet hatte. Das Schlüsselpaar Faust und Helena war vorerst im Brutkasten der Psychoanalyse verschwunden.

NEUNTES KAPITEL
Noch einmal 1935

Elsie Butlers Streitschrift: »Eine Untersuchung über den Einfluss von griechischer Kunst und Dichtung auf die großen deutschen Autoren des 18., 19. und 20. Jahrhunderts. Gewidmet: Pallas Athene.« Weibliche Griechenliebe. Jane Harrisons Sprachwunder. Virginia Woolf, »On not Knowing Greek«. Hilda Doolittle findet Helena in Ägypten.

Das Buch über die »Tyrannei Griechenlands über die Deutschen« war nicht der einzige Anlauf der Zeit zu einer malignen Ideengeschichte in Deutschland; im selben Jahr 1935 veröffentlichte auch der philosophische Anthropologe Helmuth Plessner seine Kritik unter dem später berühmten Titel »Die verspätete Nation. Über die politische Verführbarkeit bürgerlichen Geistes«. Wie schon zuvor Heinrich Heine und andere katholisch gewordene Denker machte auch Plessner das Luthertum für die Pathologien verantwortlich, die Deutschland mit Hitlers Aufstieg der Welt bescherte. Butlers Buch war aber die erste von einer Frau geschriebene Auslassung zum vitiösen Philhellenismus, also der Graekomanie, und die erste energisch deutschkritische Observation »germanischer« Griechenliebe – obgleich sie für ihre eigene britische Welt einen solche Rückblick auf die ständige Liaison mit Hellas ebenso gut hätte schreiben können. Ebenfalls 1935 erschien ja etwa auch von Sir Richard W. Livingstone eine Liebeserklärung an die griechischen Ideale, wenn auch ohne Berufung auf eine Helena. Livingstone war ein feuriger Hellenist, Oxford-Absolvent, ab 1920 im *Committee on the Classics* des Premierministers und zuletzt Präsident des Corpus Christi College. Seit 1912 warb er für die hellenische Sache, schrieb Bücher über das griechische Genie und seine Bedeutung für uns heute; über das griechische Vermächtnis und noch 1928 über die griechische Mission in der Welt. Noch 1944 sprach er in Cambridge über Platon und die moderne Erziehung, parallel zu Werner Jaeger, und beide konnten sich mit ihrer Begeisterung in einer großen philhellenischen Männergesellschaft seit hunderten von Jahren zuhause fühlen.

Elsie Butler arrangierte ihr Buch in diese Männerwelt hinein mit einigem Geschick. Allein schon das paratextuelle Entrée war raffiniert. Wer das Buch aufschlug, traf zunächst auf ein Frontispiz mit dem Bild der Laokoon-Gruppe aus dem Vatikan, und zwar eben der Fassung, die Winckelmann nach 1763 sehen konnte, also noch ohne den bekannten »Pollakschen Arm« und der Rekonstruktion der Figur im Jahr 1954. Auf diese Figurengruppe eines Vaters, der mit zwei Söhnen verzweifelt und mit leidverzerrtem Gesicht gegen zwei Schlangen kämpfen muss, hatte sich Winckelmann mit seinem berühmten Diktum von der »edlen Einfalt, stillen Größe« bezogen; doch damals hatte er wohl eine kleine Bronzenachbildung oder eben Gipsabgüsse vor Augen. Elsie Butler kommentierte es schmerzvoll, denn wer dieser ausdrucksvollen, realistischen und eben gar nicht mehr barocken Stilwelt so etwas wie Einfalt und Stille attestieren konnte, musste blind sein.

Auf das Frontispiz folgte im Buch der Titel samt vollständigem Untertitel: »Eine Studie über den Einfluss von griechischer Kunst und Literatur auf die großen deutschen Autoren des 18., 19. und 20. Jahrhunderts« von E. M. Butler, »Fellow and Associate of Newnham College«. Es folgten zwei weitere Mottoseiten in Wort und Bild. Wörtlich zitiert wird eine Szene aus dem bekanntesten Roman von Henry James, »Bildnis einer Dame« von 1881: »… er ließ sie allein in dem berühmten Raum, unter den glänzenden antiken Marmorstatuen. Sie setzte sich in den Mittelpunkt dieser Anwesenden, betrachtete sie flüchtig, während ihre Augen auf den schönen weißen Gesichtern ruhten und lauschte sozusagen ihrem ewigen Schweigen. Es ist, jedenfalls in Rom, unmöglich, eine große Gesellschaft von griechischen Skulpturen lange anzuschauen, ohne diese Wirkung ihrer edlen Ruhe zu empfinden; wie ein Altartuch vor der Zeremonie, so senkt sich der lange weiße Mantel des Friedens langsam auf die Seele …«

Der Schriftsteller Henry James, amerikanischer Herkunft, europäisch gebildet, war zwar mehr als vierzig Jahre älter als Elsie Butler, hatte aber wie sie in Bonn studiert und sich wie sie ausgiebig mit Goethe befasst, und wie sie empörte er sich über den Weltkrieg und die Rolle der Deutschen darin. Er plädierte für den Eintritt der USA in den Krieg, wurde 1915 sogar britischer Staatsbürger, starb aber schon ein Jahr später. Wann Elsie den Roman kennengelernt hat, ist unbekannt; aber die zitierte Stelle konnte sie natürlich schon in ihren Kursen um 1930 verwenden. Das Zitat belegt, wie still, wenn nicht sprachlos Winckelmanns »edle Einfalt« inzwischen geworden und wie tief andererseits »stille Größe« in den allgemeinen Bildungsschatz eingedrungen war und welche Art Gottesdienst sich damit assoziieren ließ. Ein »weißer Mantel des Friedens« lässt eher an stillen Schneefall denken denn an die Szene eines gequälten Laokoon oder gar an ein wütendes Meer, und sei es auch nur schäumende Oberfläche.

Die folgende Mottoseite im Buch wirbt dann mit einem Münzbild und der Widmung »To Pallas Athene« endlich für die eigene Stimme der weiblichen Autorin, die aus dem Geist der Stadtgöttin, der Göttin des Handels und damit der Realität sprechen wird, also ausdrücklich keine Frauengeschichte liefert, wohl aber unter ihrem Zeichen denkt. Danach das Inhaltsverzeichnis: Der enorme Stoff wird in acht Kapitel gegliedert; jedes behandelt einen graekophilen Typus, der sich im Lauf der Darstellung zumeist als unselig graekoman herausstellt und das Leben als Leidensgeschichte absolviert. Das beginnt mit dem unglücklich endenden Winckelmann als »Entdecker«; es folgen »Die Interpreten« Lessing und Herder; darauf Goethe als klassizistisch gehemmter »Schöpfer«, dann sein

»Antagonist« Schiller; dann der romantische »Märtyrer« und wahnsinnige Hölderlin, dann der unsäglich leidende »Rebell« Heine. Die historische Nachhut bilden, etwas zu eilig beschrieben, Schliemann, Nietzsche – noch ein Wahnsinniger –, zuletzt Spitteler und Stefan George.

Die nur drei Illustrationen im Buch gelten Winckelmann, Goethe und George; Winckelmann dargestellt von der damals bekanntesten deutschen Malerin in Rom, Angelika Kauffmann; Goethe mit dem berühmten Bild seines Malerfreundes Tischbein, aber nicht etwa in einer Griechenwelt, sondern eben »In der Campagna«. Andererseits hatte ja Tischbein die wissbegierige Welt schon um 1800 mit einer illustrierten Ausgabe der Odyssee versorgt, mit Abzeichnungen klassischer Bildnisse, auch von den Vasen. Eine dieser Zeichnungen zeigt Helena in Erwartung von Paris, ihrem angeblichen Entführer; aber hier wird er ihr zugeführt wie ein versprochener Gatte. Es ging also um eine Version der Sage: Wollte Helena freiwillig ihren Mann Menelaos verlassen, ihn womöglich mit Paris betrügen? Oder zeigten die Figuren nur ein göttliches Blendwerk, göttliche Helferlein auf dem Bild? Schließlich wollte ja Aphrodite ihren Günstling namens Paris mit der schönen Helena belohnen, weil dieser doch Aphrodite als schönste Göttin im Wettbewerb erwählt hatte. Selten lässt sich die Vielschichtigkeit des hellenistischen Erbes so gut studieren wie hier, man wähnt sich auf einem fliegenden Teppich der Narration, so dicht sind alle möglichen Fäden aus Realität und Dichtung, Kunst und Religion, Sünde und Tugend, Handel und Gewerbe ineinander verwoben. Denn das Bild auf der Vase wurde ja nicht erst durch Tischbeins Abzeichnung bekannt; die Vase kam angeblich von Neapel nach Rom und war dort mit Hilfe der Inschriften auch vorläufig entziffert worden. Vielleicht stammte sie aus der Sammlung von William Hamilton – hatte wohl dessen Frau sich jemals als eine solche Helena gezeigt, die sehnlich einen Paris erwartete, obgleich sie doch mit einem viel älteren Mann verheiratet war? Wenn ja, konnte es eine Anspielung auf das Erscheinen von Admiral Nelson gewesen sein, den Lady Hamilton noch zu Lebzeiten und mit Zustimmung ihres Mannes kennen und lieben gelernt hatte.

Ähnliche Verflechtungen finden sich auch bei Butlers drittem Bild: Stefan George, mit einem Foto der Büste, die der Dichterjünger Ludwig Thormaehlen von ihm gestaltet hatte, der nun laut Bildlegende auch persönlich die Genehmigung zum Abdruck gab: vermutlich ohne Kenntnis des streitbaren und hochkritischen Buchinhalts. Thormaehlen, ein Mann des 20. Jahrhunderts, zeigte George in dessen Lieblingspose im berühmten Danteprofil, mit unhellenischer Renaissancefrisur. Gut möglich, dass die im Buch erwähnte »persönliche Genehmigung zum Abdruck« über Elsie Butlers Schwester Kathleen kam, die als Romanistin in Cambridge jahrelang Kurse zu Dante abhielt. Ob sie mit den Meinungen ihrer Schwester einverstanden war, ob sie George schätzte, ist nicht bekannt.

Butlers Goethekapitel umfasste im Buch fast siebzig Seiten und war damit das umfangreichste. Sie begann chronologisch mit ihrem Lieblingsmotiv, Goethes stürmischer Jugenddichtung »Prometheus«, der als Titan dem Göttervater Zeus verächtlich stolz begegnet, um selber Menschen zu erschaffen. Nach Prometheus besprach sie den anders stürmischen »Werther«, den großen Liebenden, dessen idyllische Homerlektüre Butler schildert, wie sie von Goethe gemeint war, als ein selbstvergessenes Einsinken in eine seelische Heimat, die doch ungreifbar bleibt. Ein paar Jahre später folgt mit »Iphigenie« (1778/89) die griechische Lieblingsgestalt Europas, nicht nur der Deutschen. Diese Iphigenie: entführt in das Land der barbarischen Skythen, wartet am Strand von Tauris auf ihre Befreiung, und eben in dieser Attitude, als heimwehkranke hohe Frau, »das Land der Griechen mit der Seele suchend«, wurde sie von einem begeisterten Publikum zur personifizierten Humanität verklärt. Diese deutsche Iphigenie bringt den Skythen das Ende der Menschenopfer, besänftigt den ohnehin verliebten König und rettet den sündigen Bruder Orest. Trotzdem hält Butler sie für eine hochdeutsch züchtige Erfindung, an Goethes komplizierte Liebe zu einer Frau von Stein geknüpft, die schon mit ihrem Namen Erstarrung verrät. Erst mit der Italienreise gewinnt Goethe das volle Leben; mit dieser Meinung stand Butler damals natürlich nicht allein, auch wenn sie den späten literarischen Niederschlag, die »Italienische Reise«, wieder trocken und langweilig fand. Nur Goethes erste Begegnung mit dem Meer bei Venedig, seine Beschreibung von Muscheln und Krabben am Strand, fand Gnade vor ihren Augen, es sei die beste Passage des Ganzen. Wenig überraschend war dann für sie Goethes missmutige Konfrontation mit dem Katholizismus in Rom, in der Stadt des angebeteten Winckelmann, der doch eigens aus Liebe zur Kunst katholisch geworden war. Goethe kompensierte diesen Verlust an Metaphysik für sich selbst mit der geradezu wärmenden Idee des Dämonischen, die er selber zunächst im Geiste des Sokrates völlig positiv, als inspirative Kraft, als Hüter der Kreativität gedeutet hatte. Nach 1800 aber, sagt Butler, lässt er sie immer mehr schrumpfen, bis sie in Form des künstlich erschaffenen Geschöpfes namens »Homunkulus« in Faust II endlich gebannt erscheint. Vor lauter neckischen Umtrieben dieser Figur vergisst man beinahe, dass es doch immerhin eine prometheische Erfindung war, eine Herausforderung der Götter von einem titanischen Nachfahren namens Faust. Eingesperrt in einer Glasphiole, wenn auch leuchtend im Abenteuer und auf der Suche nach sich selbst, zerspringt dieses Geschöpf schließlich als blitzendes Feuerwerk und ergießt sich ins Meer, als buchstäblicher Ur-Sprung der Helena. Diesem Meer, dieser Ägäis, widmet Goethe in Faust II ein poetisches Wimmelbild sondergleichen, er erlaubt es Geschöpfen aller Art sich zu tummeln wie in einer erlösten Arche Noah, bevor Faust und Helena einander ungemein würdig begegnen können.

Butler meint: so theatralisch inszeniert auch immer, ist diese Begegnung eben doch nur eine allegorische. Immer geht es dabei um Goethes horrende Sehnsucht nach Winckelmanns Griechenland. Den eigenen kreativen Furor hält er in Schach mit immer neuen Würdigungen des Kunstlehrers. Sein Nachruf auf den Erfinder der »Edlen Einfalt, stillen Größe«, mittels derer fortan hellenische Kunst in das Leben der europäischen Gegenwarten hineinreichen sollte, erschien 1805, nachdem schon der größte Teil der Helena-Verse entstanden und Faust I unterwegs zur gedruckten Fassung von 1808 war. Kunstmäßige Adoration und zu viel innere Gefasstheit, wenn nicht Kälte will Butler hier beklagen, den Verlust an Lebendigkeit und Abgründigkeit im Umgang mit dem literarischen Faust. »Helena«, Goethes dann Jahre später erschienene »Klassisch-Romantische Phantasmagorie« von 1827, sei das Werk eines mürbe gewordenen Dichters, welcher der Liebe seiner Leipziger Jahre zur Alchemie, zur Magie, zum Pomp der höllischen Unterwelt samt allen erdenklichen unter- und übernatürlichen Praktiken abgeschworen und in einen lahmen Klassizismus überführt habe. Nur recht, meint seine Biographin rund hundert Jahre später, dass ihm mit seinem Teufelszauber um Helena schließlich doch nur die Kleider der schönen Frau in Händen zurückbleiben.

So bereits ihre Darstellung von 1934, ein Jahr vor dem Buch, im Vortrag vor der Goethe-Gesellschaft in London. Freunde dürfte sie sich damit nicht gemacht haben. Denn schon ihre letzten Bücher waren unbeliebt bei der germanistischen Zunft, schon die Studie über Fürst Pückler, dann die romanhafte Darstellung des englischen Theaterdichters »Sheridan« 1931. Jedenfalls gelang es ihr nicht, zu Goethes Todestag 1932 etwas zu platzieren; das übernahm damals ihr Lehrer Robertson mit einer Goethe-Monographie. Hitlers Machtübernahme konnte er vielleicht noch vor seinem Tod im Mai 1933 wahrnehmen, aber zu diesem Zeitpunkt war Elsie Butler schon in ihrem neuen Thema unterwegs.

Ihre Seminarthemen in Newnham zeigen, dass sie damals außer Hölderlin auch schon Carl Spitteler diskutierte: eben jenen schweizerischen Poeten, von Romain Rolland 1919 erfolgreich zum Nobelpreis vorgeschlagen, der mit seiner monumentalen Versdichtung »Olympischer Frühling« 1905 eine wüste, tragikomische Schlacht zwischen Göttern und Menschen, Modernen und Alten, melancholisch und in reicher Sprachkunst ins Spiel gebracht hatte, wohl als Reflex auf Richard Wagners schlimmen Götterhimmel. Butler rühmt im Buch seine aufsässige Phantasie, den Sinn für Schönheit, Individualität und schließlich auch für Regeneration nach allem, was an Bosheit und fatalem Schicksal in das Leben eingreift. Daher der Titel »Olympischer Frühling«. Bei Spitteler werden aus den Göttern Helden und damit menschenähnliche Geschöpfe und damit wiederum Teilnehmer an der irdischen Realität. Genau hier kommt dann doch wieder Butlers Kritik: Die letzte Antwort auf Spittelers mythologischen Kosmos sei Verleugnung von dessen Realität. Die Götter und Göttinnen *wirken* real, auch ihr Universum *wirkt* schrecklich wahrhaftig; aber diesem genial ersonnenen Makrokosmos fehlt das letzte Gran von Glaubwürdigkeit. Poesie, sagt Butler, soll die Welt interpretieren, aber diese Welt muss eben auch real vorliegen. Spittelers »Olympischer Frühling« sei bei allem Sinn für Realismus schlicht realitätsfern. »Fesselnd, exotisch und doch steril, ist es vielleicht die befremdendste poetische Gabe der deutschen Literatur an unser unmythologisches Zeitalter.«

Bei aller Treue zur Germanistik: Mit ihrer kritischen Einstellung krönte Elsie Butler natürlich auch eine nicht mehr ganz junge weibliche Tradition der Griechenliebe. Es gab legendäre Frauen wie Anne Dacier, die schon um 1700 Homer ins Französische übersetzte, es folgten Lady Montagu und Lady Craven, die beide schon im 18. Jahrhundert Reiseberichte und Briefe aus Griechenland und dem Osmanischen Reich schickten; und erst recht im 19. Jahrhundert brachen abenteuerlustige Frauen aus der sapphischen *community* auf, oder auch Frauen im Dienst der Kirchen, die dem jungen Staat zur Seite standen. Britische Dichterinnen wie die Schwestern Brontë, George Eliot, Michael Field (Pseudonym zweier Frauen) und Hilda Doolittle begeisterten sich teils auch ohne Reisen für den hellenischen Traum oder die Realität einer griechischen Nation, und das nicht nur in England, wie Freuds Tochter Mathilde bewies; und unerschrocken neugierige Mädchen lernten selbst gegen den elterlichen Willen Griechisch bei den Hauslehrern ihrer Brüder. Bis aber Frauen zu einem regulären Studium der *classics* zugelassen wurden, vergingen zwei Drittel des 19. Jahrhunderts; als Girton und Newnham College ihre Tore für die Schwestern der Brüder öffneten, war das ein Triumph – und zwar letztlich der Französischen Revolution, die auf die Gleichberechtigung der Geschlechter gedrungen hatte.

Ermunterungen zur selbständigen, neugierigen, lernwilligen Existenz müssen von Eltern oder Lehrern kommen; bei Elsie Butler spielte die 35 Jahre ältere Jane Harrison diese Rolle. Harrison, Jahrgang 1850, war die erste englische Hellenistin, die nicht nur studiert und doziert hatte, sondern auch akademische Karriere in den sogenannten *classics* machen konnte. Ihre landesweit bekannte Arbeit zur Vasenmalerei im Britischen Museum führte sie schließlich zu einer Forschungsgruppe, die angeregt vom britischen Religionsforscher James George Frazer der altgriechischen Ritualgeschichte nachging. Harrisons wichtigste Lehrer vor 1900 kamen freilich aus Deutschland; sie hatte Nietzsche begeistert gelesen, sie bewunderte Heinrich Schliemann und war mit dessen Nachfolger Wilhelm Dörpfeld befreundet. Auch schätzte sie die Namensträger Curtius in der Geschichte der Archäologie: neben Ernst Robert Curtius auch dessen Großvater Ernst, den Entdecker von Olympia, und sie kannte womöglich auch den Namensvetter Ludwig Curtius, Direktor des Deutschen Archäologischen Instituts in Rom ab 1928.

In eben diesem Jahr aber starb Harrison in London, wohin sie nach sechs Pariser Jahren schwer krank zurückgebracht worden war. Wie Elsie Butler auf diesen schmerzlichen Verlust reagiert hat, lässt sich nicht unmittelbar belegen. Wohl aber setzte sie ihrer Lehrerin 1950 in der BBC, und erneut in der Autobiographie, ein leuchtendes Denkmal zum hundertsten Geburtstag. Es war ein Nachruf der Germanistin gerade nicht auf die berühmte Religionsforscherin und Gräzistin, sondern es war eine Hymne auf die russophile Sprachlehrerin 1917 in Newnham: »Ich begann Russisch zu lernen als ersten Schritt, um mit dem Roten Kreuz oder sonst wie nach Russland zu kommen. Der Sprachkurs befeuerte meine Absicht sehr, denn ich war in die Sprache verliebt, kein Wunder, denn Jane Harrison lehrte mich. Ich hatte Deutsch bis in die Poren gelernt durch Hannover, und es wurde mir fast zu zweiten Muttersprache in Reifenstein. Ich hatte in Paris gründlich Französisch gelernt und Italienisch von einer Einheimischen privat. Später erhielt ich einige Kenntnis des gesprochenen Serbisch, was mir ein jugoslawischer Offizier in Bessarabien einhämmerte; und wiederum später gab mir eine Zigeunerin in Granada Konversationsstunden in Spanisch. Doch niemand hat mir jemals eine Sprache so zuinnerst beigebracht wie Jane. Mein Geist erwachte aus dem Winterschlaf des Krieges und ließ das Feuer überspringen. Der fruchtbare Boden, aus dem eine reiche Sprache entspringt, wurde blank vor mir ausgebreitet. Er wurde durchsichtig; und ich sah mich ungläubig und bezaubert direkt auf die Wurzeln blicken, diese kleinen harten Keime, umgeben von lauter Bedeutungsschichten, kleine Triebe hinauf, hinunter und seitwärts in linguistische Feigenbäume schießend. Die intellektuelle Schönheit der Partikel – so Jane – war eine andere Offenbarung. Wie geheimnisvoll wirkten sie auf die von ihnen regierten Wörter. Sie konnten sie vertiefen oder abdunkeln oder erleuchten oder sie seltsam verdrehen oder sogar ausradieren, so dass nur noch die Kraft der Vorsilbe blieb, eine feine, eindringliche, schwer zu fassende Einheit. [...] Noch immer sehe ich Jane an ihrem Pult sitzen, ihr schwarzes Tuch um die Schultern geschlungen, mit einem konzentrierten und sibyllinischen Gesichtsausdruck, während sie den Unterschied zwischen Perfekt und Imperfekt erklärte und mir etwas vom slawischen Geist dämmerte.«

Nicht nur dieses phantastische Sprachfeuer muss Elsie Butler, Harrisons aufgeregtes Kind von damals fast dreißig Jahren, begeistert haben. In das schwärmerische Lob der Sprache floss natürlich auch die Begeisterung für die Religionswissenschaftlerin, Archäologin und Anthropologin, die 1917 längst ihre Hauptwerke vorgelegt hatte. 1903 erschienen die »Prolegomena to the Study of Greek Religion«, in denen sie das Verhältnis von Ritus und Mythos neu bestimmte. Wie Heinrich Schliemann und sein Kollege Victor Bérard aus Paris glaubte sie, dass alle kulturellen Darstellungen auf eine gemeinsame Lebenswirklichkeit zurückgingen, Betonung auf »Wirklichkeit«. Zwischen 1903 und 1912 entwickelte Harrison gemeinsam mit ihren Kollegen F. M. Cornford und Gilbert Murray die sogenannte »Cambridge Ritual Theory«, der zufolge die griechische Tragödie einem vorhandenen und praktizierten Jahresritual folgte. Für Harrison stand dabei zunehmend im Mittelpunkt der Ritus zu einer jahreszeitlichen Erscheinung vom sterbenden und auferstehenden Gott, sie nannte ihn auch den »Daimon«, um dessen Beschwörung es in ackerbaulichen Gesellschaften gehen musste. Das abschließende Werk »Themis« von 1912 vereinte als »Studie über die sozialen Ursprünge der Religion« alle drei Autoren in dieser neuen Vision, die mit Themis, der Mutter der Horen, eine Übermutter der sozialen *checks and balances* im alten Griechenland exponierte. Themis, die personifizierte Gerechtigkeit und Ordnung, der Schutzgeist der göttlichen Gesetze, mit der Waage der Gerechtigkeit, aber auch dem delphischen Orakel versehen; eine Ahnfrau dessen, was später unter dem Begriff des »prepon« oder »aptum«, zu deutsch »Angemessenheit«, in die rhetorische Stilistik eingehen sollte.

Natürlich hatte Elsie Butler sich mit all diesen Dingen beschäftigt, aber sie hatte niemals *classics* studiert, niemals Altgriechisch gelernt und also auch nie etwas einschlägig publiziert. Selbst das Buch, mit dem sie dann berühmt wurde, »The Tyranny of Greece over Germany«, scheut vor jeder allgemeinen Aussage über Hellas zurück, sondern spiegelt nur, wenn auch sehr kritisch, was deutsche Dichter und Denker darüber sagten oder wie sie es in ihre eigenen Denkwelten einfügten. Dass Butler aber natürlich dennoch tief in der hellenistischen Sphäre zuhause war und sein wollte, lässt sich an den von ihr verwendeten Leitbegriffen von Harrisons Lehre erkennen: der »Daimon«, den Butler erst bei ihr, dann bei Zweig und bei Goethe fand, die Betonung der Rituale im magischen Kontext des Faust. Aber last but not least kam von Harrrison auch die ausgeprägte Deutschenfeindschaft, die durch den Einmarsch der Wehrmacht in Athen 1941 nicht weiter ansteigen konnte.

Wie tief das Denken in hellenistischen Horizonten Elsie Butler beherrschte – womöglich tyrannisch? –, springt auch aus einer Episode von »Paper Boats« 1959 nachgerade blitzend heraus. Auf einer Reise nach Athen im Frühjahr 1929 begegnete ihr auf dem Bahnhof in Mailand ein etwa siebzehnjähriger, zierlicher Junge namens Larry, ein echter Jockey, der nach Athen in den Rennstall eines amerikanischen Millionärs kommen sollte. Die beiden verpassten erst den Zug nach Brindisi und dann auch die Fähre nach Athen. Sie mussten zwei Tage miteinander auskommen, der Junge klebte an der würdigen Britin, weil er kein Italienisch verstand und kein Geld hatte, er spielte den Sohn und fiel insgesamt sehr lästig. Und doch, meint Butler rund zwanzig Jahre später, geschah nach der Ankunft in Athen und dem Aufstieg auf die Burg etwas Überraschendes: »Was hätten die Karyatiden bloß mit Larry angefangen? fragte ich mich vor dem Erechtheion am kommenden Tag. Vor meinem inneren Auge sah ich den absurden kleinen Jockey mit gespreizten Beinen in seinen Stiefeln, wie er mit aufgerissenem Mund zu ihnen hochstarrte und ›Cor!‹ schrie, während sie milde auf ihn herab lächelten. Aber plötzlich war mir völlig klar, dass genau dieser Larry zur Akropolis gehörte – dagegen Stefan Georges gottgleicher Junge Maximin, in seiner schlichten blauen Tunika, mit Veilchen im Haar, eben nicht. Er war ein Fake, und Larry absolut real. Er hatte mich das Erechtheion mit ganz andern Augen sehen gelehrt. Heine hätte ihn verstanden; bestimmt wäre er entzückt gewesen und hätte ihn eiligst zu seinem Pantheon der Götter im Exil gebracht. In Goethes goldenem Zeitalter wäre er niemals zugelassen worden. Der Mantel der klassischen Humanität hätte den armen Larry niemals bedecken können.«

So humorvoll die ganze Episode von Elsie Butler rückblickend geschildert wurde – es war doch genaugenommen eine unerhörte Replik auf Sigmund Freuds Loch-Ness-Erlebnis auf derselben Akropolis, geschildert in einem ebenfalls drei Dezennien alten Rückblick. Kein Ungeheuer war ihr begegnet wie Freud, aber auch keine weltenthobene Kunstgestalt. Der kleine Jockey war vielmehr ein verkleideter Dämon im Sinne Harrisons, eine Sohnfigur, und er hatte sie wundersam in eine archäologische Wirklichkeit entführt. Was immer Elsie Butler zwischen 1929 und der späteren Niederschrift ihrer Erinnerungen aus der griechischen Archäologie gehört hatte: Tatsächlich hatte man ein Jahr vor dieser Reise des ungleichen Paares herrliche antike Bronzen in einem Wrack vor Kap Artemision entdeckt; der Fund wurde 1928 umständlich aus dem Meer geborgen, analysiert und aufmerksam in den Zeitschriften kommentiert. Butler könnte davon gelesen oder gehört haben, falls sie nicht doch über das zweite Gesicht verfügte. Denn es handelte sich tatsächlich unter anderem um ein Pferd und einen Jockey. Das Pferd war in Teile zerbrochen, die sich aber zusammensetzen ließen, der zierliche Jockey lag an anderer Stelle, wurde aber schließlich als zugehörig entdeckt. Beide Stücke stammten nach heutigem Forschungsstand aus verschiedenen Jahrhunderten, das Pferd aus der klassischen Zeit des 5., der Reiter später hinzugefügt aus dem 2. Jahrhundert, also bereits aus der hellenistischen Epoche. Das Ensemble wurde bis 1937 vollständig geborgen und steht mit seiner ganzen hinreißenden Dynamik seit 1972 in einem eigenen Raum im Archäologischen Nationalmuseum in Athen.

Hat Butler diese Ausgrabung bis zum Schluss verfolgt? Oder hat sie rückblickend einen Subtext angefertigt, der sowohl die hellenische, hoch vitale Lebenswelt mit Pferderennen und Jockeys im Sinn hatte als auch die dazugehörige Kunst, die hier, 1928, gerade vor aller Augen *aus dem Meer auftauchte* – wiederum also auftauchte aus dem Meer, wie Winckelmanns »stille Einfalt« oder wie Helena in der Klassischen Walpurgisnacht aus der brausenden Ägäis. Ganz gewiss war Butlers autobiographisch erinnerte Episode ein Subtext gegen die verklemmte literarische Imagination eines Stefan George samt Riefenstahls Götzendienst am NS-Hellenismus. Die ganze Episode spielte wie auch das ganze Buch gegen die Tyrannei, mit den komplexen Linien ihres eigenen, subjektiven Denkens, einem Denken in Verflechtungen. Furchtlos, ja intellektuell übermütig, vernetzte sie die Gegenwart des Leibes mit der alten Griechenwelt, deren Realität, Tradition und Rezeption, aber auch mit der eigenen Psyche und deren Unterwelt; etwas hochmütig konfrontierte sie immer wieder den nicht vorhandenen deutschen *common sense* mit einem womöglich misslungenen kulturellen Überbau.

Die »gräcisierenden Gespenster« (Nietzsche) auszutreiben war Butler angetreten, und obgleich sie diesen speziellen Exorzismus als Erste an den Deutschen betrieb, war sie doch nicht die erste Wächterin am Tor zur lebendigen Wirklichkeit. Harrisons Sprachleidenschaft, oder mindestens die Leidenschaft für die gesprochene, lebendige, hörbare Sprache war ja um die Jahrhundertwende schon längst ein Topos der nationalen Erregungen. Nicht nur hatte der dämonische Historiker Fallmerayer 1830 den Sprachstand zur Kriegspolitik erhoben, und nicht nur hatte sich Heinrich Schliemann rund zwanzig Jahre später fanatisch ins Griechische alt und neu verliebt; das Land um 1900 war in bürgerkriegsartige Kämpfe um die Dimotiki verwickelt und durfte nicht einmal die Bibel in verständlicher Schrift lesen. In diese Schlacht oder eine Variante davon griff dann auch die schon damals berühmteste englische Autorin ein, Virginia Woolf. Mit ihrem Essay von 1925 »On Not Knowing Greek«, »Über die Unkenntnis des Griechischen«, lieferte sie ein glanzvolles Stück Hochironie; eine erste weibliche Attacke auf den hellenistischen Männerbetrieb des eigenen Landes. Denn obgleich schon eine ganze Reihe von Frauen sich in Girton und Newnham in den sogenannten *classics* bewährt hatten, verfügten sie noch längst nicht über alle Möglichkeiten dieses Studiums. Noch immer lernten die Jungen die alten Sprachen viel früher als Mädchen; und um 1920 über die »Nichtbeherrschung« des Griechischen einen brillanten Essay zu schreiben zeugte wahrhaft von Selbstbewusstsein. Denn dieser Titel spielte natürlich an auf die weithin bekannten Texte des hochberühmten Klassizisten Matthew Arnold von 1861, auf seine drei Vorlesungen, die noch 1896 als Volksausgabe erschienen und gewiss in allen Colleges präsent waren. »On Translating Homer«, »Über das Übersetzen von Homer«, war ein Plädoyer des damaligen Oxford-Professors gegen die Übersetzungen seiner Zeit, vor allem in Prosa, wie Jahrzehnte später etwa von Samuel Butler. Arnold erklärte, dass man niemals auf ein britisches Publikum wirken könne wie einst Homer auf sein Auditorium: »for this simple reason that we cannot possibly tell how the Iliad affected its natural hearers.« – »aus dem einfachen Grunde, dass wir nicht wissen können, wie die Ilias auf ihre lebenden Zuhörer gewirkt hat.« Wenigstens Hexameter sollte man dichten, nach dem deutschen Vorbild von Johann Heinrich Voss, meinte Arnold.

Virginia Woolf wird das Buch im College oder später gelesen haben. Als eine der wenigen fortschrittlichen Schülerinnen hatte sie schon früh Griechisch gelernt, auch wenn sich ihr Interesse dafür nicht herumsprach. Als ihr Neffe Quentin Bell viele Jahre später

Virginias Reise nach Griechenland aus dem Jahre 1906 schilderte, fiel sein Urteil geradezu schäbig aus: »Ihre Reaktion auf Griechenland war weitgehend die, die im Jahre 1906 von einer gebildeten jungen Dame zu erwarten stand. Byzantinische Kunst existierte für sie nicht, und für die Kunst des fünften Jahrhunderts hatte sie keinen Sinn; die modernen Griechen waren ihr gleichgültig; die unzivilisierten Walachen auf dem Besitz der Noels in Achmetaga zog sie ihnen vor. Aber wie immer interessierten sie die anderen Hotelgäste, und sie dachte sich über sie Geschichten aus.«

Quentin Bell überging den durchdringend gebildeten Essay über griechische Dramatik und Epik und Philosophie, den Virginia inzwischen verfasst hatte; dessen Titel mochte zwar aus dem Mund einer Frau kokett klingen, bedeutete aber in Wahrheit normative Kritik im Sinne von Arnold, also aus höchster Instanz. Oder war das Ganze ohnehin von Harrisons Sprachleidenschaft inspiriert? Auch Virginia Woolf war ihr herzlich befreundet, sie wusste gewiss von den Russischkursen in Newnham, wo sie ihren eigenen Text vortrug, und sie publizierte Harrisons Lebenserinnerungen »Reminiscences of a Student's Life«, »Erinnerungen aus dem Studentenleben«, im selben Jahr 1925 in ihrem Verlag Hogarth Press, wo später auch Elsie Butlers Erzählung »Daylight in a Dream«, »Tageslicht in einem Traum«, und ihre Heinebiographie erscheinen sollten.

Niemand weiß, wie die Griechen gesprochen haben, schrieb Virginia Woolf also nun, »denn wir wissen nicht, wie die Worte klangen, oder wo genau etwa gelacht werden sollte, oder auch wie die Schauspieler agierten, und zwischen diesem fremden Volk und uns gibt es nicht etwa nur einen Unterschied der Rasse und der Sprache, sondern einen riesigen Bruch zwischen den Traditionen. Umso seltsamer ist doch, dass wir das Griechische lernen möchten, kennen möchten, für immer zu ihm zurückkehren und uns einen Begriff machen möchten, wie dürftig und bei welcher hauchdünnen Ähnlichkeit zum wirklichen Griechisch auch immer, wer weiß?«

Zwar könne man sich in griechischer Landschaft sofort eine griechische Tragödie vorstellen, beim ewig selben Klima; aber Sophokles in England, bei Rauch und Nebel und dicker nasser Luft, wäre undenkbar; schon die italienische Szene wäre besser, wo jedermann auf der Straße lebt und redet und agiert. Wieder und wieder evoziert Woolf die gewiss einst existente lebendige griechische Wirklichkeit, die aber doch ungreifbar und ewig vergangen sein müsste – gäbe es nicht diese Texte, die uns immer wieder zu dieser Welt zurückholen, aus gutem Grund, endet sie ihre Mahnung, denn »zu den Griechen wenden wir uns, wenn wir krank von der Vagheit, der Verwirrtheit des Christentums samt seinen Tröstungen sind, und unserer eigenen Zeit.«

Auf wenige Zeitgenossinnen traf dieser letzte Satz nun besser zu als auf eine fragile amerikanische Dichterin namens Hilda Doolittle, damals längst auch in London ansässig und legendär mit ihrem geradezu antikischen Werk, rätselhafte Prosa und Lyrik, inspiriert von der hellenistischen Begeisterung der englischsprachigen Elite, besonders von der sapphischen. H. D., wie man sie nannte, wurde einige Jahre vor dem Ersten Weltkrieg Mitglied der avantgardistischen Dichtergruppe der sogenannten »Imagisten« mit Ezra Pound, einem ihrer ersten Freunde, zusammen mit William Carlos Williams, James Joyce und anderen Berühmtheiten der Zeit. Ab 1910 lebte sie in England, übersetzte aus dem Werk des Euripides und reiste ab 1920 mit ihrer lebenslangen Beschützerin und Freundin Bryher (Annie Ellerman) immer wieder nach Griechenland. Angeblich schätzte sie Samuel Butlers These von Nausikaa als Autorin der Odyssee und bedichtete ihrerseits mythologische Szenen aus der Ilias.

1928 erschien in Dresden eine »ägyptische Helena« von Richard Strauss und Hugo von Hofmannsthal auf der Opernbühne; aber H. D. verfasste schon vorher ihr erstes Gedicht über die trojanische Gestalt und porträtierte sie als meistgehasste schöne Frau der Griechen. »All Greece hates / the still eyes in the white face«: diese Helena, Tochter des Zeus, die dieser als Schwan mit der Königstochter Leda zeugte. Helena war bei der Geburt aus dem Ei also gleich doppelt mit der Farbe weiß gesegnet – oder geschlagen. Im Gedicht erscheint sie nicht nur mit weißer Haut, sondern fahl und bleich, und sie findet ein Ende als aschgraues Häufchen. Auf diese antike Helena kam H. D. nach dem Zweiten Weltkrieg wieder zurück, in einer chorstrophigen buchlangen Dichtung, die heute manchen als ihr Meisterwerk gilt: »Helen in Egypt«, »Helena in Ägypten«, eine enorme Synthesis von griechischen und ägyptischen Traditionen, die seit der Antike bekanntlich den Hermetismus befeuerten.

Elsie Butler lernte die Dichterin Anfang der dreißiger Jahre durch einen Streitfall kennen; sie war erzürnt über die Erzählung »Silver Wings«, die Butler unter dem Druck ihrer aufsässigen Träume veröffentlicht hatte. H. D. fand sich darin plagiiert. In »Paper Boats« berichtet Butler über diese Episode und behauptet, nie zuvor etwas von H. D. gelesen zu haben – es habe eine Koinzidenz auch mit anderen Lesern gegeben –, und damit hatte es wohl sein Bewenden. Jedenfalls sind Briefwechsel zwischen den beiden Frauen (bisher) nicht bekannt oder vorhanden, obgleich sich beide zur Hitlerzeit mit Okkultismus befassten. Wenn schon nicht in einschlägigen Zirkeln, so hätten sie also einander in der Warburg Library treffen können; denn anders als bis vor kurzem geläufig, stand im Zentrum von Aby Warburgs großer Bibliothek nicht etwa das hellenische Erbe, sondern die orientalisch beherrschte Welt der Magie. Jedenfalls führten die 1930er und 1940er Jahre die labile H. D., die schon unter dem Ersten Weltkrieg schwer gelitten hatte, erst recht mit Hitlers Machtantritt, häufig in psychoanalytische Behandlung, 1933 sogar bei Freud persönlich; später widmete sie ihm ein ganzes Buch. Mit ihrer hellenistischen Inspiration, mit ihrem eigenen »geheimen Hellas«, war sie vielleicht die ideale Patientin auf dessen begrifflicher Weltbühne.

ZEHNTES KAPITEL
1935 bis 1941

Elsie Butlers Meeresbild. Das »ozeanische Gefühl«. Griechenkult als Religionsneurose. Luther gegen Buddha. Indiens lebendiger Gottesdienst. 1937 Eduard von der Heydt, der Indienfreund. Rilke und der Monte Verità. Faust im Ausland. Das DAI in Athen.

Freuds ideellen Pakt mit der Antike kannte Elsie Butler, als Freundin des Bloomsbury-Kreises, sicher schon seit den 1920er Jahren, auch wenn sie nicht darüber sprach oder schrieb; vielleicht auch, weil sie sich einer regelgerechten Psychoanalyse verweigerte und literarischen Lösungen mehr zutraute. Zwei Erzählungen hat sie zur eigenen Beruhigung verfasst: neben »Silver Wings« auch »Daylight in a Dream«, beide 1951–1952 in der Hogarth Press gedruckt, aber gewiss viel früher entstanden. Umgekehrt wirkte Butlers Ideengeschichte bei aller Polemik mit ihrem besorgten Unterton streckenweise wie eine therapeutische Kasuistik, eine ausgedehnte Krankengeschichte deutschen Denkens, und dies, obgleich sie den wirklich pathologischen Gipfel des Ganzen, Kleists »Penthesilea«, überging. War dieses ungeheure Stück über die in den griechischen Feind verliebte und ihn brutal zerstörende Amazonenkönigin nicht ein diabolisches Vexierbild von Faust und Helena, ein Rachestück für Helena? Wie auch immer: In ihrem Buch befasste sich Butler nur sparsam mit den Kindheitserlebnissen ihrer Protagonisten, wie es die orthodoxe Psychoanalyse verlangt hätte, hingegen mächtig mit der sonderbaren Kindlichkeit der Deutschen.

»Ich stelle mir die Welt der Menschen als eine Sorte von Kindern vor«, so begann ihr Buch, »ausgesetzt auf einer Insel harter Fakten; die meisten graben mit dem Rücken zum Meer im Sand oder bauen etwas daraus. Sie zanken viel, bringen weit weniger zustande, und das wenige wird oft völlig oder teilweise von den Wellen wieder zerstört, so dass sie an anderer Stelle von vorn beginnen müssen. Die Abenteuerlustigen gehen zum Strand, wo sie herumpaddeln und waten oder sogar schwimmen. Die Erfinderischsten bauen Boote, auf denen die Mutigsten aufs Meer hinausfahren, die aber auch wieder zurückrudern, wenn Wasser ins Boot dringt oder es kentert.«

Wieder andere, fuhr sie fort, halten sich aber von alldem fern, starren bewegungslos auf das Meer, wie verzaubert von seinem Geheimnis, seinem Wunder und seiner Bedrohlichkeit. Zwar sind sie weniger besitzergreifend als die andern, aber etwas Brütendes in ihrem Blick und etwas Steifes in ihrer Haltung lässt sie weniger lebenstüchtig auf dieser Insel erscheinen als die andern, aber solange sie nur träumen, bleiben sie unbemerkt.

So das einleitende Porträt der Menschheit in Elsie Butlers Buch von 1935. Für eine akademisch historische Arbeit war es ein ungewöhnlich unhistorischer, geradezu kinderpsychologischer Eingang, eine exzentrische Perspektive; für Kenner der Materie hingegen eine geniale Synthese. Man konnte dabei an den berühmten Meeresvergleich aus Winckelmanns erster Schrift denken, deren attische Ästhetik wilde Gefühle angeblich nur wie ein tosendes Meer an der Oberfläche zeigt, während die Tiefe stoisch beruhigt bleibt. Andere Leser von Butler konnten aber auch an den alternden Faust denken, der dem Meer als einer rasenden Gewalt das stille Land abtrotzen möchte und am Ende dabei schuldhaft scheitert. Nicht in der Tiefe kommt man zur Ruhe, sondern auf einem Festland, war dann die Devise.

Butler ruft beide Allegoresen auf und setzt ihnen zugleich eine dritte, realistische Lesart entgegen. Land und Meer bieten Grundlagen unseres Daseins; die Menschheit lebt auf der Schwelle, am Strand. Wer am Strand, auf der Schwelle lebt, hat die Wahl. Manche

Nationen entscheiden sich für das Meer und sind darin Meister, andere dilettieren darin und wieder andere versanden. Butler zeichnete für ihr literarhistorisches Werk offenkundig zwei Nationalcharaktere, die sich schon längst und jenseits der Literatur figuriert hatten, nämlich England und Deutschland. Zur einen gehörte die Odyssee, zur andern die Ilias; die eine ist seetüchtig, kann navigieren und hält dem wilden Meer stand; die andere, vielleicht wasserscheu, will eher raketentüchtig ins Weltall; die eine ist pragmatisch und lässt sich von Niederlagen nicht stören, die andere steht schreckgebannt, starrt auf das Ungeheure und brütet etwas aus. Ob sich der deutsche Jurist Carl Schmitt von diesen Eingangssätzen inspirieren ließ, als er 1942 seinen Essay über »Land und Meer« verfasste? Natürlich las er die kleine Parabel ganz gegenläufig, aber die Widmung an seine Tochter Anima behielt doch einen Hauch kindgemäßer Erzählung.

Assoziieren konnte man mit Butlers Wasserallegorie sogar noch eine ganz andere, nicht britische Szene, nämlich die jüngste Auseinandersetzung Sigmund Freuds mit dem Philhellenen Romain Rolland, dem französischen Friedensnobelpreisträger von 1915, dem Kommunisten und Musikliebhaber. Wie Freud, so hatte auch Rolland eine frühe und leidenschaftliche Liebe zum antiken Griechentum entwickelt. Er hatte 1919 Carl Spitteler mit dessen hellenistischem Epos »Olympischer Frühling« den Literaturnobelpreis verschafft und im selben Jahr seinerseits ein Stück über den griechischen Naturphilosophen Empedokles verfasst, denselben Empedokles, den schon Hölderlin für sich entdeckt hatte. Rolland versah sein Stück damals mit der Widmung: »Dem magischen Erwecker des olympischen Frühlings, Carl Spitteler, der über zwanzig Jahrhunderte hinweg die Überlieferung der Dichterphilosophen Ioniens wieder aufnahm«. Auch hier also ging es um eine beschwörende Beseelung des Griechentums durch die Magie der Worte; auferweckt werden sollte zwar keine Helena, aber die Liebe selbst, als Herzstück der christlichen Mystik. Rolland sah sie als Widerpart des

Hasses, der mit dem eben beendeten Ersten Weltkrieg dämonisch geherrscht hatte; und seine Inspiration lag nicht so fern von jener des Anthroposophen Rudolf Steiner zu jener Zeit.

Wie anders dachte inzwischen aber Freud über die Religion. Nach einem ersten Treffen 1924 wechselte er mit Rolland freundschaftliche Briefe; beide waren einig auf der Suche wenn nicht nach Liebe, so doch nach Frieden in der Welt, Frieden zwischen Frankreich und Deutschland und in ganz Europa. 1927 aber schickte Freud seinem Freund die Studie über die »Zukunft einer Illusion«, seine bekannte Auseinandersetzung mit religiösen Gefühlen. Für Freud waren sie eine Art universeller Neurose, regressiv und reaktionär, realitätsverleugnend und kindlich; der Gläubige weigerte sich, erwachsen zu werden. Rolland, weltbekannter Autor des ungeheuren, zehnbändigen Moral- und Seelenromans »Jean Christophe« (1904–1912), reagierte abwehrend, wenn nicht verletzt. Inzwischen war er nicht mehr Griechen-, sondern ein frommer Indienfreund geworden, nicht zuletzt durch den Einfluss seiner Schwester Madeleine. Er schrieb damals sogar an einer Biographie über Rama Krishna und die indische Mystik. Wo Freud von den frommen Seelen Nüchternheit und Desillusion verlangte, schwärmte Rolland für das Gegenteil: Religion als Ekstase der Sozialität, das Hohelied der musikalischen Harmonie, den kosmischen Überschwang, kurz das, was er »das ozeanische Gefühl« nannte. Nicht das Ungeheuer von Loch Ness, das Meer selber tauchte hier auf und verlangte gefühls- und ideengeschichtliche Präsenz. Freud schwieg zwei Jahre, ehe er 1930 seinen Essay »Vom Unbehagen an der Kultur« mit einer Schilderung seiner Begegnung mit Rolland begann, »Ich hatte ihm meine kleine Schrift zugeschickt, welche die Religion als Illusion behandelt [1927] und er antwortete, er wäre mit meinem Urteil über die Religion ganz einverstanden, bedauerte aber, dass ich die eigentliche Quelle der Religiosität nicht gewürdigt hätte. Diese sei ein besonderes Gefühl, dass ihn selbst nie zu verlassen pflege, das er von vielen anderen bestätigt gefunden und bei Millionen Menschen voraussetzen dürfe. Ein Gefühl, das er die Empfindung der ›Ewigkeit‹ nennen möchte, ein Gefühl wie von etwas Unbegrenztem, Schrankenlosem, gleichsam ›Ozeanischem‹. Dies Gefühl sei eine rein subjektive Tatsache, kein Glaubenssatz; keine Zusicherung persönlicher Fortdauer knüpfe sich daran, aber es sei die Quelle der religiösen Energie … Nur auf Grund dieses ozeanischen Gefühls dürfe man sich religiös heißen, auch wenn man jeden Glauben und jede Illusion ablehne.«

Fast zeitgleich mit Freuds Essay war im selben Jahr 1930 Rollands dritter Band zur indischen Mystik erschienen, den er Freud als Antwort zusandte, worauf dieser noch einmal seine Positionen darlegte. Inzwischen auch mit Humor: die zweite Auflage von »Das Unbehagen an der Kultur« enthielt die Widmung: »Seinem großen ozeanischen Freund, das Landtier. 18.3.1931«.

Die öffentliche Gratulation zum siebzigsten Geburtstag des Franzosen fünf Jahre später war also eine dritte und letzte Möglichkeit, dem Rauschen einer marinen Illusion eine Absage zu erteilen; und eine Illusion konnte, ja musste man auch die europäische Graekomanie nennen. Hellas als ein weit entferntes, beglückend stilles Meer vor Augen einer Menschenwelt, die doch in Wahrheit zum Leben auf hartem Boden angelegt war, zum Leben als »Landtier«, aus dem Paradies vertrieben. Wer das Motto von Freuds »Traumdeutung« aus dem Jahre 1900 kannte, dieses selbstbewusste »Acheronta movebo«, wusste, dass er trotz aller Konzession an die hellenistische Szene die Tiefen der Seele für stürmisches Chaos hielt und eben nicht für eine still erhabene ozeanische Unterwelt wie einst Winckelmann im Geist des Laokoon, Poseidons Priester. Hatte Freud wohl inzwischen das Buch von Butler 1935 gesehen oder gar gelesen, hatte er davon gehört? Jedenfalls wirkte sein Text wie eine genaue, ernüchterte Absage an die hellenistische Entzückung, und zugleich und womöglich wie eine letzte Analyse seiner selbst. Wenige Jahre vor seinem Tod und angesichts des aufsteigenden Hitlerismus und

Kommunismus gab es keinen Grund zur begeisterten Weltumarmung, von der Rolland schwärmte. Gerade noch war der greise Mann nach Moskau gereist und hatte Maxim Gorki und Stalin begeistert begrüßt. Für den hellenischen Freud blieb nur ein einziger glücklicher Umstand, dass nämlich eine seiner größten Mäzeninnen ausgerechnet eine Prinzessin von Griechenland war, Marie Bonaparte, feurige Anhängerin der Psychoanalyse. Sie schenkte Freud eines Tages jene antike Vase, in der später seine eigene und die Asche seiner Frau beigesetzt wurden.

Das Bild großspuriger, verzückter, aber auch verwirrter Kinder am Rande eines ungeheuren Ozeans hat Elsie Butler für die deutschen Autoren nur am Schluss ihre Buches noch einmal verwendet, mit Blick auf Stefan Georges Liebling Maximin: »Er war wohl die letzte Woge, die sich am Strand des modernen Lebens brach, den Winckelmanns Griechenland auf dem Ozean dieser Zeit hervorgebracht hat.« Aber das Meeresbild selber wurde im Sinne Freuds zum Sternbild ihrer Deutung. Sie sah ihre Dichter und Denker gefangen zwischen der ärmlich zersplitterten Welt der deutschen Goethezeit und der ozeanischen Vorstellung griechischen Daseins als einer imaginären Heimat, moralisch, geistig, ästhetisch in Höchstform. Zugleich sah sie aber die Hemmungen der Deutschen, sich wirklich in das Meer der Leidenschaften zu stürzen und darauf zu navigieren, wie die Engländer seit Jahrhunderten und seit Jahrtausenden davor die alten Griechen. Hätte sich Butler mit Wagner befasst, sie hätte die Rheintöchter als Inbild perversen deutschen Umgangs mit dem Element zeigen können, zu schweigen von Meeresszenen in »Tristan« und im »Fliegenden Holländer«. Aus Mangel an eigener Vitalität blieben die deutschen Visionen blutleer, fand Butler – sie waren aus Marmor, aus künstlichen Begeisterungen, bis dann erst Hölderlin, dann Heine, dann Nietzsche die graekophile zur graekomanen Bühne für den Gott Dionysos umbauten.

Das erschreckendste Beispiel in ihrem Buch lieferte dabei Hölderlin, der Abgott der deutschen Philhellenen bis weit in die Weimarer Republik. Butler zitierte eine unbestätigte Szene aus dem Leben des Dichters im Jahr 1802, als er sich nach seiner Flucht aus Frankreich plötzlich in einem Park voller griechischer Statuen fand. Die Parkbesitzer sahen aus dem Fenster einen abgerissen gekleideten, offenbar niedergeschlagenen Mann mit einem Mal die Hände wie zum Gebet erheben und die Figuren ansprechen. Man ging hinunter und verwickelte den Deutschen in ein Gespräch. Er habe die Unsterblichen aus Hellas gefunden, die er selber Jahrzehnte zuvor im Roman über einen fiktiven Griechen namens »Hyperion« 1797/99 beschworen hatte. Die Episode im Park hatte ein Journalist namens Moritz Hartmann 1852 mitgeteilt, Jahre nach Hölderlins Tod 1843. Seit 1823 hatte der Dichter ein angeblich geisteskrankes Leben im Tübinger Turm geführt, war damals fast vergessen, trotz einer Werkausgabe 1846; doch zur Jahrhundertwende spülte eine neue Welle graekomaner Begeisterung den Dichter Hölderlin triumphal nach oben. Norbert von Hellingrath, sein Herausgeber im Jahre 1911, war ein Jünger von Stefan George, dem letzten Kandidaten für Elsie Butlers Buch und ungeliebtesten Kronzeugen ihrer kritischen Ideengeschichte; hatte George doch in ihren Augen den Hitlerismus geistig angefeuert, wenn auch vielleicht nicht selbst unterstützt. Geradezu lächerlich fand sie, was er mit seinem seltsamen Schwabinger Fasching in griechischen Gewändern trieb, dass er sich als Dante fotografieren, mit Lorbeer bekränzen ließ und einen Unsterblichkeitskult um einen hübschen Münchner Jungen entfaltete, der auch seine Jünger, erwachsene deutsche Denker, verzückte. Auch wegen ihrer ironischen Kommentare zu George erhielt Butlers Buch scharfen Gegenwind in Deutschland; vor allem von Edith Landmann, der größten Verehrerin des Poeten, die diesen – und sich selbst – mit Nietzsche zum einzigen leibhaften Griechen ernannte. Und hatte der Dichter ihr nicht auch das Evangelium dazu formuliert, ganz ohne die Hilfe von Elisabeth Förster-Nietzsche? 1910 las man auf der ersten Seite seiner eigenen Zeitschrift, »Blätter für die Kunst«, in der bekannten manierierten Schreibweise:

»Wenn unsre führenden geister · voran Goethe · sich vor dem hellenischen wunder niederwarfen und die griechische kunst · besonders die bildwerke · als höchstes ziel betrachteten · so muss dahinter mehr verborgen sein als die erklärung dass südliche heiterkeit und wohlgefällige form sie so eingenommen hätten dass sie darüber sogar die kräfte und leistungen ihres eignen volkes geringgeschätzt. Sie kamen vielmehr zur erkenntnis dass hier für die ganze menschheit ein unvergleichbares · einziges und vollkommenes eingeschlossen läge dem nachzueifern alles aufgeboten werden müsse und dass die bestrebungen des so beliebten fortschrittes vorerst einmal in diese bahn zu lenken seien. […] Freilich verlangten diese führenden geister nicht ein äusserliches nachzeichnen das zu dem gerügten klassizismus führte · sondern eine durchdringung · befruchtung · eine Heilige Heirat. […] Hinter den erklärungen geschichtlicher · schönheitkundiger und persönlicher art liegt der glaube dass von allen äusserungen der uns bekannten jahrtausende der Griechische Gedanke: ›der Leib · dies sinnbild der vergänglichkeit · DER LEIB SEI DER GOTT‹ weitaus der schöpferischste und unausdenkbarste · weitaus der grösste · kühnste und menschenwürdigste war · dem an erhabenheit jeder andre · sogar der christliche · nachstehen muss.«

Trotz ihrer eigenen Liebe zum Meer blieb Elsie Butler angesichts der hellenistischen Emphase der Zeitgenossen das »Landtier«, von dem Freud gesprochen hatte: analytisch und kritisch, fast herzlos. Und sie argumentierte auch widersprüchlich. Ihre Dekonstruktion deutschen Schwärmens galt zwar den »ozeanisch« verführten deutschen Freunden der Hellenen; aber gleichzeitig kritisierte sie ihre religiöse Verklemmtheit, und das galt nicht nur Goethe, dem Visionär einer allegorischen »Ehe« zwischen Faust und Helena, auch wenn Goethe so unbedingt wie nur möglich auf leiblicher Begegnung bestanden hatte. Ging es um eine fromme Frage? Im Sinne Romain Rollands machte Butler für die dämonische Griechenliebe ein Stück deutscher Religionsgeschichte, nämlich die lutherische Reformation verantwortlich. Wie die katholischen Konvertiten Heine, Santayana, Hugo Ball, aber auch der freigeistige Philosoph Helmuth Plessner sah Elsie Butler eine Verwüstung und Verarmung der mystischen und transzendenten Bedürfnisse als Folge der neuen protestantischen Staatsreligion. Luther hatte die Heiligen aus dem Himmel verbannt, wollte das Prinzip *sola scriptura* einführen, wonach nur die Schrift und nichts als die Schrift oder nur das Wort und nichts als das Wort Gottes gelten sollten. Nach dem dreißigjährigen Krieg, mit der zweiten hellenistischen Renaissance im 18. Jahrhundert, wurde im Namen des Humanismus ein beseelter Polytheismus eingeführt, gierig aufgesogen von ausgehungerten Seelen. Es war eine Variante der Gegenreformation, die allerdings im protestantischen Norden und in der Schweiz ohnehin keine Basis hatte. Dort herrschte vielmehr das Gebot der tätigen Nächstenliebe, des philanthropischen Beistandes. Die Tatsache, dass das Neue Testament, also die Geschichte Jesu Christi, in griechischer Sprache verfasst worden war, galt in den Ländern Zwinglis und Calvins als Ausweis und Antrieb der philhellenischen Leidenschaft.

Aber dazu äußerte sich Elsie Butler nicht. Sie selber stammte zwar aus dem katholischen Irland, war aber nicht wirklich fromm praktizierend. Angeregt wurde sie zu ihrer Sicht nach eigener Auskunft aus einer ganz anderen Welt, nämlich durch eine monatelange Reise nach Indien im Jahr 1934–1935. Inspirationen kamen möglicherweise auch durch ihre Freundin, die Indologin Horner, die vermutlich auch Madeleine Rolland kannte, die indologische Schwester von Romain Rolland, die ihren Bruder schon 1924 zu einer

Biographie über Gandhi bewogen hatte. Aber gleichviel, in Indien erlebten Butler und Horner einen Götterkult, wie er den protestantischen Deutschen nie gegeben war, als wirkliches Gegenstück zur Kopfgeburt der Walpurgisnacht: »Auf dem Heimweg dachte ich flüchtig an Goethes ›Iphigenie‹. Hätte er sie anders geschrieben, wenn er an einem Wagenfest in Nanjangud dabei gewesen wäre? Die Götter Griechenlands sind aus der Welt verschwunden, aber die Götter der Hindus, ihre Vorfahren, sind noch triumphal lebendig. Und als ich einige Monate später im Bezirk des großen Tempels von Madura stand, während der abendliche Gottesdienst mit seiner seltsamen Musik von Muscheln und Trommeln vor sich ging, wurde mir lebendig bewußt, gegen was für ein übermächtiges Hindernis die deutschen Hellenisten kämpften, als sie sich um eine Wiedergeburt des Klassischen in der Literatur und im Leben bemühten, bei welcher die griechische Religion zur Mythologie zusammengeschrumpft und der Glaube durch Symbolismus ersetzt war. Aber ging es ihnen überhaupt um eine wirkliche Wiederbelebung?«

Vermutlich nicht. Der Verdacht, dass es hier längst nicht mehr um eine religiös emotionale, »ozeanische«, sondern offen okkulte Angelegenheit gehen könnte, hat Butler dann aber mehr und mehr in Bann geschlagen. Die Formel »Faust und Helena« als Akt *unheimlicher*, nicht nur ästhetischer oder poetischer Beschwörung wurde ihr schließlich zum Kürzel für den deutschen Griechenwahn, auch wenn sie dafür keine empirische Beobachtung lieferte und den Umgang mit Goethes Faust in Hitlerdeutschland oder Österreich nicht wirklich wahrnahm. Kannte sie Max Reinhardt, hatte sie von den Inszenierungen bei den Salzburger Festspielen gehört und wusste sie, dass dort 1933 ausgerechnet Faust I und Faust II mit einer regelrechten »Faust-Stadt« als Bühnenbild inszeniert wurde?

Jahre später, als sie sich mit ihrem »Elektra«-Aufsatz öffentlich Sigmund Freud und der Warburg Library zuwandte, war sie lebhaft mit der österreichischen Szene um 1900 befasst. Nicht nur

Hofmannsthal und Hermann Bahr, sondern vor allem Rilke stand jetzt auf dem Programm – und zwar Rilke vermittelt wiederum durch Indien. Unter ihren begeisterten Lesern hatte sich nämlich eine der schillerndsten Figuren der deutschen Bankenwelt gemeldet, Baron Eduard von der Heydt, der kunstsinnige, aber auch berüchtigte Freund des deutschen Kaisers, der deutschen Nation und womöglich Hitlers. Von der Heydt war für Elsie Butler ein zweiter Fürst Pückler: ebenso exzentrisch, wenn auch viel reicher, aber ebenso großräumig handelnd. 1926 hatte er auf die dringende Bitte der russischen Malerin Marianne Werefkin den Monte Verità im schweizerischen Tessin gekauft, weil das Unternehmen kein Geld mehr hatte, und es gelang ihm, mit einem neuen Hotel und einer opulenten künstlerischen Einrichtung den Kultort von einst in der Zwischenkriegszeit wiederzubeleben. Von der Heydt schätzte das Buch von Elsie Butler gerade weil er *kein* Griechenfreund war, sondern eben ein Indienanhänger, ein Sammler asiatischer Kunst, der seine Schätze nach dem Krieg und nach peinlichen Prozessen um seine Person an das Schweizer Museum Rietberg schenkte. 1937 lud er Butler und Horner, die Pali-Forscherin, zu einer Eranos-Tagung ein; sie reisten nach Ascona, nicht zuletzt, weil der Gastgeber mit Rainer Maria Rilke verwandt war. Angeblich besaß er Briefe von ihm, angeblich hatte er als Schüler den Dichter noch persönlich erlebt, vermutlich auf einem der Schlösser, die Rilke so gern als Gast bewohnte. Die Ausbeute für Butler auf dem Monte Verità war dann aber doch geringer als erwartet. Möglicherweise lernte sie dort stattdessen die Witwe von Rudolf Steiner kennen; Marie von Sivers, die ein Jahr später Goethes Faust im Theater der Anthroposophischen Gesellschaft in Dornach aufführen sollte, erstmals beide Teile, in voller Länge. Das Schauspiel dauerte sieben Tage, und die Helena-Beschwörung, als Herzstück der Steinerschen Religion, hatte durch die ausufernde eurythmische Inszenierung und Rezitationsdramaturgie vielleicht ihre stärkste Ausstrahlung jemals.

1937 war aber nicht nur das Jahr des Monte Verità für Elsie Butler, es war auch das Jahr der mächtigsten Faustkonzepte. Mit dem Großereignis im Goetheanum überkreuzten sich damals mindestens zwei weitere außerdeutsche Versionen: In Salzburg inszenierte zum letzten Mal Max Reinhardt das Stück mit dem spektakulären Bühnenbild von Clemens Holzmeister. Derweil beobachtete man in Amsterdam, im Querido Verlag von Fritz Landshoff, einen wachsenden Erfolg des Romans von Klaus Mann aus dem Jahr zuvor. »Mephisto. Roman einer Karriere« hieß die Geschichte eines opportunistischen Schauspielers unter Hitler; Mephisto also erschien nun zum ersten Mal und auf lange Zeit im Rampenlicht und als Hauptfigur des Goethestücks. Hier zwar noch romanhaft, später dann aber personifiziert, als Gustaf Gründgens sich selbst in der Rolle zum Markenzeichen der westdeutschen Faustik machte. Offenbar ließ Goethes Stück eben unerschöpfliche Deutungen zu, nicht zuletzt weil es den Weg »vom Himmel durch die Welt zur Hölle« auch in der Umkehrung zuließ, als Erlösungsdrama im Sinne Rudolf Steiners. Und übrigens auch als Parodie. 1941 wurde in London angeblich eine »Deutsche Walpurgisnacht« aufgeführt, vielleicht von Elsie Butler, wer weiß: »Goethe, Schiller und Nietzsche fahren aus dem Grab auf, um unter der Führung von Mephisto das »Dritte Reich« zu besichtigen. Die drei sind entsetzt über das Schindluder, das mit ihren Werken getrieben wird, mehr noch als über Diktatur und Terror. Goethe stottert, Schiller schluchzt, und Nietzsche verbirgt vergebens seine Erschütterung. Selbst Mephisto bekommt ein schlechtes Gewissen.«

1937: Für den mystischen Nationaldichter der Griechen, Nikos Kazantzakis, war es ein Schaltjahr zwischen seiner eigenen Faust-Übersetzung, die in der Zeitung »Kathimerini« 1936 als Fortsetzung gedruckt worden war, und der gigantischen »Odyssee« (1938), seinem vitalen Versepos von mehr als 33.000 Versen, an dem er seit der Kleinasiatischen Katastrophe von 1922 gearbeitet hatte. Hitlerdeutschland dagegen stand jetzt im Zeichen auftrumpfender Kunstkämpfe. Hitler eröffnete die erste »Große Deutsche Kunstausstellung« im Münchner Haus der Kunst und schickte die denunzierende Wanderausstellung mit sogenannter »Entarteter Kunst« durchs Land; pompöse Festumzüge zeigten »Zweitausend Jahre deutsche Kultur« mit »Jungfrauen« in griechischen Gewändern und einer vergoldeten Athena. Es war eine »germanische« Konkurrenz zu Mussolinis römischer Inszenierung im Zeichen des Faschismus. Die Diktatoren, konnte man meinen, teilten sich die Antike auf, ähnlich wie schon um 1800, als die französischen Revolutionäre mit Napoleon ein prunkvolles römisches Erbe im Selbstverständnis wie in der politischen Inszenierung antraten und den Deutschen das hellenische überließen, wenn nicht zuwiesen. Auf Hitlers Initiative wurde jedenfalls 1937 das Amt Rosenberg um eine Abteilung Antike erweitert, und in Athen, im Deutschen Archäologischen Institut (DAI), kooperierte ein Hellenist namens Walter Wrede, der seinen Vorgänger Georg Karo in diesem Jahr mit Hilfe von Leni Riefenstahl als Erster Sekretär abgelöst hatte. Karo hatte noch 1935 Hermann Göring auf dessen Hochzeitsreise durch Griechenland begleitet, war aber wegen jüdischer Verwandtschaft nicht zu halten. Mit Wrede war nun eine »Zuarbeit« (Ian Kershaw) zwischen Kulturpolitik und Militär gewährleistet, die sich ab 1941 bewähren sollte. Klassisch interessierte Generäle wie Julius Ringel, Kommandeur der 5. Gebirgsdivision auf Kreta, oder Fliegergeneral Alexander Andrae, Kommandant der Festung Kreta, selbst der oberste Befehlshaber Griechenland sollten nach dem deutschen Einmarsch als verlängerte Arme des Instituts bei der Finanzierung und Sicherung von Ausgrabungen helfen; und sie wollten es auch aus eigenem Bildungseifer. Zu Konflikten kam es erst, als Leute des Rosenberg-Stabes versuchten, Funde aus illegalen Grabungen »heim ins Reich« zu schaffen; Wrede verhinderte es aber im Namen der griechischen Behörden. Anfang 1943 verbrachte er krankheitshalber in Deutschland, überließ dann im April und Mai seine Villa in Psychiko dem Schriftsteller Erhart Kästner, zuvor Sekretär von Gerhart Hauptmann. Hauptmann selber veröffentlichte 1937 nicht nur seine Erinnerungen (»Abenteuer meines Lebens«), sondern versank mehr und mehr in die tragische Antike. »Griechischer Frühling« von 1908 war noch ein Prosa-Hymnus auf das Hirtenleben gewesen, aber schon das Schauspiel von 1914, »Der Bogen des Odysseus«, rückte die Heimkehr des Helden in qualvolle Stimmung. Jetzt griff Hauptmann nach dionysischen Opfermythen, schrieb eine Iphigenie und verfasste eine Tetralogie der Atridensage für das Deutsche Theater bis 1942, die tatsächlich mitten im Krieg auch aufgeführt wurde. Seinen »faustischen« Roman über Winckelmann hatte er beiseitegelegt; das Projekt wurde nach Kriegsende vom Vizepräsidenten der neuen Darmstädter Akademie für Sprache und Dichtung, Frank Thiess, notdürftig vollendet. Aber war Winckelmann wirklich tot?

Hauptmanns Dichtung bot jedenfalls eine tückische »Arbeit am Mythos« (Hans Blumenberg) im Sinne einer Einstimmung auf den Krieg, der schicksalhaft Ungerechtigkeit bringen und Opfer verlangen würde, eine buchstäbliche Einübung der dazugehörigen Stimmung. Ähnliche Arbeit gab es nach dem Münchner Abkommen 1938 auch von anderer Seite. Sie lief auf die Beerdigung des deutschen Philhellenismus hinaus. Selbst ein so gebildeter Mitarbeiter der Frankfurter Zeitung wie Dolf Sternberger hielt in diesem Jahr 1938 vor der Deutsch-Griechischen Gesellschaft in Hamburg einen Vortrag über »Die Ruinen von Athen«, in dem er es für nötig hielt, ein Lob auf Jakob Philipp Fallmerayer zu singen – »ganz realistisch und bürgerlich, nüchtern politisch denkend … eine Figur von Format« – und er zitierte ausgiebig einen ominösen deutschen Philhellenen namens Gottfried Müller, der im Freiheitskampf 1821 brutale Hinrichtungen der Türken durch die Griechen erlebte, statt, wie bisher umgekehrt verbreitet, der Griechen durch die Türken.

»Warum kämpfte Gottfried Müller wider die Türken?«, fragte Sternberger rhetorisch, »wo bleibt der Sinn dieses Feldzuges?«, als hätte es niemals eine grandiose europäische Bewegung für die griechische Autonomie gegeben. Dolf Sternberger, Autor des Buches »Panorama oder Ansichten vom 19. Jahrhundert« (1938), hatte nichts für die Griechen übrig. Ob er jemals dorthin gereist ist? Ohne weitere Emphase für den Gipfel der europäischen Hellasliebe in diesem vergangenen Jahrhundert, beschränkte er seine Mitteilungen zu diesem Thema auf Nachrichten über die Venus von Milo – ein halbseidenes Stück Kulturindustrie – und über die Diskussion um antike Polychromie. Gab es wirklich eine rein weiße Bildhauerkunst aus archaischer Zeit? Gottfried Semper, der maßgebliche Baumeister, hatte es verneint, wurde aber zum Schweigen gebracht. Sternberger war seiner Meinung, denn er huldigte offenkundig dem osmanischen Sinn für Farben und verneinte die sterile Farblosigkeit der Graekomanen. Von ihnen sprach er nur im Negativ, wie von einer Fotografie, deren positiver Abzug auch nicht mehr als Ruinen zeigt. Mitleidig erinnerte er seine Hörer an Personen wie Ernst Curtius, die im Dienst philhellenischen Bildungsglaubens noch die ruiniertesten Reste antiker Lebenswelt als unzerstört halluzinieren konnten. Sternberger sah darin nicht mehr als »Genrebilder und Gefühlswallungen«; bei Lichte besehen gab er das Land der Verachtung preis. So jedenfalls kann man den Text der 1956 gedruckten Ausgabe verstehen. Ob er allerdings 1938 in Hamburg dieselben Worte sprach, ist nicht sicher. Eine Vorbemerkung im Literaturnachweis des Buches über den Jugendstil besagt sogar, dass die »jetzige Fassung nicht völlig identisch mit derjenigen des ersten Drucks« sei; »in einigen Fällen weicht sie von dieser beträchtlich ab«. Bleibt zu hoffen, dass man in Sternbergers Nachlass griechenfreundlichere Worte vorfindet.

Schützenhilfe bei dieser Beerdigung des deutschen Griechenwahns erhielt Sternberger damals ausgerechnet von seinem ab 1938 bittersten Feind, Walter Benjamin. Ein Jahr zuvor hatte dieser in einer seiner luziden Rezensionen das Buch eines französischen Sprachphilosophen vorgestellt: Louis Dimier, »De l'esprit à la Parole. Leur brouille et leur accord« – »Vom Geist zum gesprochenen Wort. Worin sie sich uneins und worin sie eins sind« – mit dieser Fragestellung brachte der Autor seinen Ärger über die staatsbildenden Absichten des Philhellenismus um 1800 zum Ausdruck. Benjamin referierte das mit deutschen Worten, ganz zu Recht, weil es sich hauptsächlich auf die deutsche Szene bezog – ihn störte offenbar nicht, dass dieser Franzose wie Sternberger nur Fallmerayer rehabilitierte, wenngleich mit erkennbarer Sympathie für die Unterlegenen. Benjamin meinte nun: »Unter der Überschrift ›Wie die Grammatik sich mit dem Rassenwahn zusammentut, um den Geist in Fesseln zu schlagen‹ gibt Dimier eine vergleichende Sprachgeschichte des Neugriechischen. Er schreibt zugleich die Geschichte des griechischen Freiheitskampfes, der Byron und die Romantiker inspirierte. Aber er tut es vom Standpunkte der Besiegten aus. Und für ihn sind das nicht sowohl die Türken als die Phanarioten – das heißt diejenigen griechischen Verwaltungsbeamten, Forscher und Schriftsteller, welche seit der Eroberung Konstantinopels die byzantinische Tradition und mit ihr die lebendige Sprache des Volkes gehütet hatten. Sie hatten den Befreiungskampf vorbereitet. Die Umstände, unter denen er ausbrach, gaben aber den Pallikaren – ›Banditen und Polizeimannschaften‹ – die Führung. ›Jede Vorstellung vom alten Griechenland war ihnen fremd. Nichtsdestoweniger machten sie sehr viel Wesens von seiner wiedererwachten Tradition.‹ (S. 219 f.) In der Wendung, die der griechische Freiheitskampf derart nahm, brachte sich vor dem betörten Europa der Wahn zur Geltung, der heute unwiderstehlich zu werden droht [...], und die Griechen, fuhr Benjamin mit seinem Referat fort, brachten dem Wahn nicht nur ihre byzantinische Tradition sondern auch »ihre Sprache selbst zum Opfer. Die im Volke gesprochene verfiel dem Bann; sie wurde an allen Enden im Sinne Homers und Hesiods geschurigelt; sie verlor ihre Spannkraft und ihren Halt.«

Das war ein klarer Hieb gegen die philhellenische Erfindung der Katharevousa und ein ebenso klares Plädoyer für die Volkssprache; es war ein *statement* der nationalistischen Kräfte, die schon zum Ende des 19. Jahrhunderts unter dem Diktat der Bildungsbürger gestöhnt hatten und statt des antiken Hellas ein byzantinisches Reich wieder herstellen wollten. Aber Benjamins Rezension las man lange Jahre nach der Kleinasiatischen Katastrophe, die mit diesem Ziel nur größtmögliche Zerstörung erreicht hatte.

Elsie Butlers Rilkebuch erschien 1941, aber im Vorwort erinnerte sie an den unvergesslichen Sommer 1937 auf dem Monte Verità und dankte Eduard von der Heydt, dem Neffen von Karl von der Heydt, dem frühen und langjährigen Brieffreund von Rilke, über den sie dann doch endlich Einblicke in Kopien der Manuskripte erhalten hatte. Die Arbeit an diesem Buch hatte Butler mit einem vielsprachigen Europäer zusammengebracht, wie er kaum besser zu denken war. Butler selbst sprach ja außer der Muttersprache seit frühester Jugend schon fließend deutsch, französisch, auch etwas italienisch und dann auch russisch – und das Neugriechische dürfte sie sich auf Lesbos und im Horizont ihrer Verehrung für Jane Harrison angeeignet haben. Rilke, der Poet, der Lyriker, war ihr kostbar und teuer; auch gefiel ihr, dass er kein Deutscher, sondern ein Prager Freund von Stefan Zweig war. Als Liebhaber des europäischen Adels repräsentierte er durch seine schiere Verehrung eine untergehende Welt, auch wenn er mit seinen schmachtenden Briefen an hochstehende Damen auf Butler unsympathisch wirkte; sie warf ihm und seinem lyrischen Hof, der gerade in den dreißiger Jahren gewachsen war, parfümierte Preziosität vor, was ihr scharfe Kritik der europäischen Rilkegemeinde eintrug.

ELFTES KAPITEL
1941

Thomas Mann an die deutschen Hörer. 1941: Einmarsch in GR. Deutsches Wüten bis 1945. Gebildete Besatzer: Erhart Kästner, Rudolf Fahrner. Ein namenloser Oberst in Athen wünscht sich einen Vortrag über Faust und Helena. Faust-Industrie mit diabolischen Vertretern: Justus Obenauer, Hans Schneider.

Aber von Kritik ließ sie sich nicht mehr beirren. Vor allem nicht von Kritik aus Deutschland. Schließlich herrschte zwischen dem 11. Mai 1940 und dem 11. Mai 1941 ein erbitterter Luftkrieg zwischen England und Deutschland. Hitlers Plan, mit Großbritannien gegen die Sowjetunion vorzugehen, war zwar gescheitert; aber die Eroberung Frankreichs im Juni 1940 gelang überraschend und befriedigend schnell. Nach dem demonstrativen Waffenstillstand in Compiègne am 22. Juni, unterzeichnet im selben Eisenbahnwaggon wie der Versailler Friedensvertrag 1918, waren die Franzosen in der denkbar schlechtesten Lage, auch wenn Hitler als Freund der Pariser Oper von Zerstörungen wie in London oder später Coventry absah. Virginia Woolf, auf der anderen Seite des Ärmelkanals, überlebte die Ängste damals nicht; und der Hass auf die Deutschen wuchs mit jedem Tage. Ab Oktober 1940 trug Thomas Mann seine Radioansprachen »Deutsche Hörer!« vor, 58 Reden wurden insgesamt bis Mai 1945 ausgestrahlt. Im Mai 1941 sprach er natürlich von der Eroberung Griechenlands. Mussolini wollte im Oktober 1940 in Griechenland einmarschieren, war aber mit dem berühmten »Ochi«, dem starken »Nein« des damaligen griechischen Machthabers Metaxas, und von griechischen Truppen zurückgedrängt worden, woraufhin Hitler im Frühjahr 1941 als Bündnispartner der Achsenmacht eingreifen musste. Der Akt kam unvorhergesehen, der geplante Angriff auf die Sowjetunion musste zu seinem Ärger verschoben werden. Aber nun wollte Hitler nicht nur Griechenland erobern, sondern auch Jugoslawien zerschlagen. Der Feldzug, ein Blitzkrieg wie schon im Jahr zuvor gegen Frankreich, dauerte nur zwei Wochen.

»Deutsche Hörer!«, begann Thomas Mann seine Radiorede im Mai 1941; »Natürlich bin ich mir bewußt, daß mit Euch heute schlecht reden ist. Siegesnachrichten prasseln auf euch nieder, wie die Brandbomben der Menschenquäler, die euch regieren, auf London niederprasseln, und setzen eure Gemüter – zum mindesten diejenigen der Schwachen, Dummen und Rohen – in flammende, jeder Mahnung unzugängliche Begeisterung. Bilder schweben vor Euren trunkenen Augen, die für jeden, der für menschliche Ehre noch Sinn hat, ein Grauen und Ekel sind: das idiotische und abscheuliche Bild der auf dem Berge Olympus wehenden Hakenkreuzfahne. Bald wird sie auch auf der Akropolis wehen – es ist unvermeidlich.«

Und das Unvermeidliche war schon geschehen. Am 27. April 1941, zum krönenden Abschluss der Eroberung Griechenlands. Landesgruppenleiter Walter Wrede, selber Archäologe und damals Chef der NSDAP-Auslandsorganisation, hat die Aktion beschrieben. Am Sonntagmorgen gegen zehn, noch vor dem Einmarsch der Wehrmacht in die Stadt, »leuchtete das Rot der Reichsflagge« auf dem Belvedere der Burg. Aber es leuchtete nicht lange. In der Nacht vom 30. auf den 31. Mai stiegen zwei junge Freischärler, Manolis Glezos und Apostolos Santas, hinauf und rissen die Fahne ab; der Raub wurde ein Signal für den wachsenden Widerstand im Lande. Wenige politische Symbolhandlungen haben so viel Nachgeschichte gehabt, wie dieses Hissen und Rauben der Hakenkreuzfahne auf der Akropolis; Manolis Glezos lebte noch genügend lange, um Ehrungen zu erhalten und neue politische Wirren zu kommentieren. Schon über neunzigjährig angekommen im 21. Jahrhundert, musste er erneut drückende deutsche Fremdherrschaft erleben, auch wenn es eine ökonomische war, an der wiederum nicht nur die Deutschen Schuld trugen und die längst nicht von jedem politisch denkenden Griechen oder Europäer überhaupt als Fremdherrschaft begriffen wurde.

Ob Elsie Butler die Reden von Thomas Mann aus dem Jahr 1941 wohl angehört hat? Es ist unwahrscheinlich; in ihren offiziell hinterlassenen Papieren findet sich jedenfalls nichts dazu. In ihrer Autobiographie erinnert sie sich an ihr Erlebnis der Akropolis von 1918 und erneut 1929, an die heilende Ausstrahlung dieser Tempelanlage: »Das hier wird vorherrschen, sagte ich an diesem Morgen zu mir, und ich glaubte es, bis sich 1933 erneut die Dunkelheit aus deutschen Landen heraus ausbreitete und unter anderem auch das beschmutzte, was eine Quelle des Lichts aus der deutschen Klassik gewesen war. Wie war es möglich, dass diese große Literatur, die von der Schönheit des antiken Griechenlands inspiriert war, die den veredelnden Einfluss besungen hatte, dass dies alles keinen allgemeinen oder anhaltenden Effekt auf die Deutschen gehabt hatte? Wie konnte das Evangelium der universellen ›Humanität‹ von einer Nazi-Ideologie verwüstet werden? Der Germanenkult war zweifellos einer der Gründe; aber ich hatte doch wohl in meiner eigenen Reaktion auf den ›deutschen Hellenismus‹ einen andern Grund entdeckt. ›C'est magnifique, mais ce n'est pas la Grèce!‹, murmelte ich; und obgleich das nicht von größter Wichtigkeit war, die grundsätzliche Abkehr von der ganzen Wirklichkeit beraubte zu viele dieser besagten Werke ihrer Bedeutung für die Menschheit insgesamt.«

Was aber hieß hier Wirklichkeit? Das Bild der Deutschen, wie es Butler noch 1935 im ersten Satz ihres Buches entworfen hatte, die Deutschen als unbeholfen spielende Kinder am Meeresstrand, die weder mit dem Wasser noch mit dem Boden etwas anfangen können, wurde ja seit 1933 gründlich demontiert. Überall wurde

Boden betreten und Territorium erobert. Und nun erst recht. Der Einmarsch der Deutschen in Griechenland begann am 6. April 1941, vier Monate nach dem Tod des Diktators Ioannis Metaxas, der bis dahin die Geschicke des Landes hitlerfreundlich, wenn auch weniger rassistisch oder antisemitisch geführt hatte. Am 9. April landeten die ersten Einheiten in Saloniki, jener legendären und vielhundertjährigen Stadt der sephardischen Juden. Noch rund 30 Jahre zuvor hatte der katalanische Kriegsjournalist Gaziel diese Szene in der Schwesterstadt Monastir mit bezaubertem Blick erfasst. Auch damals herrschte Krieg, aber damals erlebte er noch, wie englische Soldaten gelassen bei jüdischen Händlern einkauften. Trotz dieser entspannten Atmosphäre waren die Menschen aber auch schon beklommen; man fürchtete sich vor einem Einmarsch der Deutschen. Gaziel, der das alte Spanisch beherrschte, erfuhr es beim Teegespräch von einem Greis: »... wir werden untergehen, zerrissen, wie die Amseln im Rachen des gierigen Raubtiers!« Drei Jahre nach Gaziel, im Sommer 1918, war auch Elsie Butler nach Monastir gelangt. Als Helferin der schottischen Feldambulanz unter Dr. Inglis, der glühenden Serbenfreundin, hatte sie die Vorstufen dieser Prophezeiung erlebt. Monastir, einst berühmter Sitz jener Militärakademie, die Mustafa Kemal Atatürk besucht hatte, lag nur ein paar Meilen entfernt von der sogenannten »Salonikifront« zwischen den Mittelmächten und der Entente. Seit römischer Zeit lebten hier sephardische Juden, die vor allem nach Ausbruch der Balkankriege nach Saloniki zogen. Im September 1918 brach diese Front zusammen; Elsie Butler hatte sich schon im August mit ihrem Konvoi in trostloser Umgebung zwischen sterbenden Menschen und verwesenden Tieren gefunden. In einem der wenigen erhaltenen Typoskripte aus dieser Zeit beschrieb sie das verfallende Monastir, in ihrer Autobiographie dann auch das grausame Kriegsende. Die Serben strömten nachhause zurück, erst einmal fröhlich trotz schlimmster Entbehrung. Aber statt in die Heimat kamen sie in die Hölle der Spanischen Grippe, mit doppelt so viel Toten wie im ganzen Weltkrieg. Butler musste »an ihren unbesiegbaren Frohsinn denken und die unverzagten Hoffnungen, aber ich fühle wie Telemach für Odysseus: ›Jener wird nimmermehr heimkehren; sondern es weihten Ihn die Unsterblichen längst dem schwarzen Todesverhängnis.‹«

Nach dem Einmarsch der Griechen 1919 in Saloniki flohen die jungen Sepharden aus dieser Region nach Palästina; die verbleibenden jüdischen Bewohner erlebten bis zum deutschen Einmarsch das Drama der Volksumsiedlung und schließlich ihr eigenes Ende. Rund 55.000 Menschen wurden ab März 1943 Opfer der deutschen Deportation nach Auschwitz-Birkenau.

Der Krieg gegen die Griechen wurde verlustreich und deutscherseits auch zwiespältig geführt. Auch für Hitler war ja das alte Griechenland die Wiege der abendländischen Kultur, viel eher als Rom. Lebensformen wie der griechische Sport oder die spartanische Körperschulung von Soldaten, Kunstformen wie die von Winckelmann begeistert beschriebenen Statuen oder architektonische Leistungen wie der Parthenon waren ihm lebenslang wirklichkeitsstiftende Vorbilder. Als 1935 die berüchtigte Stiftung »Ahnenerbe« von Himmler gegründet und völlig auf Rassenkunde in jeder Fasson spezialisiert wurde, verlangte Hitler eine Erweiterung um das antike Erbe. 1937 hatte man eine Lehr- und Forschungsstelle für Klassische Philologie und Altertumskunde eingerichtet und mit dem Hellenisten Franz Dirlmeier besetzt. Den Einmarsch ins Land seiner Bewunderung und seine Besetzung bis 1945 sah Hitler dann doch wohl mit Unbehagen. Er schrieb der griechischen Frau seines Favoriten unter den Bildhauern, Arno Breker, sein Beileid; und als die ersten Gefangenen gemacht wurden, sollten auf seinen Befehl die griechischen Offiziere sofort wieder freigelassen werden. Aber es war eine trügerische, bigotte Sympathie. Denn was die deutschen Eroberer und Besatzer in Griechenland anrichteten, spottete schließlich jeder Beschreibung und bildete eigentlich nur das Vorspiel zu den kommenden Mordaktionen in der Sowjetunion und gegen die Juden. Eindringlich hat der Historiker Mark Mazower das Wüten der Wehrmacht – im Zusammenspiel mit den Briten, die durch Nahrungsmittelblockade zur Hungersnot beitrugen – als »Terrorsystem« beschrieben. Massaker waren an der Tagesordnung, das Land wurde ökonomisch ausgeplündert, Hyperinflation, ein zusammenbrechender Binnenmarkt und Ruin der Infrastruktur waren die Folge. Mindestens hunderttausend Griechen verhungerten damals; fast eine halbe Million wurde obdachlos, Epidemien grassierten. 1945 schätzte die Regierung in Athen den Schaden auf zehn Milliarden Vorkriegsdollar; aber bekanntlich gab es bis heute keine Entschädigung seitens einer deutschen Bundesregierung, obgleich sich die Beziehungen zwischen den beiden Ländern oberflächlich bald wieder freundlich anließen und zahlreiche einzelne Hilfszahlungen und -leistungen zustande kamen.

Wegen der deutschen Mordzüge gegen Russen und Juden im Westen weitgehend unbeachtet blieb dabei der kommende Bürgerkrieg zwischen sowjetisch orientierten Partisanen und monarchistischen Kollaborateuren von 1942 bis 1949. Er verwickelte das Land tief in den Kalten Krieg und trieb schließlich den Putsch des königstreuen Militärs 1967 hervor. Erst nach dem Aufstand von 1973 konnte sich Griechenland von dieser Junta befreien und soweit erholen, dass es 1981 in die EU aufgenommen werden und einigermaßen zu sich kommen konnte. Die Aufarbeitung der Hitlerzeit dagegen kam erst allmählich und nur unter dem Druck der großen Finanzkrise der Jahre 2011 bis 2013 zustande. Erst jetzt wurden die Schicksale der griechischen Juden aus Saloniki erforscht und wenigstens die Orte der schlimmsten Massaker ins öffentliche Bewusstsein zurückgeholt: Kalavryta, Kandanos, Chortiatis, Distomo, Kondomery und Kefalonia auf Kreta. Entschädigungen gab es immer noch nicht, aber wenigstens Entschuldigungen eines deutschen

Bundespräsidenten. Die neueste Wendung des griechischen Schicksals mit Ausbruch der Flüchtlingskatastrophe hängt seit 2015 wie ein Damoklesschwert über der Nation.

Aber nicht überall herrschte gleichmäßig Brutalität. Offiziere wie Walter Wrede, als Archäologe ein fundierter Hellas-Kenner, der Generalfeldmarschall von Brauchitsch über den Parthenon führen konnte, waren um 1940 nicht selten, und sie waren womöglich glücklich über den Einsatz im Land ihrer Träume. Auch wenn es nicht die Bevölkerung ihrer Träume war, sondern nur der alte Boden, die Ruinen, die antiken Kunstwerke und Überreste: Mit ihren Lieblingsautoren im Tornister konnten sie alles erkunden, und Hitler durfte auf ihre Zuarbeit rechnen, eben weil er die philhellenische Grundstimmung teilte. Die Anerkennung der lebenden Griechen zu Kriegsbeginn hielt dann allerdings nicht lang an.

Die gebildeten Soldaten revanchierten sich mit Anpassungen an die krude Welt der Ahnenforschung oder womöglich auch an die elitären Weltentwürfe, die Stefan George mit seinem Gedicht »Das neue Reich« inspiriert hatte, oder an die pompös biologischen Phantasmen eines Gottfried Benn. Auch weil im Athen des »Dritten Reiches« eine ganze Reihe von Instituten existierte, deren Leiter und Mitarbeiter keineswegs nazistisch dachten, oder sogar gegen Hitler opponierten und intrigierten, lieferte der Boden dieser Stadt auch einen Geist des Ortes, einen lokalen Genius, der sie einfangen konnte. So wie etwa Rudolf Fahrner, den klassischen Philologen aus Heidelberg, Mitglied des George-Kreises und Freund der Grafenbrüder Stauffenberg, die für das Attentat des 20. Juli 1944 starben. Im Herbst 1941, also in einem schon besetzten Athen, war Fahrner der Leiter des neu gegründeten Deutschen Wissenschaftlichen Instituts (DWI) geworden, an dem jedenfalls ohne offenen Propagandaauftrag geforscht, gelehrt, übersetzt, diskutiert wurde. Der damalige Assistent von Fahrner, der Deutschgrieche Peter Coulmas aus Dresden, später Redakteur des WDR, hat die Atmosphäre nachdenklich beschrieben: immer wieder ging es dabei offenbar um Hölderlin, mit oder ohne George.

Auch Fahrner hat Erinnerungen hinterlassen, im vollen Spektrum eines Hellenisten seiner Generation. Man übersetzte die Odyssee, man forschte über Gneisenau, man wanderte über Land von einem Erinnerungsort der Griechenverehrung zum andern; last but not least erfreute man sich an den schönen Körpern der jungen Männer, wenn sie sich übermütig ins Meer stürzten. »Man sah die schönsten Menschengewächse, so dass man denken konnte: Ja, so sind Menschen, so konnten sie sein, so waren sie einmal als die Dorer in Attika einzogen.« Als Dorer? Das war die stille oder gar nicht so stille Prämisse der humanistischen Besatzer aus Deutschland, die sich nach Jahrhunderten pseudowissenschaftlicher Missionierung für die wahren Hellenen hielten. Nicht nur Rudolf Fahrner schwelgte damals im Glück des leibhaften Wiederfindens von angelesener hellenischer Größe; anders als der vorsichtige Sigmund Freud nutzten auch befreundete deutsche Philhellenen den Einmarsch und die Besetzung zur Augenweide und Glorifizierung. Erhart Kästner etwa, der frühere Sekretär von Gerhart Hauptmann, verfasste ab 1941 unter gemächlichen Umständen in Kreta landeskundliche Hefte für die Wehrmacht. Ende September schrieb er an Hauptmann in selbstbewusster Ironie: »Unsere Dienststelle ist etwas in den Ruf der Gelehrsamkeit und Bildung gekommen, wir sind sozusagen der humanistische Appellationshof des Luftgaus ...« 1942 lieferte er die gewünschte Übersicht, die 1953 revidiert unter dem Titel »Ölberge, Weinberge« auch im Insel Verlag erschien und alle Sehnsüchte der ungebrochenen goetheschen Phantasie befriedigen konnte. Iphigenie schien zuhause angekommen; Helena war erobert. Allerdings hatte der Autor seine älteren Konzessionen an Rosenbergs Ahnenerbe vorsichtshalber getilgt. Leser vor Kriegsende hatte er noch mit Beschreibungen überraschen können, die den doppelten oder dreifachen Boden des deutschen Einmarschs erschreckend deutlich machten, wenn er beim Anblick deutscher Soldaten notierte: »Da waren sie, die blonden Achaier Homers, die Helden der Ilias. Wie jene stammten sie aus dem Norden, wie jene waren sie groß, hell, jung, ein Geschlecht, strahlend in der Pracht seiner Glieder. Alle waren sie da, der junge Antenor, der massige Ajax, der geschmeidige Diomedes, selbst der strahlend blondlockige Achill. Wie anders denn sollen jene ausgesehen haben als diese hier, die gelassen ihr Heldentum trugen und ruhig und kameradschaftlich, als wäre weiter nichts gewesen, von den Kämpfen auf Kreta erzählten, die wohl viel heldenhafter, viel kühner und bitterer waren als alle Kämpfe um Troja.«

Von dieser Wehrmacht geschätzt wurde seit 1941 eben auch Rudolf Fahrner. Als etwas weltfremder, politikabweisender Geistesmensch, als Freund des »geheimen Deutschland«, das Stefan Georges Männerbund ebenso zu beseelen schien wie andere Anhänger unter den deutschen Offizieren, war er natürlich auch in der deutschen Literaturgeschichte zuhause. »Der hellenische Geist in der deutschen Wiedergeburt« hieß einer seiner Vorträge; und der Titel ließ offen, ob dieser Geist sich in einem schönen, lebendigen, männlichen Körper reinkarnieren würde, ob es eine Renaissance im Sinne der italienischen Aneignung griechischer Welten oder, sozusagen als Kompromiss zwischen Leben und Tod, eine schöne Statue würde. Jedenfalls bat ihn eines Tages nicht zufällig ein alter Oberst, doch auch einmal »über das Geheimnis des Bundes zwischen Faust und Helena zu sprechen, das ihm jene innere Schicksalsgemeinschaft zu umschließen schien. Ich gab ihm zu bedenken, dass ich zu Goethes Faust Dichtung ein diffiziles Verhältnis hätte ...« und der Oberst erließ ihm den Vortrag. Dass dieser aber überhaupt auf das Thema kam, ließ mehr als nur Schulbildung vermuten. Das Bild dieses Paares kursierte längst in der Rassenmystik ebenso wie in der politischen Metaphysik der deutschen Mission. Die weniger Gebildeten unter den Soldaten wussten wohl nicht, dass diese Liaison unter den seltsamsten Umständen entstanden war und unglücklich ausging, dass es im Hintergrund einen Teufel gab, eine grausam zerstörte Geliebte – und ein Kind namens Euphorion, das nur wie ein Blitz im Fluge lebte und verging. Sie konnten die Allegorie nicht verstehen oder wollten sie in ihren düsteren Konsequenzen und Voraussetzungen nicht ausmalen.

Aber was meinte der Oberst mit seiner Frage im Jahr 1941? Dass er überhaupt auf Faust zu sprechen kam, und nicht auf Iphigenie, war schon verwunderlich. Denn im Goethetaumel um diese Gestalt, genauer um ihr Heimweh, hatte sich Deutschlands philosophische Elite gleichsam in metaphysischer Geopolitik seit Hegel doch immer bewegt, bis Spengler und Steiner den Tugendappell einer Iphigenie durch Faust ersetzten; der eine durch den Faust der Heiligen Hochzeit mit Helena, der andere durch den Faust der Welteroberung; und auf diesen Zug sprang die NS-Bewegung. In den Worten des Germanisten Kurt Engelbrecht 1933: »Höchste Beglückung findet der deutsche Faust im Ringen um den neuen Heimatboden« stand ironiefrei in seiner Broschüre zu »Faust im Braunhemd«. Gemeint waren die Schlussverse aus Faust II: »Dem freien Volk auf freiem Grund / Eröffn' ich Räume vielen Millionen, / Nicht sicher zwar doch tätig frei zu wohnen« – Verse, die später sehr sinnig der Kulturminister des neuen deutschen Landes, Johannes R. Becher, zu Goethes Geburtstag 1949 nutzte, auch wenn sie von einem blinden alten Mann geäußert werden und in jeder Hinsicht unter kriminellen Vorzeichen stehen.

Wie gebildet auch immer diese Besatzer Griechenlands waren, sicher ist, dass in Deutschland zwischen Goethes Tod 1832 und Hitlers Aufstieg 1933 eine regelrechte Kultursparte im Namen des Hohen Paares entstanden war und kontinuierlich wuchs; Kulturhistoriker haben sie eindringlich und auch geschäftsperspektivisch nachgezeichnet, wie vor allem Willi Jasper. Wer sich auf das Terrain namens Goethe und erst recht namens Faust begab, musste oder konnte in Deutschland mit einer florierenden Industrie rechnen und kann das noch heute. Seit 1885 gab es eine Goethe-Gesellschaft in Weimar, die bis in die 1920er Jahre auf über fünftausend Mitglieder angewachsen war und unter dem Schutz des Kaisers alle maßgeblichen deutschen Bildungskreise einschloss. Lehrer, Professoren, Juristen, Politiker, Militärs, Chefredakteure, Industrielle waren darunter. Und natürlich die Verleger. Von 1938 bis 1950 war Anton Kippenberg Präsident und spielte als Verleger des Insel Verlages eine Hauptrolle in der Goethe-Manufaktur. Die Gesellschaft finanzierte Ausgaben, Jahrbücher, Sonderveranstaltungen und Ausstellungen; sie kümmerte sich um Straßennamen, Gedenktafeln, Münzen und natürlich auch um das Verlagsarchiv Kippenbergs, das mit der deutschen Wiedervereinigung 1991 in den Besitz des Suhrkamp-Verlegers Siegfried Unseld überging und inzwischen im Marbacher Literaturarchiv bewahrt und erschlossen wird.

1919 wurde die große Weimarer Sophienausgabe mit ihren 133 Bänden abgeschlossen; neben sie trat seit 1909 die sechsbändige Volksausgabe im Insel Verlag; ein Viertel ihres gesamten Kapitals hatte die Goethe-Gesellschaft hier investiert – einträglich, wie sich später zeigte, denn mehrfach revidiert erschien sie 1949 im 120. Tausend. Die Goethe- und immer mehr Faust-Philologie wurde ein neuer, eigener Berufszweig, ja eine Lebensform. Hermann Bahr, der von Elsie Butler zitierte Freund von Sigmund Freud, konstatierte schon in den zwanziger Jahren eine »Faustisch-Monomanische« Mentalität der ganzen Zunft, die weithin ausstrahlte, in Schulen, Lesezirkel, Universitäten, kulturelle Vereine aller Art, von privaten Zeremonien und Lektüren gar nicht zu reden. Als Spengler, der einflussreiche Prediger des kulturellen Untergangs, schließlich den Begriff des »Faustischen« prägte, bekam Goethes Idee des »Dämonischen« einen überraschend erfolgreichen, antihellenischen, durch und durch »germanisch« gemeinten Zwillingsbegriff. Als Etikett deutscher

Mentalität vereinte er »Sendungsbewusstsein und Karrierestreben« (Jasper); »Faustischer Glaube« hieß gar ein Standardwerk des angesehenen Leipziger Germanisten Korff von 1938, darin das Stück als Bibel der Bildungsbürger galt, während rund hundert Jahre zuvor noch Grimms Märchen diesen Ehrenplatz eingenommen hatten. Vielleicht war es Elsie Butler bewusst, als sie im Zwischenkriegsdeutschland von 1935 das Bild der Deutschen als spielende Kinder am Meerestrand zeichnete? Wichtiger als die akademischen Deutungen wurden aber natürlich die Inszenierungen. Faust in der Hitlerzeit wurde mit wachsender Kriegswirklichkeit zur theatralischen Ikone der Bühnenprogramme. Gab es 1933 nur fünf Inszenierungen, standen 1940 schon die Besucher im Hamburger Schauspielhaus Schlange. Nach den überraschend erfolgreichen Blitzkriegen in Frankreich und Griechenland gab es insgesamt 1042 Goetheaufführungen, davon ein Drittel Faust gewidmet. 1942/43 war Faust das meistgespielte Goethestück geworden. Wahrscheinlich hat bis zum Kriegsende jeder deutsche Schauspieler für dieses Stück auf der Bühne gestanden – viele als Faust oder, noch besser, als Mephisto. Der triumphale Erfolg des Theaterdirektors Gustaf Gründgens im Düsseldorfer Schauspiel hob nach dem Kriege den Vorhang vor einer tiefschwarzen Messe deutscher Kultur.

Kurz nach Kriegsende heiratete damals ein deutscher Germanist in einer sonderbaren Zeremonie seine eigene Frau zum zweiten Mal. Hans Schneider, ein einstiger SS-Hauptsturmführer aus Himmlers »Ahnenerbe«, hatte sich vorher für tot erklären lassen und einen neuen Namen mit neuer Vita angenommen. Er konnte sich dann, mit treuer Hilfe seiner Frau, erfolgreich als Germanist habilitieren und Anfang der 1960er Jahre ein vielbeachtetes Buch vorlegen: »Faust und das Faustische. Ein Kapitel deutscher Ideologie«. Mit einer leisen Reminiszenz offenbar an Goethes Frau Schwertlein, die bestechliche Nachbarin des armen Gretchen, hatte er sich inzwischen »Schwerte« genannt. Und war die Begegnung der Wehrmacht mit den Griechen im April 1941 nicht wirklich viel eher eine Begegnung mit einem zum grausamen Untergang verurteilten Gretchen als mit einer herrlichen Helena? Hans Schneider alias Schwerte gelang eine denkwürdige Karriere im akademischen Nachkriegsdeutschland; er brachte es bis zum Rektor der Technischen Hochschule Aachen und war als linksliberaler Professor in den 1960er Jahren ungemein beliebt. Die Studie über »Das Faustische« wies ihn als Ideenhistoriker und -kritiker im Sinne von Elsie Butler aus, wäre da nicht seine frühere Existenz gewesen. Aufmerksame Leser hätten sich schon bei der Einleitung wundern können, dass hier die Faustgestalt tatsächlich ausschließlich aus Faust I bezogen, Faust II nicht einmal erwähnt wird; dass ferner Spenglers monumentale Begriffsarbeit nur eine beiläufige Rolle spielt und die Hochzeit der faustischen Ideologie in die Jahre 1871 bis 1914 gelegt wird; nicht eben eine Blütezeit der akademischen Germanistik und Spengler absichtlich aussparend. Denn mit Spengler konnte er auch das Jahr 1922 aussparen, und damit das zeitgleiche Erscheinen des sonderbaren Buches von einem Germanisten namens Karl Justus Obenauer. »Der faustische Mensch. Vierzehn Betrachtungen zum zweiten Teil von Goethes Faust«. Im Zentrum dieses Buches stand nämlich erstmals tatsächlich Helena – und aus dem Vorwort wurde ersichtlich, dass Obenauer damals Rudolf Steiner anhing und wie dieser gegen Spengler argumentierte. Goethe, hieß es nun, zielte mit seiner Figur nicht auf einen unbändigen Einzelgänger, sondern auf den sehnsüchtigen Sucher nach Schönheit, also auf das Winckelmann-Ideal, wenn auch in weiblicher Gestalt. Die orgiastische Meeresszene der Walpurgisnacht, in der Homunkulus in tausend blitzende Scherben seiner Phiole zerfällt, dient nur der Geburt einer Helena aus dem Wasser, als schaumgeborene, blutvolle, hinreißende Gestalt: »das Produkt ergriffenster Schau«. Dieser Szene war Obenauer voll und ganz ergeben: »das Selbstopfer des außernatürlichen künstlichen Wesens, es bedingt die in Helena auferstehende Schöpfung Fausts. [...] Es ist die Vorbedingung zur Wiedergeburt der Helena: der abstrakte überkluge, allzu intellektuelle Dämon muss von den Mächten des Lebens ergriffen und eingeschmolzen werden. Er muss sich so vollkommen verwandeln, dass er mit eben diesen plastischen Kräften zur einen Flamme wird. Er geht unter im Zeugungsvorgang, der Helena, das vollkommen schöne Wesen, ins Dasein bannt. Er verwandelt sich so gründlich, daß er in der Neugeburt der Helena kaum mehr erkennbar ist. [...] das heißt aber nichts anderes als: Fausts Antike ist nicht die kühle künstliche Frucht eines unfruchtbaren, naturfremden Intellektualismus; es ist das Produkt ergriffenster Schau, meisterlicher Formkraft und glühendster Sehnsucht.«

Ganz fremd waren derartige Gedanken auch Elsie Butler nicht. Die Kritik am Dämon eines kalten Intellektualismus, mit dem sich Goethe selbst beschädigt hätte, musste ihr von Herzen zusagen. Aber hat sie jemals Obenauer gelesen – oder eben doch nur Stefan Zweig, der ja fast dieselbe Kritik unter Berufung auf Kant formulierte? Den Hass auf die kantische Philosophie teilten die Steineranhänger mit den meisten britischen Philosophen.

Jedenfalls konnte man damals nicht ahnen, dass dieser Germanist Obenauer sich später rückhaltlos dem Nationalsozialismus ergeben würde. Auf dubiosen Umwegen, ohne Habilitation, brachte er es bis zum Ordinarius 1935 in Bonn, wo er als Dekan in SS-Uniform auftrat und in angeblich einsamer Entscheidung Thomas Mann den Ehrendoktor aberkennen ließ. Seit 1937 wirkte er dann am skurrilen Sonderauftrag für Himmler in dessen »Hexenforschung«. Man sollte hier feindliche Meinungsmache von Katholiken und Juden gegen die Hexen aufdecken und diese Frauen im Rahmen altgermanischer Riten rehabilitieren. Eine gigantische Kartothek mit allen erreichbaren Daten über Hexenprozesse in Deutschland und benachbarten Regionen entstand, die den Krieg überdauerte und bis heute in Posen liegt. So also erschien die immer schon blonde

Helena offenbar plötzlich als germanische weise Frau oder Hexe und genuin deutscher Besitz.

Parallel zu Obenauer wirkte damals auch der Germanist Wilhelm Emrich im NS-Staatsdienst, nicht unter Himmler, sondern unter Goebbels. Mit dem Thema »Die Symbolik von Faust II« habilitierte sich der ehemalige Schüler von Adorno und Leser von Walter Benjamin 1943 an der Berliner Universität. Das Herzstück seiner Deutung wurde Fausts Erwachen aus dem Schlaf und das Vergessen Gretchens. So ließ sich legendär die Hohe Hochzeit feiern: Weil sich in Faust und Helena »zwei Welten begegnen«, im Zeichen »ursprünglichster geistiger und rassischer Verwandtschaft der beiden Völker« – in der Nachkriegsauflage gestrichen, aber so schrieb es Emrich im Jahr 1943, in dem die Wehrmacht mit voller Brutalität im lebendigen Griechenland agierte. Wer dies alles wissen konnte und als Philologe sicher auch registrierte, war Obenauers Kollege unter Himmler, Hans Schneider. Doch während Obenauer 1945 interniert und ein Jahr später katholisch wurde, während Emrich in den bundesrepublikanischen Staatsdienst übertrat, verwandelte sich Hans Schneider in Schwerte mit dem bekannten Ergebnis. Die Forschungen dazu dauern noch an.

Den doppelten Boden der Hellaswahrnehmung als einer Kriegs-, aber auch malignen Heimatlandesschau hat nach dem Krieg niemand besser beschrieben, ja zelebriert als wiederum Erhart Kästner. Mitten in der Vergötterungsprosa der Kreta-Aufzeichnungen lieferte er eine erschütternde Beschreibung jener Helena, die nun zum Gretchen geworden war: »Armes Griechenland! Du bist wohl nichts als die ehrwürdige Schlacke, die uns noch blieb von dem großen heiligen Feuer, das hier einstmals der Menschheit gebrannt hat. Das ist es, was wir noch haben an dir. Nun gehst du im Armenkleide und ziehst dein eigenes Totenhemd hinter dir her, die lange Schleppe eines Lebens nach dem Leben; denn die Größe deiner Vergangenheit läßt dich nicht sterben, und die unruhvolle Liebe einer Welt ist es, die dir die Stille einer Vergessenheit nicht gönnt. [...] Deine Berge sind kahl geworden und zeigen das Greisengesicht und erschrecken den, der sie sich jünger gedacht und belebter. Deine Straßen sind elend und deine Dörfer armselig und verschmutzt, und über allem liegt eine Müdigkeit, eine Trägheit, und ein Geschehenlassen, wie es denn gehen mag.«

Die Dörfer, schrieb Kästner, sehen verbrannt und verkommen aus, aber »nichts wird gerichtet und nichts gebessert und nichts gebaut«. Wer könnte so ein Land noch lieben?, lautete die Frage des westdeutschen Autors und wohlsituierten Bibliothekars im Jahr 1974. In diesem Jahr 1974 erschien sein Buch erneut im Insel Verlag; es war das denkwürdigste Jahr der griechischen Geschichte nach 1945, denn man hatte soeben die Junta gestürzt, die Monarchie abgewählt und Griechenland endlich in eine selbständige Nation ohne Fremdherrschaft und Bürgerkrieg überführt. Doch Kästner gab immer noch dieselbe Antwort wie dreißig Jahre zuvor Justus Obenauer im Geist Rudolf Steiners. Nur »ergriffenste Schau«, nur der schöpferische Blick eines Goethe könnte dieses Gretchen wieder zu einer lebenden Helena erwecken: »Nur denen, die den griechischen Blick besitzen, den vergrößernden, erhöhenden, trunkenen Liebesblick, den Blick in den goldenen Kelch, ohne den alle Schönheit ein klirrender kaltherziger Zauber bleibt.«

Aber ging es hier überhaupt um Fragen der Schönheit, war Helena nicht längst zur Kenntlichkeit entstellt als die trojanische Kriegsbraut, die sie noch bei Homer doch eigentlich war? Fast 2000 Jahre nach der Schlacht von Cäsar und Pompeius, rund 100 Jahre nach Fausts Besuch in der Klassischen Walpurgisnacht und beinahe 50 Jahre nach Sigmund Freuds Hellas-Traum war doch Thessalien schon wieder zum Kriegsschauplatz geworden, mit dem Einmarsch zunächst der Italiener, dann der Deutschen. Noch nicht lange ist aktenkundig, dass auch die fast zweihunderttausend italienischen

Soldaten sich damals schwerer Verbrechen schuldig gemacht haben. Nur eine patriotische Weichzeichnung nach 1945 lieferte aller Welt später Nachkriegsbilder passend zur touristischen Aufrüstung; Alexis Sorbas mit seinem Versöhnungstanz bleibt unvergessen. Die neue Regierung suchte mit Amnestien, sogar mit Vernichtung von Akten nach einem Schlussstrich unter die jahrzehntelangen Zerwürfnisse der Nation. Und trotzdem blieb die soziale Spaltung in kommunistische Partisanen und monarchistische Kollaborateure bestehen, blieb Griechenland auch territorial in feindliche Regionen zerfallen. In Thessalien setzte sich ab 1942 mehr und mehr die Linke fest, während Athen in wachsende Lebensgefahr durch britische und deutsche Besetzung geriet. Auf Kreta verlief der Krieg besonders heftig; der hartnäckige Widerstand der Partisanen wurde mit nie gesehener unmenschlicher Revanche bestraft. Das Phantasma der schönen Helena war einem Alptraum gewichen, nein zerstampft worden.

ZWÖLFTES KAPITEL
1942 bis 1949

Ruf nach Cambridge 1945. Eine Fausttrilogie zu Goethes Geburtstag. Faust und Helena in Okkultien: Helena Blavatsky und Aleister Crowley, Butlers Liebling. Somerset Maugham »The Magician«. 1947: Thomas Mann, Dr. Faustus. Butler kritisiert vernichtend und trifft E. R. Curtius in Bonn. Erlösendes Nachspiel mit Byron und Hilda Doolittle.

Nach ihrem letzten Vortrag 1942 zum Thema »Germanentum und Romantik« entschloss Elsie Butler sich zu einer drastischen Abkehr von aller Tagespolitik, jedenfalls ist aus ihrem Nachlass nichts anderes zu erkennen. Sie suchte nach den okkulten Welten, die sie schon lebenslang gereizt und bedrückt hatten, nicht fern von der britischen Theosophie, aber doch auf dem Kurs einer streng historisch arbeitenden Germanistin. In Vorbereitung des kommenden Goethe-Geburtstags setzte sie sich an eine dreibändige internationale Stoffgeschichte der mittelalterlichen Faustgestalt, mit Schwerpunkt auf den hermetischen Vorläufern, den ausübenden Magiern und den dazugehörigen Riten. Es gab offenbar einen Vertrag über alle drei Bände mit Cambridge University Press. 1948 erschien der erste Band »The Myth of the Magus«, »Der Mythos vom Zauberer«, beginnend mit Zoroaster über Merlin, den Zauberer aus der Artussage, und natürlich den Faust der Volksgerüchte bis zum »Holy Devil« der Russen, Rasputin. 1949 folgte »Ritual Magic«, eine Geschichte der eigentlichen Beschwörungspraktiken orientalischer Herkunft, vor allem aber der »Faustschule«; und noch im selben Jahr lag dem Verlag das fertige Manuskript zu »Fortunes of Faust« vor: eine ausführliche Rekapitulation aller möglichen Fauststücke seit der Zeit Luthers in England und Deutschland, einschließlich der Puppenspiel-Tradition im 19. Jahrhundert. Das Kapitel über Faust und Helena umfasste hier nur 20 Seiten und handelte ausschließlich von Goethes drei Versionen.

Trotz dieses wuchtigen Projekts gelang es Butler aber nicht, beim Jubiläum aufzutreten; nicht einmal ihr Name wurde genannt, geschweige denn eine Einladung versandt, und ausgerechnet der wichtigste dritte Band wurde vom Verlag aus unerfindlichen Gründen verschleppt bis ins Jahr 1952. Inzwischen hatte sie aber längst einen ehrenvollen Ruf nach Cambridge erhalten und dort 1946 den »Schröder-Professor of German«-Lehrstuhl übernommen. Vertrug sich das Ansehen dieser Stellung mit ihrem Projekt? Sie schien es zu glauben und sogar Unterstützung zu finden; immerhin gab es ja eine ehrwürdig philologische, nicht zuletzt durch Shakespeare und den Faust-Dichter Christopher Marlowe geadelte Tradition des britischen Okkultismus, Spiritismus und parapsychologischer Aktivitäten. Seit 1882 gab es auch eine Society for Psychological Research, der Butler natürlich schon früh beigetreten war, so wie um 1950 auch Arthur Koestler. Ihre eigenen psychotischen Schübe in den zwanziger Jahren hatte sie nicht vergessen, sondern der literarischen Verarbeitung überlassen. Dem ungenannten Psychotherapeuten der Newnham-Jahre, vermutlich aus dem Bloomsbury-Umkreis, hatte sie damals Besuche eines Inkubus geschildert; sie nannte ihn »Hosea« und stand angeblich in recht personaler Beziehung zu ihm, immer zitternd vor Angst.

Vielleicht war es nur folgerichtig, dass sie mit Beginn des Zweiten Weltkrieges schließlich doch in die Abgründe der magisch-theosophischen Spekulation eintauchte und ihrem Goethe-Paar dort auf den Fersen blieb: Faust und Helena. Beide Figuren gab es nämlich seit der Jahrhundertwende bereits als okkulte Wiedergänger tatsächlich, beide exzentrisch bis zum Wahnsinn und *bigger than life*. Helena hieß die größte Theosophin der Zeit, genauer Helena Blavatsky, russischer Herkunft, und den mephistophelischen Faust dazu spielte Aleister Crowley, der Krähenmann, der bekannteste Okkultist des 20. Jahrhunderts, unter anderem Begründer des Ordens Golden Dawn, den heute eine griechische Neonazi-Partei zum Ahn erhoben hat. Als faustisch-mephistophelische Figur hatte diesen Mann bereits vierzig Jahre zuvor ein Autor gezeichnet, der ihn im Winter 1905 in Paris offenbar persönlich erlebt hatte, aber selber damals noch nicht sehr bekannt war, jedenfalls nicht als Romanautor: Somerset Maugham. Sein Roman »The Magician« (»Der Magier«, deutsch 1958) nutzte eines der vielen Gerüchte über den offenbar wirklich unheimlichen Zeitgenossen, wonach dieser mit Homunkulus-Experimenten aus der Küche des Faust befasst sei. Im Roman hieß er Oliver Haddo; neben ihm gab es eine Art Paracelsus mit einer typischen Faust-Studierstube voller Bücher, und eine Frau, vom Autor als gemarterte Margarete mit klassischer Helena-Schönheit gezeichnet. Nach dem Plot versetzt hier ein Mephisto um 1900 ein Gretchen in willenlose Trance, um sie als Versuchsobjekt grausam zu missbrauchen. Paracelsus/Faust, der Gelehrte, hat nicht viel zu vermelden. Es war das Gegenteil der Helena-Beschwörung aus dem Volksbuch und aus Goethes Faust.

Somerset Maughams Roman erschien 1908 – damals kehrte die studentische Elsie Butler gerade aus Paris nach London zurück; nicht unwahrscheinlich, dass sie mit ihren frühen Neigungen oder Beschwerden irgendwann »The Magician« las, einfach weil sie mit der britischen *community* in Paris verkehrte. Maugham wurde nach eigener Auskunft mit dem Buch als Romanautor berühmt. Obgleich der Plot nur auf eine naturwissenschaftliche Sonderbarkeit abzuzielen schien, konnte oder wollte er im Vorfeld des drohenden Weltkriegs eine antideutsche Stimmung befördern. Auch Paracelsus schrieb bekanntlich auf Deutsch, um neben Luther eine nationale Edukation zu befördern; das wurde im Roman ausgeführt; aber man konnte ahnen, dass der Krieg eben auch zum Vater grauenhafter Erfindungen werden könnte, wie etwa des Senfgases aus deutschen Labors. Die Adoration des Paracelsus durch Hitlerdeutschland stand bevor und das Ausland reagierte. Seit 1905 war mit Sir Edward Grey ein besonders deutschkritischer Politiker ins Foreign Office eingezogen und sorgte dort für wachsendes Misstrauen zwischen den Nationen, Christopher Clark hat es in seiner großen Studie über die »Schlafwandler« beschrieben. Genährt wurde es nicht zuletzt durch die Literatur. Aus politischem Instinkt stattete Maugham – selber Geheimagent im Ersten Weltkrieg – die nichtdeutschen, schon jetzt gleichsam alliierten Romanfiguren mit Seele und Mitgefühl aus und ließ sie beständig zwischen London und Paris pendeln, während eine Aufführung von Wagners Tristan schließlich zu einer finalen Götterdämmerung führt. Als 1930 »Mario und der Zauberer« von Thomas Mann erschien, ein Nachhall von Somerset Maugham, sah man die Zauberwaffe einer betäubenden Hypnose schon offen auf der politischen Szene, deren Protagonist Hitler in keinem versteckten Labor, sondern eben blank auf der Bühne stand.

Helena Blavatsky und Aleister Crowley: Zwar waren die beiden kein Paar, sondern eher Mutter und Sohn, denn sie starb schon 50 Jahre vor ihm, wohl aber beherrschten beide eine unterweltliche Szene, die gewiss nie in die höhere Germanistik eingedrungen war. Butler aber war furchtlos und neugierig. Es gelang ihr, den verrufenen Anti-Christ und Sexualmagier Crowley, den Wiederbeleber der Abtei Thelema in Hastings – dem Geburtsort von Winifred Wagner –, aufzusuchen und zu einem Interview zu bewegen. Sie hatte ihm von ihrem entstehenden Buch über den »Magier« berichtet und hoffte, mit ihm eine lebende Gestalt aus diesem Zoo zu gewinnen. Mit dem ihr eigenen Humor schildert sie in »Paper Boats« über zehn Seiten die mühsame Reise ins südöstliche England; schließlich war sie auch schon über sechzig und Crowley noch zehn Jahre älter. Sie hatte einen Fragebogen entworfen, aber er antwortete nicht wirklich darauf. Von der einstigen Ausstrahlung des Magiers war nichts mehr zu merken; er war alt geworden und krank und im Jahr darauf starb er.

Enttäuscht reiste Butler wieder nachhause und widmete ihm im Buch ein paar Zeilen. Mehr als nur ein paar Zeilen erhielt aber ihre leibhafte Helena, Madame Blavatsky. Es wurde ein gut recherchiertes, durchgängig ungläubig ironisch gehaltenes Kapitel, dem aber zweifellos eine weitaus genauere Kenntnis der Szene zugrunde lag. Denn nicht nur hatte Blavatsky eine Reihe von einschlägigen Kultbüchern verfasst; sie hatte auch im London der 1870er Jahre jene theosophische Gesellschaft gegründet, die Rudolf Steiner ab 1902 deutscherseits übernahm. Zehn Jahre später trennte er sich von den Briten; die Theosophie war ihm auch mit der fiebrigen Anbetung eines Knaben namens Krishnamurti zu asiatisch geworden. Sollte doch Stefan George mit einer solchen Kultfigur fertig werden.

Mit der Wendung zu Goethe, dessen »Märchen« nun als Quelle esoterischer Weisheit ins Zentrum gerückt wurde, schuf Steiner, der Goethe-Fachmann, einen zentralen Kult für die längst vor Ausbruch des Weltkrieges spirituell bedürftige Bürgerwelt. Abgesetzt hatte sich Steiner damit auch von der engsten Blavatsky-Schülerin Annie Besant, jener erstaunlichsten Figur der englischen Frauenbewegung neben Beatrice Webb. Abwechselnd kommunistisch und spirituell orientiert, einige Jahre lang Freundin von Bernard Shaw, ging Besant nach dem Tode von Blavatsky nach Indien, wo sie ihre Theosophie installierte und sogar den ersten indischen Nationalkongress 1915 mit ins Leben rief. Nach Streit mit dem jungen Gandhi, der dann die Führung übernahm, musste sie sich zurückziehen; sie starb 1933 in Madras, ein Jahr bevor Elsie Butler und Isaline Horner das Land bereisten. Unwahrscheinlich, dass alle drei nichts voneinander wussten.

Okkulte Neigungen, wenn auch nicht so ausufernde, hatte aber eben auch jener Autor, dem Elsie Butler dann 1947 einen Vortrag in der Londoner Goethe-Gesellschaft widmete: Thomas Mann. Sein dramatisch politisches Romanprojekt »Dr. Faustus« war in jenem Jahr erst in Stockholm, dann in Berlin erschienen; von Butlers Arbeiten kannte er nichts. Was sie aufgrund ihrer Recherchen aber vor allen anderen Rezensenten sofort bemerkte, war Manns Fixierung auf das Volksbuch, auf die anonyme Fassung des Stoffes als Erzählung, vom Frankfurter Drucker Spies 1589 in Umlauf gebracht. Dieser Faust endet bekanntlich leiblich unerlöst, vielmehr schreiend vor Schmerz, weil er nach 24 Jahren teuflischer Assistenz seine versprochene Höllenfahrt antreten muss. Wie Butler schon 1938 mit Santayana die Deutschen insgesamt in einer faustischen, also dämonischen Begierde verfangen sah, nicht zuletzt der Begierde nach Griechenland als schöner Helena, attestierte nun auch Thomas Mann seiner Heimat eine Art geopolitischen Bannfluchs aus der ältesten vorgoetheschen Version: »Deutschland, die Wangen hektisch gerötet, taumelte dazumal auf der Höhe wüster Triumphe, im Begriffe, die Welt zu gewinnen kraft des einen Vertrages, den es zu halten gesonnen war, und den es mit seinem Blute gezeichnet hatte. Heute stürzt es, von Dämonen umschlungen, über einem Auge die Hand und mit dem andern ins Grauen starrend, hinab von Verzweiflung zu Verzweiflung.«

Ein deutscher Faust im Bündnis mit dem Teufel: Was im 25. Kapitel des »Dr. Faustus« berichtet wird, hatte auch biographische Hintergründe, setzte Kenntnis und Praxis von okkulten Befassungen mit Medien voraus, mindestens von Hypnose. Auch »Mario und der Zauberer« von 1930 hatte ja von Münchner Ereignissen und Erlebnissen gezehrt; aber nun kam neben der altdeutschen Szene noch das Medium der Musik und die Figur des syphilitischen Nietzsche dazu. Wie zu erwarten, fand Butler an Manns Roman weniges zu loben, aber vieles zu tadeln. Zwar attestierte sie ihm atemberaubende Virtuosität in der atmosphärischen Zeichnung, aber handwerklich gehe es eher um Montage als um eigenständige Phantasie. Wer montiert, benutzt gegebenes Material. Fast alles fand Elsie Butler entlehnt. Nicht nur die Handlung, nicht nur der kranke Nietzsche und seine Bordell-Infektion, auch der Sprachduktus aus dem 16. Jahrhundert sei eben nicht innovativ, nur kunstvoll eingeschmolzen; ja, das berühmte Gespräch mit dem Teufel sei Dostojewski geschuldet, ein formales Zitat vom Verhör des Iwan Karamazow mit dem Inquisitor als einem dämonischen Alter Ego. Goethes Faust werde zwar übersprungen, aber eine Figur habe er sich doch ausgeliehen, den Famulus Wagner »im Mantel von Eckermann«. Kein einziger Zug dieses Buches kann die Leserin und Germanistin Elsie Butler im Wortsinn herzlich berühren. Alle Figuren, so genau beschrieben auch immer, so dicht auch immer schlüsselartig an lebenden Vorbildern orientiert, sie sind allesamt: »Neither endearing nor interesting and fail to come alive.«

Geschichte und Wirkung dieser Rezension hat Elsie Butler in ihrer Autobiographie chronologisch zu früh, aber mit sichtlich freudigem Gruselgefühl rapportiert. Das Foreign Office hatte sie nämlich mit diesem Vortrag durch fünf deutsche Universitäten geschickt, wo sie den Studenten von einem Buch berichtete, das 1948 vermutlich fast keiner von ihnen gelesen hatte. Die erste Station war Bonn – jene Stadt, die sie 1913 in heller Wut verlassen hatte, weil die Professoren ihr sadistisch langweilig erschienen und die britische Aversion gegen die Deutschen auf den Höhepunkt zusteuerte. Wiederum in Bonn hatte sie dann 1927 erneut schlimme, ja gespenstische Erlebnisse mit der Staatsbibliothek, als sie die Handschriften des Fürsten Pückler studieren wollte. 1948 war Bonn dann zwar nicht mehr die Wirkungsstätte von Justus Obenauer, sondern von Ernst Robert Curtius, dem berühmten Romanisten, dem Generationen von Studenten die Entdeckung der lateinischen Tradition im deutschen und europäischen Dichtungsraum verdankten: wohlgemerkt der lateinischen und nicht der griechischen. Das jahrzehntelang erarbeitete Standardwerk »Europäische Literatur und lateinisches Mittelalter« war ein Jahr nach »Dr. Faustus« erschienen, und als Freund und Befürworter des Dichters war Curtius nun entsetzt über die germanistische Botschafterin aus dem Vereinigten Königreich.

Butler hat dazu einen ausführlichen Bericht hinterlassen: »Bonn war bei weitem nicht so wie Köln völlig zerstört. Die Kaffees, wo ich abends gesessen hatte, und den verwaisten Golfplatz, gab es noch, nur konnte ich nichts mehr finden; die Universität, zwar teilweise ruiniert, war immerhin noch ein Wahrzeichen, das ich aber einfach völlig abgetrennt von meiner Vergangenheit wahrnahm. Ich konnte den früheren Anblick weder innerlich noch äußerlich zurückrufen. Hätte es da nicht den majestätisch fließenden Rhein gegeben, der für Kontinuität stand, ich wäre völlig verloren und verwirrt gewesen.

Was zu meiner seelischen Verwirrung beitrug, war aber die Tatsache, dass Ernst [Robert] Curtius, der große Gelehrte von internationalem Ansehen, für mich ein vitales Band zur Vergangenheit durch Jane Harrison, mir derart feindlich gegenübertreten sollte, als ich ihn zum ersten Mal aufsuchte. […] Wie konnte ich bloß in Deutschland so über Thomas Manns Doktor Faustus reden? Müsste nicht sogar eine umnachtete Britin zu der Erkenntnis imstande sein, dass man damit Salz in die Wunden streute, die sich eine unglückliche Nation durch ihre Sünden und Leiden selbst beigefügt hätte? Thomas Mann habe sein eigenes Land verraten und nun käme jemand wie ich und fügte noch Beleidigung dazu. Nun gut, er könne mir prophezeien, dass mir die Zuhörer schon sagen würden, was für eine Frechheit ich mir erlaubte, sollte ich überhaupt Zuhörer haben. Er war zu wütend, um meine Erklärungen anzuhören. […] Und doch vergab er mir dann, und mehr noch, er wurde freundlich, fast gefühlvoll und hätte nicht charmanter sein können, als ich mich später von ihm verabschiedete. Und warum? Weil ich Jane Harrison gekannt, geliebt und verehrt hatte. Alle Schranken senkten sich, als ich das erwähnte …«

Denkbar, aber nicht überliefert ist, dass Elsie Butler damals auch den Assistenten von Curtius in Bonn antraf: Walter Boehlich, später Cheflektor des Suhrkamp Verlages, der die Hitlerzeit in Spanien und Dänemark überlebt hatte. Wie die Mehrheit der Literaturkritiker in Deutschland, so urteilte auch Boehlich ungemein kritisch über den exildeutschen Dichter, der sich, wie man fand, prätentiös und hochmütig über sein eigenes Volk gebeugt hätte: »Thomas Mann hat Unmögliches versucht. Er hat den Roman Leverkühns geschrieben, seines Freundes, mit dem er das Deutschland meinte, das er liebte, das Deutschland der Philosophen, Lyriker und Tonkünstler. Das hätte ein Faustbuch werden können. Aber er hat zugleich den Roman des nationalsozialistischen Deutschland schreiben wollen, das eben nicht faustisch war, sondern nur dem Bösen verfallen, sich ihm vielleicht ebenso unwissend verschrieben hatte, wie Leverkühn dem Teufel. Verbindungen zu Faust gab es nicht, weder zum mittelalterlichen noch zu dem Goethes.«

Wie hatte Curtius darauf wohl reagiert? Es ist nichts überliefert – der Nachlass von Walter Boehlich harrt noch der Bearbeitung. Überliefert sind dagegen einige briefliche Äußerungen von Thomas Mann. Eliza Butler sei »eine rechte Pest. Sie ist unmässig stolz auf ihre Kenntnis des alten deutschen Volksbuches und sieht im Faustus nichts als eine halbgelungene moderne Bearbeitung davon. Mehr hat sie nicht gemerkt, reist aber mit ihrem kundigen Vortrag überall herum. Auch an deutschen Universitäten hat sie ihn gehalten.« Aus welcher Laune heraus weiß man nicht, jedenfalls lud Elsie Butler den Autor sogar nach Cambridge ein, was er dankend ablehnte. Stattdessen ließ er sich von der London University zum Goethejubiläum am 28. August 1949 einladen und sprach dort vor 700 Zuhörern. Ob er sich je weiter mit Butler befasst hat? Die Figur der Helena hätte man vielleicht noch bereden können, denn im Roman ist sie ja hintergründig präsent, wenn auch nach dem bekannten Männerschema zerlegt in eine Madonna – im Roman Marie Godeau, resp. Katia Pringsheim –, und in eine Hure, wobei diese Hure als *hetaera esmeralda* nach einem glitzernden Schmetterling benannt wurde, einem indischen Flügler. Weder die eine noch die andere hat allerdings einen Weltkrieg ausgelöst, aber beide waren auch nicht als Friedensengel konzipiert.

Das Jahr 1949, in dem man also Goethe feierte und die DDR gründete, bedeutete tatsächlich das Ende der geopolitischen Fabel von Faust & Helena, und auch das Ende der imaginierten Helena, denn die kulturpolitische DDR kannte eigentlich nur noch den blinden Faust, der sich das Beste für ein »freies Volk auf freiem Grund« erhoffte. Ansonsten beherrschte die mythische Figur des Ikarus die theatralische Phantasie in Ostdeutschland. Ikarus als Sohn des technisch genialen Daidalos, dem aber doch das Scheitern eingeschrieben war; man mochte an Spenglers Visionen denken oder an frühe bolschewistische Träume. Das Land der Griechen selber musste ab 1949 nicht mehr mit der Seele gesucht werden, es wurde als Partner der Sowjets zur realpolitischen Größe und erhielt als solche Hilfen. So wurden etwa mehrere tausend Waisenkinder aus Welt- und Bürgerkrieg von der Partei auf die sowjetischen Bruderstaaten verteilt, mehr als tausend allein in die DDR, wo einige samt ihren Nachkommen heute noch leben.

Wer aber damals im Westen nicht einen Mephistokult mit Gründgens oder eben mit Thomas Mann fortsetzen wollte, blieb in der Regel an den alten Topoi kleben. Als einer der wenigen meldete Karl Jaspers 1947 bei Verleihung des Goethepreises verhaltene Kritik am Dichterkult an, womit er einen Sturm der Entrüstung auslöste; aber auch der spanische Philosoph Ortega y Gasset bat um einen neuen Goethe, um »Goethe von innen«. Von »Goethe als Mensch« und »Goethes Heimkehr« hingegen sprach Frank Thiess, der schon in den 1930er Jahren eine deutsch-russische Ehe im partei- und geopolitischen Sinne flammend befürwortet hatte und inzwischen an einer Geschichte der byzantinischen Kaiser schrieb.

Das Thema Hellas und das humanistische Erbe wurde also weniger scharfen Diskussionen unterzogen, als man hätte erwarten können; ja genaugenommen fühlten sich die klassischen Philologen bei Kriegsende in ihren Fächern wohl eher geborgen als herausgefordert. Von Butlers Buch war natürlich auch nach dessen Übersetzung 1949 nirgends die Rede. Seit 1945 erschien vielmehr eine neue Zeitschrift unter dem Titel »Antike und Abendland«, ohne ein Wort über den Krieg und das deutsche Wüten in Griechenland, immerhin einst die Stätte einer von Deutschen angebeteten alten Kultur. Zwar waren die ersten Aufsätze noch vor Kriegsende verfasst worden; aber dasselbe Schweigen herrschte auch in den folgenden Ausgaben. Bruno Snell, der Herausgeber, galt jedoch als entschiedener Gegner des NS; als Ordinarius für Klassische Philologie in Hamburg von 1931 bis 1959 wurde er Lehrer von Walter Jens, der seinerseits eine erste Nachkriegsgeneration von Söhnen und Heimkehrern in Klassischer Philologie und in der Problemgeschichte des Philhellenentums erzog, als einer der wenigen, die einer nahtlosen Fortsetzung des Elitekults widerstanden. Nach seinem ersten Roman »Nein. Die Welt der Angeklagten« von 1950 stieß er zur Gruppe 47 und wurde einer ihrer mächtigsten Kritiker; mit Werken über die altgriechische Literatur und deren Anverwandlung im eigenen Werk beherrschte er den Tübinger Lehrstuhl für Rhetorik und entfaltete eine überragende publizistische Palette. Bis zur Entdeckung seiner jugendlichen Mitgliedschaft in der NSDAP im Jahre 2003 galt er als linker *praeceptor Germaniae*. Schon wenige Wochen nach der Machtergreifung der Junta in Griechenland am 21. April 1967 war er als Hauptredner einer Kundgebung in Tübingen aufgetreten und hatte studentische Solidarität versprochen – in dieser Performance nun also beinahe Kollege von Günter Wallraff, der sich 1974 in Athen tatsächlich und medienwirksam an einen Laternenpfahl fesseln ließ, um das Ende der Diktatur zu erzwingen.

Elsie Butler wurde 1951 emeritiert. Auch wenn der dritte Band der Faust-Trilogie erst 1952 erschien, konnte sie die Faustfolter nun endlich hinter sich lassen. Sie schrieb jetzt ihre Erzählungen, die wenig freundliche Leser fanden, bereitete ihre Autobiographie vor und befasste sich mit ihren beiden Lieblingsautoren, Byron und Heine. Zu Heines hundertstem Todestag 1956 lieferte sie eine Biographie, wenn auch wohl weniger auf dem neuesten Stand der Forschung als das gleichzeitig erscheinende Buch ihres Kollegen William Rose, ihrem britischen Double in Deutschland, wo sie sich ja völlig unbeliebt gemacht hatte. Rose, 15 Jahre jünger als Butler, war ihr Kommilitone unter John Robertson 1924 an der London University gewesen, und als treuer Schüler hatte er genau wie Robertson und Butler zu Heine und Byron geforscht, 1931 sogar auch zum historischen Faust. Wegen seiner Deutschkenntnisse diente er 1939 bis 1944 in der Armee, unter anderem als Mitglied der »Enigma Code Breaking Company« in Bletchley Park.

Butlers Wendung zu Byron, genauer zu »Byron und Goethe«, hatte schon 1948 einen sehr konkreten Anlass. Bei ihrer letzten Reise nach Göttingen fand sie dort in der Bibliothek Byrons »Sardanapal«-Dichtung in einem Goethe gewidmeten Band: – der Verleger hatte sie aber im Druck vergessen. Nachträglich und nahezu unsichtbar klebte man sie ein – Goethe merkte nichts, sondern war zu Tränen gerührt. Ausgerechnet dieses Exemplar war irgendwie schließlich in Göttingen gelandet, und Butler fand es hier vor den Augen der Germanisten; eine Räuberpistole der Literaturgeschichte. Sofort war sie zu einem neuen Buch inspiriert, und dies umso mehr, als der kleine Disput mit Hilda Doolittle von 1952 sie auch mit dieser Dichterin näher bekannt gemacht hatte. Jedenfalls widmete sie »Byron and Goethe. Analysis of a Passion« ganz überraschend eben H. D. – die ihrerseits Butler angeblich für den intellektuellsten weiblichen Kopf neben Sigmund Freud hielt. Hatten die beiden sich mit der Zeit befreundet?

Hilda Doolittle war inzwischen in die Schweiz gezogen und immer wieder in ärztlicher Behandlung. Ihr großes Poem, »Helen in Egypt«, an dem sie seit 1953 schrieb, erschien erst kurz vor ihrem Tode 1961. Es war ein Werk auf Augenhöhe mit der neueren Mythendichtung aus männlicher Hand: Camus mit seinem »Sisyphos«, oder auch André Gide mit »Theseus«, zu schweigen von Joyces »Ulysses« oder von Valéry mit seinen sokratischen Dialogen. Zugegeben, auch die Bühne für H. D.s Dichtung war okkultistisch und versponnen. Aber mit Doolittles Helena trat diese Sagenfigur erstmals zugleich rückhaltlos poetisch, politisch und gnadenlos komplex auf die Szene der modernen Literatur. Alles an dieser Gestalt war kompliziert: wer sie in Ägypten erblickte, dem Hort aller hermetischen Umtriebe, wusste als Kenner der griechischen Mythologie, dass sie ein Double in Troja haben musste, mit dem wiederum ein zehnjähriger Krieg mit blutigen Opfern verbunden war, was für sie als Symbol im Europa nach 1945 mehr als angebracht schien. Diese Helena war eine Kriegsbraut – und damit die strengste Hommage an Goethe und seinen Faust, die man sich denken konnte. Nicht ganz so streng hatte schon Butlers Darstellung von 1956 geklungen. Der Dichter, schrieb Butler in ihrem letzten Auftritt als ernüchterte Goetheforscherin, habe Euphorion erschaffen, nicht nur um Byron ein Denkmal zu setzen, sondern salopp gesagt um Helena loszuwerden und Faust sozusagen zur Arbeit zu schicken. Eine etwas schnippische Deutung, aber gesichert, denn auch in der Volkssage verschwinden ja Mutter und Sohn gemeinsam von der Bühne als fauler Zauber. »The emotional content of the Helena act is incurable grief for a vanished ideal of heroic beauty«, lautete Butlers höflicheres Fazit. Goethes Helena soll zur Trauerarbeit im Sinne Freuds erziehen und nicht zum Ressentiment oder zur Misogynie. Aber solch eine Melancholie war mit dem Untertitel ihrer Studie – »Analyse einer Leidenschaft« – wohl doch nicht gemeint. Vielmehr folgte sie der von Goethe selber gelegten Spur, die eben zu Byron führte und nicht zu Helena. Butler legt nahe: Es war die Spur der neptunischen Konstitution, die Goethe offenbar von Beginn an dem Dichter, der sein Sohn hätte sein können, fesselte, und nach Kenntnis des Buches von Byrons Brigantenführer Parry noch deutlicher wurde. Erst jetzt erfuhr er ja, wie stark Byron als Seefahrer und poetischer Flottenkommandeur mit dem Meer assoziiert war. Butler trug lauter Belege zusammen, etwa die bewundernde Bemerkung vom 11. März 1828: »Byron ist täglich mehrere Stunden entweder am Strand geritten, oder gesegelt, oder im Meer geschwommen«. Diese Bewunderung für einen maritimen Typus wie Byron konnte die Goethekenner unter Butlers Lesern nicht nur an Winckelmanns Meeresformeln erinnern, sondern auch an die alte Fehde der Geologen, an den Streit zwischen Vulkanisten und Neptunisten zur Frage, wie der Ursprung der Welt zu erklären sei. Goethe war offenbar immer aufseiten des Wassers; anders als Faust huldigte er dem Neptunismus; und also war es nicht wunderlich, dass er im Alter mehr und mehr von der Wolkenkunde hielt.

Sicher hatte er auch bei seinem Besuch in Neapel 1787 mit William Hamilton, dem Gatten von Emma Hart-Hamilton, darüber gesprochen. Hamilton war ja nicht nur ein Kunstsammler, sondern ein anerkannter Vulkanologe der Epoche; sein herrlich illustriertes Werk zu diesem Thema verblasste zwar vor dem Skandal seiner Ehe, wurde aber von Goethe widerwillig anerkannt. Zur Sprache kommen musste bei Goethes Besuch damals die paradox gleichzeitige Erstickung und Bewahrung der Antike durch glühenden Lavastrom hindurch; ein Kontext, dem ja schon Winckelmann in Herkulaneum und Pompeji begegnet war. Anders als bei Heinrich Schliemann in der Türkei hatte man in Italien immer wieder antike Prachtstücke wie neu und lebend aus der Asche geborgen, und Hamilton hatte natürlich, wie so viele seiner Kollegen, nicht alles dem italienischen Königreich »Beider Sizilien« überlassen oder den Kunsthändlern. Doch blieben Goethes Gedanken bei diesem Besuch wohl auch auf einer ganz anderen Spur, nämlich bei der Kunst der Metamorphosen, die Lady Hamilton mit ihrer Kunst der *Attitudes* ihm so eindrucksvoll vorgestellt hatte.

Wenig später, 1786 im Garten von Palermo, notierte Goethe die ersten Gedanken zu seiner »Metamorphose der Pflanzen«.

Metamorphosen, Verwandlungen galten in der Antike als Domäne eines griechischen Meergottes, in der Geschichte des pantomimischen Tanzes nicht weniger als bei der Entstehung von Faust II. Dieser Meeresgott erschien auch als Zentralfigur im Drama des Euripides über Helena, worauf sich H. D. nun bezog, denn bei Euripides, den sie auch selbst übersetzt hatte, wird die schöne Frau von einem König Proteus beschützt, während ihr »eidolon«, ihr Trugbild, in Troja den Krieg »überlebt«. Es waren zehn Jahre Krieg um eine Fata Morgana gewesen, und Anspielungen auf den Zweiten Weltkrieg lassen sich in der Dichtung erkennen. Am Ende steht ein Achill am Meer: mit einem verächtlichen Blick auf Paris, der das Eidolon nicht erkannte. Es steht hier Achill als Sohn der Nymphe Thetis, dem das Meer zur zweiten Natur wurde; aber auch Achill als Zögling des Kentauren Cheiron, den Goethe mit Faust über Helena reden lässt, zum großen Entzücken beider. Fast möchte man bei den letzten Versen von H. D.s ägyptischer Helena an den Eingangssatz von Elsie Butlers Tyrannenbuch denken, an die große Allegorie auf die Menschheit am Meeresstrand, die vor dem Element teils kühn, teils ängstlich, teils begabt, teils gelähmt erscheint, in bedrohlich »edler Einfalt, stiller Größe«. 1755 galt diese Allegorie der Gestalt des gequälten Laokoon, jenem Priester des Meergottes Poseidon, Proteus' Vater; 1935 galt sie bei Butler den deutschen Dichtern seit Winckelmann; um 1955 hatte die amerikanische Dichterin Doolittle das Element aus den männlichen Kunstphantasien befreit.

Eidolon

Aber was konnte Paris vom Meer wissen,
von Wellenschlag und Widerhall,
von dröhnend laut und leisem Echo,

vom Riffelmuster, diesem Zauberspruch
auf dem Sand, auf den Steinflechten,
dem Seemoos, dem Sand,

und wieder und wieder dem Sand;
was weiß Paris von Wellenkamm und Wellental,
dem Seeweg?

Vom Berg Ida kommend,
was konnte er von den Schiffen wissen,
vom schäumenden Gischt,

von Untiefen, Sturm, Schieferscherben
der unendlichen Einsamkeit,
wenn man nie allein ist?

Nur Achilles konnte sein Herz und die Welt brechen
für ein Zeichen,
eine vergessene Erinnerung.

CODA MIT KASSANDRA

Elsie Butler starb 1959. London und Oxford hatten ihr noch Ehrendoktorwürden verliehen; ihre Autobiographie »Paper Boats« erschien und endete mit dem Widmungs-Fund in Göttingen, auf den sie unmäßig stolz war. Ob sie in ihren letzten Jahren politische Entwicklungen in Europa wahrgenommen hat, ist unsicher. Der erste und bisher einzige und liebevoll detaillierte Nachruf in deutscher Sprache erschien 1964 von dem Schweizer Literaturhistoriker Walter Muschg. Mit seiner »Tragischen Literaturgeschichte«, seit 1948 mehrfach wiederaufgelegt und erweitert, war Muschg weit über die engere Germanistik hinaus bekannt geworden. Wie Butler übte er massive Kritik an deutschen Autoren, sprach gar von einer »Zerstörung der deutschen Literatur«, und seltsamerweise rückte er zur selben Zeit wie Butler Magier und Seher als Ikonen dichterischer Verfasstheit ins Bewusstsein, wenn auch ohne okkulte Mission. Eher gehörte politische Wahrnehmung für Muschg zur Grundausstattung der Dichter, und Butlers mahnende Worte zur Nachkriegsauflage des Tyrannenbuches von 1958 mussten ihm imponieren.

Die politische Beziehung zwischen Deutschen und Griechen neigte um 1960 zur Normalisierung, was immer man nach der grausamen Besatzung mit geschätzt zwei- bis vierhunderttausend Toten darunter verstehen mochte. Bundespräsident Heuss hatte das Land 1956 besucht und war mit herzlichem Beifall empfangen worden. Nun schloss man Verträge über die Beschäftigung von Gastarbeitern; der Bundestag bewilligte 1961, vor dem Hintergrund der Londoner Schuldenkonferenz von 1953 und der allgemeinen Aufbauarbeit der Deutschen, eine erste Wiedergutmachung von

115 Millionen DM für Opfer von Krieg und Vernichtung – aber eben nur eine erste. Seither stehen weitere Ansprüche im Raum, vor allem der sogenannte »Zwangskredit« von 1943, eine spärlich dokumentierte Schuldverschreibung des Deutschen Reiches, heftig umstritten und im Zuge der neuesten Schuldenkrise zum Dauerthema unter Historikern geworden. Nach Mitteilung der FAZ vom 13. September 2001 hatte Deutschland bis zu diesem Jahr mehr als 30 Milliarden Mark an Entschädigung gezahlt – wieviel oder ob überhaupt etwas davon wirklich an die Leidtragenden jener Dörfer kam, die von der Wehrmacht mehr oder minder ausgelöscht wurden, weiß niemand.

Doch in den sechziger Jahren machte der Film »Alexis Sorbas« nach dem Roman von Nikos Kazantzakis weltweit Stimmung auch für ein entspanntes und völkerfreundliches Kulturklima; der Tourismus blühte auf, selbst Martin Heidegger machte sich 1967 auf die Reise nach Delphi, mit Hölderlin im Gepäck. 1967 war aber auch das Jahr der aufflammenden Studentenbewegungen in den westlichen Ländern und schließlich das Jahr einer neuerlichen Zerreißprobe für Griechenland mit Zypernkrise und Militärdiktatur, die erst 1974 zu besiegen war. Nicht zuletzt die Aktivität der Deutschen Welle hat damals den studentischen Aufstand angefeuert, auch die westdeutsche Kultur reagierte auf ihre Weise mit dem groß angelegten Antiken-Projekt von Peter Stein am Berliner Funkturm. Zwei Jahre später konnten endlich Verhandlungen über einen EU-Beitritt aufgenommen werden; 1981 war es dann so weit. Die griechische Gesellschaft schien sich endlich unter dem Schutz eines wachsenden Wohlstandes zu integrieren – während die Großmächte, die diesen Staat erfunden hatten, sich zunehmend in atomares Wettrüsten verstrickten.

In dieser Zeit entstand das vielleicht bekannteste Werk einer ostdeutschen Autorin, die geistesverwandt mit Ingeborg Bachmann und Marieluise Fleißer zur Ikone der deutschen, wenn nicht internationalen Frauenbewegung wurde: Christa Wolf mit ihren Büchern zu Kassandra, der antiken Seherin. Ähnlich wie Virginia Woolf arbeitete sich Wolf in die Geschichte der antiken Überlieferungen ein, die in der Akademie der Wissenschaften der DDR nach wie vor sorgfältig gepflegt wurden; sie studierte die neuesten archäologischen und anthropologischen Quellen, aber vor allem: sie bereiste das Land. Endlich also bemühte sich ein deutscher Autor, eine deutsche Autorin um den Lokaltermin, den Elsie Butler immer verlangt hatte. Und hatte Christa Wolf nicht überhaupt Kenntnis von Elsie Butler – über Walter Muschg, den Deutschenkritiker, vielleicht durch Max Frisch vermittelt? Woher sonst kam ihr die Idee zu einer »Seherin«?

Wie auch immer, nun gab es erst einmal Christa Wolf leibhaftig in Griechenland. Nicht als Soldatin, nicht als ahnungslose Touristin, weder als Kunstreisende oder Sammlerin noch als Ausgräberin oder Gräzistin kam sie 1980 ins Land, sondern als wissbegierige Frau der Literatur, wenn auch mit bohrenden Fragen aus dem materialistischen Magazin von Fallmerayer: Wie verwandt sind die hier lebenden Griechen nun wohl wirklich mit den antiken? Auch als Freundin kam sie zu Freunden, wie etwa zum Dichter Valtinos, mit dem sie an einem langen Abend besprach, ob nun Kassandra oder nicht vielmehr Klytämnestra die erste Feministin der Weltliteratur gewesen sei ... Die Reisende notierte aufmerksam, halb ängstlich und halb liebevoll den griechischen Alltag mit seinem Tourismus, der westdeutsche Bildungsbürger so abstieß, und sie nahm sich die nötige Zeit dafür. Hölderlins Diotima, die ihren Freund Hyperion einst um Gnade bat für die einfachen Griechen, die er in die Grube schaufeln wollte, hätte ihre Freude gehabt. In den Frankfurter Vorlesungen zur Poetik schilderte Wolf dann später ihre Aneignung jener mythischen Figur, die unter dem Namen »Kassandra« zu einem literarischen Welterfolg werden sollte.

Kassandra im Mythos: die Tochter des Königs von Troja, von Priamos, die Schwester des Paris, die Seherin, die vom Gott Apoll vergeblich begehrt und zur Strafe der Glaubwürdigkeit beraubt wurde. Wie ihre Kollegen Heiner Müller, Bert Brecht und Hanns Eisler wollte Wolf in ihrer Antikensicht eigentlich nichts mit Weimar zu tun haben, nichts mit den nationalideologischen Prätentionen, die Goethes Faust zum Gründungsmythos der DDR erhoben hatten, nichts mit einem »Faust III«, der nun angeblich vom deutschen Arbeiter- und Bauernvolk verfasst werden sollte, wenn man Ulbricht oder Johannes R. Becher hörte. Denn schon bis 1980 konnte man ja beängstigende Trümmer der ideologischen Festung besichtigen: 1953 Arbeiteraufstand, 1956 Niederschlagung des Ungarnaufstandes, 1961 Bau der Mauer, 1968 der Einmarsch in Prag, zu schweigen von den Weltängsten um die Kubakrise und nun eben die wachsende Angst vor der atomaren Nachrüstung. Diese Szene legte Christa Wolf mehr oder minder ausführlich zugrunde für eine Icherzählung, die einen drohenden Krieg vor Augen hat, kriegerische Verwüstung von Handeln und Denken. Das mythische *setting* war hochliterarisch gewählt, fernab jedem sozialistischen Realismus. Als Schwester des Paris musste sich die trojanische Kassandra zwangsläufig mit einer Schwägerin namens Helena befassen; und obwohl das Epos des Homer keinen Goethe nötig hatte, musste eine Helena in der DDR natürlich auf Goethes Faust zurückgeführt werden. »Wo waren wir stehengeblieben?« beginnt die Passage. »Bei Weibermagie, bei Goethe, bei der Frage, was heute ›Fortschritt‹ wäre. Beim Gang zu den ›Müttern.‹ Bei der schönen Helena, nach der es Faust unsäglich verlangt und die ihm Mephisto nicht, wie alles, wonach ihm bisher gelüstete, mit ›Hexen-Fexen‹, mit ›Gespenst-Gespinsten‹ herbeischaffen kann.«

Welches Publikum hatte Christa Wolf damals im berühmten Hörsaal VI der Frankfurter Goetheuniversität, wenn nicht Frauen? Darunter natürlich auch Mütter – und vom Frau- und Muttersein berauschte Ideologinnen, die dem Hexenkult frönten, die Sonnenwende feierten, auf Blocksberge zogen. Die frühen 1980er Jahre standen in Westdeutschland eben auch im Zeichen der Fantasy-Literatur; Romane wie »Der Name der Rose« oder »Der Herr der Ringe« waren noch immer völlig präsent und gattungsbildend. So eskapistisch diese Romane sein mochten – das Unternehmen »Kassandra« wollte das Gegenteil, wollte nicht zaubern, sondern gezielt bildungsbürgerlich kämpfen. Christa Wolf stieg in die ungewöhnliche Rüstung einer antikisch rhythmisierten Prosa, spielte dann aber eine ganz andere Rolle als bei Homer vorgesehen. Zwar hört man Kassandra mit einem Wutgeheul ohnegleichen gegen die Machthaber in Troja protestieren, zwar gibt es bacchantische Exzesse, aber der Protest der Autorin zielte viel weiter. In der Pose des heimkehrenden Odysseus legte Christa Wolf ihre Erzählung wie einen Pfeil auf den Bogen, um die enthemmten Freier um die Hausherrin Penelope zu erschießen – und diese Freier waren für sie offenkundig alle männlichen Bildungsbürger, die sich die hellenische Kultur unterwarfen, darin lebten und wohnten und wüteten, ohne Rücksicht auf die eigentlichen Besitzer. Westdeutsche Rezensenten hielten diese Kassandra für einen »Marmorengel ohne Schmerz« (Reinhard Baumgart): und wirklich zielte der Pfeil erbarmungslos auf die ausgemachten Lieblinge der männlichen Homerleser, auf Achill und auf Helena. Achill, der vergötterte, herrliche Kämpfer gegen Troja, der große Freund des Patroklos, dessen Tod ihn zum wütenden Rächer gegen Hektor macht, wird von Kassandra zum Ausbund viehischer Mordlust erklärt und mit dem stehenden Epitheton »Achill das Vieh« in den Abgrund getreten. Statt Achill im Gefilde der Seligen mit Helena zu belohnen, wird das »Eidolon« als unheimliches Geschwür des zehnjährigen Krieges geschildert, unheimlich, weil überhaupt nicht vorhanden, weil ein Phantasma. Es gibt keine Helena: der Krieg ist sinnlos, diese Erkenntnis versucht Kassandra schreiend zu verbreiten, nur um brutal an der Rede gehindert zu werden. Helena, zum Idol erstarrt, überlebt in den Mythen: In dieser Figuration treibt Christa Wolf dann auch Goethe aus dem hellenistischen Tempel, zerschlägt das Projekt einer Verkörperung, denn das Gegenteil ist wahr: »Das lebendige Gedächtnis wird der Frau entwunden, ein Bild, das andere sich von ihr machen, wird ihr untergeschoben: der entsetzliche Vorgang der Versteinerung, Verdinglichung am lebendigen Leib.«

Das Erscheinungsjahr der Erzählung 1983 traf mit einem legendären Datum der Faustgeschichte der DDR zusammen. Das Deutsche Theater wurde in diesem Jahr hundert – und die damalige Intendanz wollte eingedenk der Aufführungen von 1909 und 1911 durch Max Reinhardt zu diesem Jubiläum »Faust II« auf die Bühne bringen – also eben die Begegnung von Faust und Helena. Die Absicht scheiterte teuflisch. In seinen Memoiren »Schöne Vorstellung« von 2016 schildert der Schlüsselzeuge des Ensembles, Dieter Mann, eine haarsträubende Komplikationsfolge auf sämtlichen Ebenen, technisch, programmatisch, politisch, selbst kalendarisch; einen Rattenkönig. Er selber hätte damals Mephisto spielen sollen, wurde aber nach dem Desaster zum Intendanten erhoben. Im Interview gefragt, wie er denn, unter den Vorzeichen einer optimistischen Ideologie wie dem Kommunismus, den Mephisto hätte spielen wollen, antwortete er: »Freundlich. Nachsichtig. Umgänglich. Wahrscheinlich ein Typ mit beruhigtem Gewissen.« Und warum das? Der Mensch betreibe das Böse schon selber. Das Szenenbuch freilich wollte Mephisto auf riesigen Stelzen sehen, so daß er nicht nur die Bühne, sondern vor allem das Publikum hätte übersehen können. Nicht Faust und Helena, sondern der Teufel hätte auf dem hohen Kothurn gestanden, wenn auch wacklig. Dass es dazu gar nicht erst kam, war vielleicht auch der schreienden Kassandra geschuldet.

Christa Wolfs »Kassandra« erschien 1983 im ostdeutschen Aufbau- und im westdeutschen Luchterhand Verlag. Die Axt an den hellenistischen Pfahlbau der gesamtdeutschen Kultur legte etwa zur selben

Zeit auch das Buch von Katharina Mommsen 1981 im Frankfurter Insel Verlag. »Goethe und 1001 Nacht«, ihre Dissertation von 1956, wurde zwar 1960 im Ostberliner Akademie Verlag ordnungsgemäß publiziert, verschwand dann aber unter den Trümmern des Mauerbaus. Es mussten Jahrzehnte vergehen, ehe die kühne These von der orientalischen Inspiration von Faust II ihren Weg in das digitale Standesorgan der Goethewelt seit 2003, das »Goethezeitportal« finden konnte. Nur die angelsächsischen Forscher hatten Mommsen offenbar rezipiert; Goethe als Märchenleser erschien weder in der Hamburger, Münchner oder Frankfurter Goethe-Ausgabe, sehr wohl aber nun in der 8. Auflage bei Albrecht Schöne in Berlin 2017, dem neuen Sitz der Verlage Suhrkamp und Insel. Hätte man nach 1945 das schillernde Erbe von Rudolf Steiner kritisch bearbeitet, man hätte den Einfall der Tübinger Doktorandin längst würdigen können. Statt sich esoterisch auf Goethes »Märchen« zu konzentrieren, brachte sie umgekehrt den Einfluss der arabischen Scheherazade auf den Dichter zum Vorschein. Helena war nun eine Geisterprinzessin aus dem Geist der Kalifate. So geriet Goethe fast wieder zurück ins osmanische Reich, aus dem sich einst die deutsch-griechische Freundschaft erretten wollte.

Manilos Glezos und Apostolos Santas, etwa um 1950
Die frühen und geliebten Helden des griechischen Widerstandes. 1941 befreiten sie die Akropolis von der anmaßenden deutschen Fahne.

DIE QUELLEN

Personen und Werke. Nachweise und Anmerkungen.
Eliza-Butler-Bibliographie.

Arnold

Matthew Arnold (1822–1888), ein außerordentlich einflussreicher, durchaus auch umstrittener Kulturkritiker, Anglikaner und Hellenist. Zahllose Referenzen auf Goethe finden sich im Werk; in einem Brief an Kardinal Newman vom 28. Mai 1872 nannte er den Dichter sogar unter den vier Lehrern, denen er am meisten zu verdanken habe. Arnolds Vorträge »On Translating Homer« von 1861 wurden kanonisch und noch 1896 in einer Volksausgabe gedruckt; Virginia Woolf hat sie gelesen. Er verglich darin fünf Übersetzer von Ilias und Odyssee und lobte den deutschen Versuch von Johann Heinrich Voss, den originalen Hexameter beizubehalten. Vgl. *On Translating Homer.* London 1896, erneut 1905, hier Seite 3.

Barth

Wilhelm Barth (1856–1936), kam bereits Anfang der 1880er Jahre nach Athen, als Buchhändler, studierte dann an der Kapodistrias Universität Altgriechisch und Philosophie, schrieb aber Bücher auf Neugriechisch. In seinem Verlag erschienen die »Athener Mitteilungen des DAI«. Er hinterließ ein vierbändiges Werk über deutsches Leben und Wirken in Griechenland sowie eine Geschichte der ältesten Athener deutschen Gesellschaft namens »Philadelphia«. Vgl. ferner sein Werk zur Geschichte des Philhellenismus: Wilhelm Barth, Max Kehrig-Korn (Hg.), *Die Philhellenenzeit. Von der Mitte des 18. Jahrhunderts bis zur Ermordung Kapodistrias am 9. Oktober 1831.*

Mit einem ausführlichen Namenverzeichnis der europäischen und amerikanischen Philhellenen. München 1960. – Zum Philhellenismus allgemein gibt es bis heute zahllose Studien weltweit. Vgl. dazu Evangelos Konstantinou, der über zehn Jahre einen Lehrstuhl in Würzburg dazu bekleidet hat. Ferner: Reinhard Heydenreuter u.a. (Hg.), *Die erträumte Nation. Griechenlands Wiedergeburt im 19. Jahrhundert.* München 1995; Gilbert Heß u.a. (Hg.), *Graecomania. Der europäische Philhellenismus.* Berlin und New York 2009; Michel Espagne u.a. (Hg.), *Philhellénismes et transferts culturels* ..., (= *Revue Germanique Internationale*, no. 1–2 2005); Anthony Andurand, *Le mythe Grec allemand. Histoire d'une affinité elective.* PUF Rennes 2013; George S. Williamson, *The longing for myth in Germany.* Chicago UP 2004.

Zur Kunstreise als Vorspiel oder Schatten des politischen Philhellenentums vgl. Danae Coulmas, Hellenismus als Kulturleistung. In: Alexander von Bormann, *Ungleichzeitigkeiten der europäischen Romantik.* Würzburg 2006, Seite 63–93.

»Mit der Kunstreise war aber auch oft eine weniger selbstlose Tätigkeit verbunden. Man reiste nicht nur mit Pausanias unter dem Arm, man nahm auch Spaten und Hacke mit sich. Griechenland ist, seit Nero, der 500 Statuen aus Delphi nach Rom transportieren ließ, seiner antiken, später auch seiner byzantinischen Schätze beraubt worden. Kreuzfahrer, venezianische Besatzer, Genuesen, Franken nahmen aus allen Epochen etwas mit, die bilderstürmerische Wut der Türken tat das übrige. Im 18. und 19. Jahrhundert war es dann die Sammelwut der Europäer. Sie organisierten regelrechte Raubzüge, kämpften zu Lande und zu Wasser untereinander um die Beute, in vorderster Reihe die Repräsentanten von England und Frankreich, Gesandte an der Hohen Pforte, Konsuln in Athen und anderswo. Das Beutegut, kistenweise auf Schiffen transportiert, schmückt die Adelssitze und die Museen ferner Länder, viele Schätze sind unterwegs zerstört oder beschädigt worden, liegen noch am Meeresgrund oder sind verschwunden, wie alle jene Nasen und

Ohren von Statuen, die als besonders beliebtes Reiseandenken galten. Athen erlitt im Lauf seiner Geschichte einen geringeren Verlust durch die Einfälle barbarischer Eroberer als durch die Reisenden zivilisierter Länder. Der berühmteste von ihnen, Lord Elgin, verband durch das Herausbrechen des Parthenonfrieses, den er für 30.000 Pfund dem British Museum verkaufte, seinen Namen bereits zu seinen Lebzeiten mit dem Odium des Vandalismus.« Seite 72.

Barthélemy

Jean-Jacques Barthélemy (1716–1795), *Voyage du jeune Anacharsis en Grèce dans le Milieu du IV. siecle.* Paris 1788; auf Deutsch: »Reise des jungen Anacharsis durch Griechenland, vierhundert Jahre vor der gewöhnlichen Zeitrechnung«. Wien und Prag 1802. – Aus der Vorrede: »Ich denke mir einen Scyten, Nahmens Anacharsis, welcher, einige Jahre vor Alexanders Geburt, nach Griechenland kömmt; welcher von Athen, als seinem gewöhnlichen Aufenthalt, aus, verschiedne Reisen in die benachbarten Provinzen anstellt, überall die Sitten und Gebräuche der Völker beobachtet, ihren Festen beywohnet, die Beschaffenheit ihrer Staatsverfassungen erforscht; bisweilen seine Musse zu Untersuchungen der Fortschritte des menschlichen Geistes anwendet; und dann wieder mit den großen Männern der damahligen Zeit Umgang pflegt«. Seite XLI–XLII. – Vgl. dazu auch Maurice Badolle, *L'Abbé Jean-Jacques Barthélemy et l'Hellénisme en France dans la seconde moitié du XVIIIe siécle.* Paris 1926. – 1789 erschien von B. außerdem eine Geschichte Griechenlands bis ins Jahr 400 sowie Winckelmanns Kunstgeschichte auf Französisch in 3 Bänden.

Benjamin

Walter Benjamin, *Kritiken und Rezensionen.* (= *Gesammelte Schriften* Bd. 8 und 9, hg. von Hella Tiedemann-Bartels. Frankfurt a. M. 1980.) In den Rezensionen um 1930 entfaltet Benjamin seine Faust-

bzw. Goethedeutung in zwei Texten gegenläufig zu den grassierenden Steineradaptationen. Zuerst 1930 als Kritik an Max Kommerells Buch *Der Dichter als Führer in der deutschen Klassik* von 1928; dann 1932 anlässlich einer grausam seichten Goethebiographie von Eugen Kühnemann (*Goethe.* 2 Bde. Leipzig 1930). An Kommerell »denunziert« Benjamin den jahrhundertalten Aberglauben einer deutsch-hellenischen Geistes-, wenn nicht Blutsverwandtschaft: »In der Tat: das Buch begründet mit einem Radikalismus, den keiner seiner Vorgänger im Kreise erreichte, eine esoterische Geschichte der deutschen Dichtung. [...] Eine Lehre vom wahren Deutschtum und den unerforschlichen Bahnen des deutschen Aufstiegs kreist zukunftsschwanger um die Verwandtschaft des deutschen und des griechischen Ingeniums. Der Deutsche ist der Erbe der griechischen Sendung; die Sendung Griechenlands die Geburt des Heros. Es versteht sich, daß diese Griechheit aus allen Zusammenhängen gelöst als mythologisches Kraftfeld erscheint. [...] Wie kraftlos aber und wie weitschweifig der phraseologische Donner, der ihnen folgt. Er dröhnt ja in allen Büchern des Kreises.« Bd. 8, Seite 254f. sowie Bd. 9, Seite 571f.

Gegen Kühnemann wiederum formulierte Benjamin die vielleicht männlichste Faust-Helena-Deutung der gerade noch existenten Weimarer Republik: »Goethe gehörte zur Familie jener großen Geister, für welche es im Grunde eine Kunst im abgezogenen Sinne nicht gibt, ihm war die Lehre von den Urphänomenen der Natur zugleich die wahre Kunstlehre, wie es für Dante die Philosophie der Scholastik und für Dürer die Theorie der Perspektive war. Was bei Goethe mit diesen Versen [›in eurem Namen Mütter, die ihr thront‹ bis ›Die Andern sucht der kühne Magier/Dichter auf‹] im Streit lag, das ist das ästhetisch-spiritualistische Scheinwesen der Helena. Auf der einen Seite ihr Wirklichsein, auf der andern Seite ihre Erscheinung – so stand sie im Geiste Goethes lange mit sich selbst im Zwiespalt. Gesiegt hat ihr wirkliches Sein. [...] Solches Leben ihr zu verschaffen, war nun allerdings die Losbittung aus der Unterwelt nicht imstande. Was an ihre Stelle trat, wie die Einverleibung des Homunkulus in den lebendigen Ozean und damit in den Ozean des Lebendigen – ›den natürlichen Vorgang, wodurch ein Geist sich den menschlichen Körper erwirbt –‹ vorbildete [...] mag man bei Hertz nachlesen. Und unbedingt wird man ihm zustimmen, wenn er darlegt, warum denn Goethe das Leben der Helena für seinen dritten Akt weder dem Magier noch dem Dichter verdanken wollte.« Bd. 8, Seite 343f.

Bérard

Victor Bérard (1864–1931), *Heroic Serbia*. London ca. 1916. Dieses Buch wurde auf Englisch in der feministischen »Women's Printing Press« London veröffentlicht und hier vermutlich von Dr. Elsie Inglis gelesen, Chirurgin aus Edinburgh, die auf eigene Faust eine Sanitätseinheit aufstellte und sich der Armee zur Verfügung stellte. Elsie Butler stieß nach ihrem Russischkurs bei Jane Harrison dazu und ließ sich von der Begeisterung für die Serben anstecken. Sie setzte Inglis ein Denkmal in ihrer Autobiographie *Paper Boats*. »Dr. Inglis and Serbia form a companion-piece to Byron and Greece. Both shouldered the cause of a small struggling nation with a past history of heroism behind it.« – Dazu auch Jill Liddington, Britain in the Balkans: The response of the Scottish Women's Hospital Units, in: Ingrid Sharp u.a. (ed.), *Aftermaths of War: Women's Movements and Female Activists 1918–1923*. Leiden and Boston 2011, Seite 395–418.

Ders., *Un mensonge de la science allemande. Les Prolegomènes à Homère de Frédéric August Wolf.* Paris 1917 – Vgl. Friedrich August Wolf, Philipp Carl Buttmann (Hg.), *Museum der Alterthums-Wissenschaften*, Bd. 1, Berlin 1807 – hier wird Vico als Vorläufer von Wolfs These referiert, wonach Homer nicht alles allein gedichtet habe, sondern einzelne Sänger und gar die Griechen als Volk. Das war keine nur deutsch-italienische These; schon 1715 hatte auch der Franzose Hédelin die Epen als zusammengewürfelte Fragmente von »Tragödien und buntscheckigen Straßenliedern von Bettlern und Gauklern« bezeichnet.

Ders., *La résurrection d'Homère*. Paris 1930, Seite 3. – Nach dem Zweiten Weltkrieg entstand in Frankreich eine »École de Paris« der historischen Anthropologie unter Marcel Detienne, Jean-Pierre Vernant und Pierre Vidal-Naquet. Vgl. auch Chantal Grell, *Le Dix-huitième siècle et l'antiquité en France 1680–1789*. 2 vols. Oxford 1995.

Bernal

Martin Bernal (1937–2013) veröffentlichte zuerst 1983 seine aufsehenerregende Studie über das alte Griechenland; 1987 erschien der erste von drei Bänden über »The Afroasiatic roots of classical civilisation« unter dem Titel *Black Athena*, in Anlehnung an das französische Werk *Le Chasseur Noir* von Pierre Vidal-Naquet s. d. Laut Bernal bezog Hellas seine Kultur überwiegend aus Phönizien und Ägypten und verarbeitete bloß deren Anregungen; es gebe kein »griechisches Wunder«. Bernal war Linguist, Orientalist und Sinologe; ab 1988 unterrichtete er an der Cornell University. Der dritte Band von 2006 handelte von der linguistischen Evidenz. Das Ensemble seiner Thesen reichte bis zu einer dramatischen Anklage gegen den Philhellenismus und den Kult der »weißen Rasse« in Gestalt der weißen Statuen, die mit Winckelmann ins Spiel kamen. Den Gipfel erreichte Bernals Anklage mit der Behauptung einer »arischen« Obsession des europäischen Hellenismus, angesichts der eigentlich semitischen Ursprünge griechischer Kultur. – Die Position Bernals wurde überwiegend scharf kritisiert, vgl. Suzanne Marchand, Anthony Grafton (Hg.), »Martin Bernal and his Critics«. In: *Arion*. 1997, 5.2: Seite 1–35. – Der Schweizer Religionshistoriker Walter Burkert diskutierte die These in einer Broschüre angemessen nüchtern: *Die Griechen und der Orient*. 3. Aufl. München 2009.

Burckhardt

Jacob Burckhardt (1818–1897), *Griechische Kulturgeschichte.* Vorlesung, gehalten zwischen 1868–1872. Gegen den Willen des Autors hg. von Johann Jakob Oeri in 4 Bänden 1898 bis 1902. Alle Bände erreichten mehr als vier Auflagen, so auch zuletzt Bd. 4, Stuttgart 1931, im Rahmen einer Gesamtausgabe, hg. von Felix Stähelin und Samuel Merian, zuerst 1902. Er enthielt verheerende Bemerkungen zur altgriechischen Physiognomik: »Vor allem Abnormen besteht bei den Griechen (wie auch den Römern) eine tiefe Angst. Eine Missgeburt ist nicht nur, wie heute, ein Unglück für die Familie, sondern ein Schrecken, der Versöhnung der Götter heischt, für die ganze Stadt, ja für das Volk. Man sollte also nichts Verstümmeltes aufziehen; schon der Verwachsene tat ja gut, wenn er sich stille hielt, weil er sonst einem Aristophanes in die Hände fallen konnte. Aber nach Plato sollten auch kränkliche Leute nicht leben und jedenfalls keine Nachkommenschaft hinterlassen. Von der sonstigen Beschränkung der Volksmenge durch Abtreibung, von der Nullität der Sklavenehen, die jedenfalls massenhafte Kindertötung mit sich brachte, von der Kindertötung der Armen war in diesem Werk schon früher die Rede.« Seite 7.

Ders., *Gesamtbilanz des griechischen Lebens.* Zit. nach der Ausgabe von Rudolf Marx, Bd. 2, Stuttgart 1952, Seite 31.

Butler, Samuel

Samuel Butler (1835–1902), *The Authoress of the Odyssey, where and when she wrote, who she was, the use she made of the Iliad, & how the poem grew under her hands.* London 1892. Reprint 1922, with a new introduction by David Grene. Chicago UP 1967. – Diese neue, inzwischen 4. Auflage des seltsamen Buches wurde von Mary Beard, der großen britischen Klassizistin von heute durchaus freundlich besprochen. Anders als Harrison findet sie Worte für Samuel Butlers These.

Ders., *Correspondence with his sister Mary*. Ed. Daniel F. Howard. Berkeley and Los Angeles 1962, p. 83.

Ders., *The Notebooks*, ed. Henry Festing Jones. London 1921. Hier diverse Einträge zu dem Nausikaa-Projekt. Im Abschnitt über Literatur erläutert der Autor auf Seite 193 rückblickend spöttisch sein Unternehmen als Dornröschen-Event: »Nausicaa and Myself: I am elderly, grey-bearded and, according to my clerk, Alfred, disgustingly fat; I wear spectacles and get more and more bronchitic as I grow older. Still no young prince in a fairy story ever found an invisible princess more effectually hidden behind a hedge of dullness or more fast asleep than Nausicaa was when I woke her and hailed her as Authoress of the Odyssey. And there was no difficulty about it either – all one had to do was to go up to the front door and ring the bell.« – Und – als Übersetzer der Odyssee – reagierte er natürlich auch auf Matthew Arnold: »Translating the Odyssey: If you wish to preserve the spirit of a dead author, you must not skin him, stuff him, and set him up in a case. You must eat him, digest him and let him live in you, with such life as you have, for better or worse. The difference between the Andrew Lang manner of translating the Odyssey and mine is that between making a mummy and a baby.«

Byron

Lord Byron (1788–1824), *Briefe und Tagebücher*. Neu herausgegeben von Leslie A. Marchand. Aus dem Englischen von Tommy Jacobsen. Frankfurt a. M. 1985. – Charles Sterling, Sohn des britischen Konsuls in Genua, hatte Byrons Brief an Goethe übergeben. Sterling überbrachte Goethes Antwort in deutschen Versen. – Marchand teilt Seite 444 die Details der Griechenanleihe über 800.000 Pfund mit, die England 1821 genehmigt hatte, von der aber weniger als die Hälfte in GR ankam. – Byrons leidenschaftliche Teilnahme am Freiheitskampf der Griechen war einerseits sehr politisch, weil er mit dem zeitweiligen Ministerpräsidenten Mavrokordatos bis zum Schluss verhandelte und befreundet war, aber dann auch sehr stilvoll. Angeblich ließ er die Kriegshelme seiner Söldner mit homerischen Mustern verzieren. (Hitler ließ später das Silberbesteck auf dem Obersalzberg mit hellenischen Motiven schmücken, Mitteilung von Gertie Troost.) – Byron starb am 19. April 1824 in den Armen von Johann Jakob Meyer aus Zürich, der eine Apotheke in Missolonghi eröffnet und »Ellinika Chronika«, die erste Zeitung in Griechenland, begründet hatte. Byron hatte sie widerwillig finanziert. – Goethe erfuhr von Byrons Griechenliebe erst durch William Parry, dessen Brigadeleutnant: William Parry, *The Last Days of Lord Byron, with His Lordships Opinions on Various Subjects, Particularly on the State and Prospects of Greece*, London 1825, Paris 1826.

Carlyle

Thomas Carlyle (1795–1881), *On Heroes and Hero-Worship, and the Heroic in History*. London 1841. – Dieser Begründer des europäischen Kults um »Große Männer« war ab 1824 ein Goethe-Verehrer, übersetzte »Wilhelm Meisters Lehr- und Wanderjahre«, korrespondierte ausgiebig mit dem Dichter und schrieb auch über »Helena« 1827 in der *Foreign Review*. Carlyle gehört zu den wichtigsten Vermittlern deutschen Geisteslebens in England zwischen 1823 und 1881. Er hatte sogar Klingemanns »Faust« in London gesehen und darüber in der *Edinburgh Review* berichtet. 1887 wurde sein Briefwechsel von Charles Norton ediert.

Chateaubriand

François René de Chateaubriand (1768–1848), Schriftsteller und Politiker, ein weitgereister Mann, als Soldat gegen die Französische Revolution, als Autor ab 1798 leidenschaftlich für das Christentum und später gegen den Islam anschreibend, warb schließlich für den Freiheitskampf der Griechen. Seine flammende »Note sur la Grèce«

erschien zuerst 1825 als Anhang zur 3. Auflage seines großen Reiseberichts *Itinéraire de Paris à Jerusalem*, Paris 1811. Deutsch: »Tagebuch einer Reise von Paris nach Jerusalem durch Griechenland und von Jerusalem durch Egypten, durch die Staaten der Barbarei und durch Spanien zurück nach Paris.« 3 Bde. Dt. v. L. A. Haßler. Freiburg 1817. – Im selben Jahr 1825 half auch Benjamin Constant, der Freund von Madame de Staël, den Griechen mit seinem »Appel aux nations chrétiennes en faveur des Grecs, redigé par M Benjamin Constant, et adopté par le comité des Grecs de la Societé morale chrétienne. Se vend au profit des Grecs, a Paris, chez tous les marchands de nouveautés ...«. Vgl. *Benjamin Constant Publiciste 1825–1830*. Edition critique par Ephraïm Harpaz. Paris 1987.

Choiseul-Gouffier

Marie-Gabriel Choiseul-Gouffier (1752–1817), französischer Diplomat und Althistoriker. Begeisterte sich früh für die Antike, lernte Barthélemy s.d. kennen, nahm 1776 an einer Expedition des Astronomen de Chabert nach Griechenland teil. An Bord der *Atalante* bereisten sie die Peloponnes, die Kykladen und einige Inseln der Ägäis sowie Kleinasien. Sein Reisebericht *Voyage pittoresque de la Grèce* brachte ihm die Aufnahme in die Académie des Inscriptions ein. Als Botschafter an der Hohen Pforte ließ er erstmals sorgfältige Karten von der Troas herstellen, um die Vorstellung der Homer-Leser zu stützen.

Crowley

Aleister Crowley (1875–1947) war einer der bekanntesten Magier und Okkultisten des 20. Jahrhunderts. Sein Einfluss reicht tief in die Esoterik und Popmusik. Er entwarf den »Aleister-Crowley-Thoth-Tarot«, eine der meistverkauften Tarot-Karten der Welt, und kannte Künstler wie Auguste Rodin, Fernando Pessoa und Henry Miller. Das weit verbreitete Werk ließ die politische Seite zunächst vergessen. Aber für seine Agitation zugunsten Deutschlands und der irischen Freiheitsbewegung vor und während des Ersten Weltkriegs interessierten sich britische und US-amerikanische Geheimdienste, daher der Roman *The Magician* von Somerset Maugham 1908. Auch im Zweiten Weltkrieg findet man Crowley geheimdienstlich auffällig, etwa beim mysteriösen Flug von Rudolf Heß nach Schottland. Geprägt durch die spätviktorianische Epoche, vereinigte dieser Satanist in sich die widersprüchlichen Tendenzen seiner Zeit. Seine religiösen Gefühle führten zu konkreten, wenn auch verrückten Vorstellungen von radikaler politischer Veränderung. Er verkündigte das heraufdämmernde Zeitalter des »neuen Menschen«, in Anlehnung an Faschismus, Nationalsozialismus und vor allem Kommunismus; aber nahm auch bestimmte Themen aus der New-Age-Bewegung vorweg. Er starb 50 Jahre nach Winifred Wagners Geburt in Hastings. Vgl. Henrik Bogdan (ed.), *Aleister Crowley and Western Esotericism*. Oxford UP 2012.

Curtius

Ernst Curtius (1814–1896), *Altertum und Gegenwart*. Gesammelte Reden und Vorträge, Bd. 1, Berlin 1875, Seite 7, 27, 33. – Im Jahr 2000 wurde das 125-jährige Jubiläum der Olympiagrabungen begangen; 5 große Bände mit Berichten über die Ergebnisse während des Deutschen Reichs sowie 30 Bände »Olympische Forschungen« seither. Mitteilung von Henning Wrede 2009. – Die synergetische Rolle Olympias für den Hitlerismus spiegelt der Fackellauf von 1936. Die Fackeln wurden vom Rüstungskonzern Krupp aus Holz und Metall in der Form eines Ölbaumblattes produziert; aber der eigentliche Erfinder war Alexander Philadelpheus, vielfach ausgezeichneter Archäologe 1896 in Athen und Direktor der Akropolis. Nach seinem Vorschlag ließ man die Fackel im antiken Olympia direkt von der Sonne entzünden, mit Hilfe eines Brennspiegels. Anschließend trug man das olympische Feuer über 3187 Kilometer, in einer Stafette von 3331 Läufern und in zwölf Tagen und elf Nächten von Griechenland nach Berlin. Der Fackellauf wurde für den Film von Riefenstahl nachinszeniert.

Ernst Robert Curtius (1886–1956), Autor des berühmten Buches über *Europäische Literatur und lateinisches Mittelalter* von 1948, war ein Enkel von Ernst Curtius; Romanist an der Universität Bonn von 1929 bis zu seiner Emeritierung 1951. Als Freund von Jane Harrison konnte er sich auch mit Elsie Butler abfinden, obgleich diese Thomas Mann und Goethe kritisierte.

Ludwig Curtius (Namensvetter), *Deutsche und antike Welt.* Lebenserinnerungen. Stuttgart 1950, hier Seite 174.

Dieterich

Die Zitate aus Briefen von Philhellenen stammen aus Karl Dieterich (1869–1935), *Deutsche Philhellenen in Griechenland* 1821–1822. *Auswahl aus ihren Tagebüchern.* Hamburg 1929, Seite 85, 86, u.ö. Zur Thematik vgl. auch den Eintrag zu Wilhelm Barth. – Im Vorwort berichtet Dieterich, ein renommierter deutscher Byzantinist, dass von den über 200 Bildungsdeutschen, die zwischen 1821 und 27 nach GR gingen, 62 Preußen, 30 Hessen-Nassauer, 26 Baden Württemberger, 25 Bayern, 14 Sachsen, 13 Hamburger, je 10 Mecklenburger und Badener, 7 Hannoveraner und 5 Holsteiner waren. Die meisten Berichte stammten von preußischen Offizieren oder hugenottischen Nachfahren.

Ein Bayernlied lautete:

»Frisch auf, ihr Bayern wohlgemut,
der Abschiedstag ist da.
Wir schiffen froh und ohn Beschwer
hinüber dort durch jenes Meer
Ins alte Attica.

Ein Otto ziehet mit uns aus,
des Königs lieber Sohn,
In Griechenland ja gründen wir,
wir Bayern gründen für und für
des Bayern hohen Thron.«

Aber es kursierte auch eine Parodie auf Goethe:

»Kennst du das Land, von Dichtern ausposaunt,
auf dem Papiere höchlich angestaunt,
gemalt von Malern, die es nie gesehn,
mit bunten Farben, wunderschön zu sehn?
Kennst du das Land, verbrannt vom Sonnenstrahl,
Gebirge drin, verödet dürr und kahl?
Da ist kein Baum, der Schutz dir gibt,
wenn heiß die Sonn dir auf den Schädel glüht.«

Laut Dieterich konnte man schon damals das Bandenwesen beobachten; ein Freiherr von Varicourt berichtete: »Die lange Unterdrückung hat auf den meisten Grenzpunkten des türkischen Reiches eine eigentümliche Art von Widerstand hervorgerufen. Es bildeten sich überall Banden von aller Existenz beraubter Leute, welche sich zur Fristung ihres Lebens dem Raube ergaben. Diese Banden wuchsen oft so bedeutend an, daß sie politisch mächtig wurden.« Seite 108. – Insgesamt nahmen zwischen 1821 und 1828 rund vierhundert Philhellenen aus aller Welt an den Freiheitskämpfen teil, die Opfer starben meist an Krankheiten. – Dieterich war übrigens auch der Autor eines Buches über *Das Griechentum Kleinasiens*, Leipzig 1915. Er machte darin auf die »systematischen Griechenverfolgungen durch die Jungtürken seit Februar 1914« aufmerksam sowie auf Gerüchte, wonach man die Griechen für ihr Eingreifen im Weltkrieg territorial entschädigen wolle. Dadurch sei der Konflikt zwischen beiden Nationen aufgeheizt worden. Aber Griechenland besitze an türkischem Boden schon ältere Rechte: »Kleinasien ist uralter griechischer Kolonialboden.« Seite 4.

Doolittle

Hilda Doolittle (1886–1961), bekannt unter den Initialen H. D., hinterließ die Dichtung *Helen in Egypt* im Jahr ihres Todes, mit einer Einleitung von Horace Gregory. New York, Grove Press 1961. 1974 erschien das Buch schon in der 10. Auflage bei New Directions New York. Es besteht aus drei Teilen, bezeugt profunde Kenntnis der antiken Mythe und beginnt mit gelehrten Erläuterungen: »Pallinode. Book One. 1: We all know the story of Helen of Troy but few of us have followed her to Egypt. How did she get there? Stesichorus of Sicily in his Pallinode, was the first to tell us. Some centuries later Euripides repeats the story. Stesichorus was said to have been struck blind because of his invective against Helen, but later was restored to sight, when he reinstated her in his Pallinode. Euripides, notably in The Trojan Women, reviles her, but he also is ›restored to sight.‹ The later, little understood ›Helen in Egypt‹, is again a Pallinode, a defence, explanation or apology. According to the Pallinode, Helen was never in Troy. She had been transposed or translated from Greece into Egypt. Helen of Troy was a phantom, substituted for the real Helen, by jealous deities. The Greeks and the Trojans alike fought for an illusion.« Seite 1. Das Schlussgedicht hat Christa Krüger übersetzt; es lautet im Original:

But what could Paris know of the sea, / its beat and long reverberation, / its booming and delicate echo, / its ripple that spells a charm / on the sand, the rock-lichen, / the sea-moss, the sand, / and again and again the sand; / what does Paris know of the hill and hollow / of billows, the sea-road? / What could he know of the ships / from his Idaean home, / the crash and spray of the foam, / the wind, the shoal, the broken shale, / he infinite loneliness / when one is never alone? / only Achilles could break his heart and the world for a token, a memory forgotten.

Hilda Doolittle wird von der feministischen Literaturforschung zunehmend begeistert entdeckt und mit der literarischen Avantgarde seit Ezra Pound zusammengeführt. Als Fall von schweren Borderline-Störungen war sie Elsie Butler wie auch Virginia Woolf verwandt. Die weibliche Eroberung der Literatur hatte damals einen hohen Preis, jedenfalls im England der Weltkriege.

Duncan

Isadora Duncan (1877–1927), *Der Tanz der Zukunft*. Deutsch von Karl Federn. Diederichs, Leipzig 1903, Seite 3. – vgl. Helene von Nostitz, *Aus dem alten Europa*. Jena 1924, erneut Wiesbaden 1950, Seite 161. – Obgleich Duncan nicht lange in Paris blieb, bildete sie doch einen magnetischen Punkt der neuen französischen Griechenbegeisterung, die mit den Ausgrabungen von Knossos einherging. Mit der Entdeckung der minoischen Kultur hatte man sich archäologisch von den Deutschen emanzipiert und einen neuen weiblichen, tänzerischen, fließenden Modus im Hellenismus angeschlagen. Die Odyssee-Studien eines Victor Bérard, seine wütenden Stellungnahmen zur »homerischen Frage« taten das Ihre. Die sokratischen Dialoge von Paul Valéry, die platonischen Kompositionen von Erik Satie, später die Romane von André Gide und Albert Camus sind nicht ohne Knossos, vor allem nicht ohne Freud zu denken. Die intellektuelle Bühne wurde insgesamt eher männlich bevölkert: Narziss, Orpheus, Apoll, Dionysos, Prometheus, Theseus, Ariadne, Ödipus, Persephone und schließlich Sisyphos von Albert Camus 1942. In dieses Feld hinein schrieb Paul Valéry ab 1940 seine Version des Faust: »Mon Faust«: ein satirisches Dramolett. – vgl. Sophie Basch, *Le mirage Grec. La Grèce moderne devant l'opinion française dépuis la création de l'École d'Athènes jusqu'à la guerre civile grecque (1846–1946)*. Paris 1995.

Elisabeth von Österreich, genannt Sisi

Vgl. Alexander Freiherr von Warsberg, *Odysseeische Landschaften.* Bd. 1: *Das Reich des Alkinoos*, Wien 1878. »Zu Pferde, zu Wagen, wandernd und schiffend schrieb ich und schreibe ich. Es ist das eine Gewohnheit, die ich nicht überwinden könnte, auch wenn ich es anders machen wollte. [...] So habe ich Corfu gesehen und beschrieben, so Ithaka und ... dafür beanspruche ich das Verdienst, als ein Photograph zu gelten und ein Skizzenzeichner nach der Natur ...« Seite III-IV

Eynard

Jean-Gabriel Eynard (1775–1863) war ein Schweizer Bankier, Freund von Kapodistrias, den er 1814 beim Wiener Kongress kennenlernte. Er koordinierte die philhellenischen Komitees aus ganz Europa, gründete 1842 die erste Griechische Nationalbank und zahlte 1847 einen hohen Kredit des Landes aus eigener Tasche zurück. Heute erinnert man sich an ihn nur noch wegen seiner frühen Begeisterung für die Fotografie. Vgl. Emil Rothpletz, *Der Genfer Jean Gabriel Eynard als Philhellene (1821–1829)*. Zürich 1899.

Fahrner

Rudolf Fahrner (1903–1988), Erinnerungen. In: *Gesammelte Werke II*, hg. von Stefano Bianca und Bruno Pieger. Köln u.a. 2008, »Die Athener Jahre 1939–1944«, Seite 205–251, hier: Seite 241, 248. – Fahrner nahm das Pathos von Heidegger vorweg, der 1967 ebenfalls mit Hölderlin im Gepäck nach Delphi reiste: »Endlich kam ich, aber nur von ferne auf ihn schauend, zu Hölderlin, vor dessen tiefsten hellenischen Visionen ich haltmachte. In dieser Reihe großer geistiger Ereignisse suchte ich den hellenischen Atem aufzuzeigen, mit dessen Hilfe die deutschen Geister eine deutsche und eine europäische dichterische Neugeburt gewannen.« Seite 212. – Die Perspektive des »Dritten Reiches« für eine kritische Darstellung der gesamten identitären Beziehung zwischen Deutschland und Griechenland hat Johann Chapoutot in seiner Dissertation von 2008 eingenommen: *Der Nationalsozialismus und die Antike.* Deutsch von Walther Fekl. Darmstadt 2014. – Forschungen dazu legte zuerst Volker Losemann vor: *Antike und Nationalsozialismus.* Diss. 1975; als Buch Hamburg 1977. In diesen Jahren begann auch Hagen Fleischer mit seinen zahlreichen Arbeiten auf Grundlage seiner Diss. von 1977, als Buch: *Im Kreuzschatten der Mächte: Griechenland 1941–1944. Okkupation, Resistance, Kollaboration.* Frankfurt am Main 1986.

Vgl. neuerdings aber vor allem Mark Mazower, *Inside Hitler's Greece. The Experience of Occupation 1941–1944.* Yale UP 1993. Die deutsche Ausgabe wurde überarbeitet: *Griechenland unter Hitler: Das Leben während der deutschen Besatzung 1941–1944.* Frankfurt a. M. 2016. – Den Vorwurf rassistischer Einstellungen zum alten Hellas hat unübertroffen bisher Martin Bernal vorgetragen, s. d. – Zum deutschen Einmarsch und zur Besatzung vgl. Chryssoula Kambas und Marilisa Mitsou (Hg.), *Die Okkupation Griechenlands im Zweiten Weltkrieg. Griechische und deutsche Erinnerungskultur.* Köln, Wien, Weimar 2015, sowie Ioannis Zelepos, *Die Ethnisierung griechischer Identität 1870–1912. Staat und private Akteure vor dem Hintergrund der »Megali Idea«.* München 2002.

Fallmerayer

Jakob Philipp Fallmerayer (1790–1861), *Geschichte der Halbinsel Morea während des Mittelalters: ein historischer Versuch.* Bd. 1, Stuttgart, Tübingen 1830, hier Seite 5. – Fallmerayer stieg in der Gunst der deutschsprachigen Intelligenz, je mehr Nachrichten aus dem Land kamen, aber erst recht in den 1930er Jahren. Dolf Sternberger s. d. rühmte ihn damals und Walter Benjamin rezensierte die Meinung eines französischen Linguisten, s. d. Bis heute wird F. von der bayerischen Boulevardpresse gegen die Griechen ins Feld geführt. – Zum Verständnis der harschen Worte von 1830 trug vermutlich das Buch von Byrons Brigademajor, William Parry bei: *The Last Days of Lord*

Byron, s.d., das die unhaltbaren Zustände unter den griechischen wie auch alliierten Akteuren schildert. Jeder war offenbar mit jedem verfeindet; jeder machte unhaltbare Versprechungen usw. Die Empörung vieler Freiwilliger hat Wilhelm Barth in seiner Dokumentation mitgeteilt s.d. – Vgl. Thomas Leeb, *Jakob Philipp Fallmerayer. Publizist und Politiker zwischen Revolution und Reaktion (1835–1861)*. München 1996.

Fénelon

François de Salignac de La Mothe-Fénelon (1651–1715), Erzieher des Duc de Bourgogne, Erzbischof von Cambrai ab 1695. Für den Enkel von Louis XIV schrieb er den Abenteuer- und Bildungsroman *Les Aventures de Télémaque, fils d' Ulysse*, der 1699 erschien und ihn wegen seiner staatskritischen Tendenz die Stelle bei Hof kostete. Maßgebende Autoren wie Boileau und Voltaire lobten das Werk über den grünen Klee; Raubdrucke gab es in Brüssel und im Haag. 1700 erschien anonym die erste deutsche Übersetzung; 1727 dann von Benjamin Neukirch die offizielle: *Die Begebenheiten des Prinzen von Ithaca: oder der seinen Vater Ulysses suchende Telemach … mit mythologisch-geographisch-historisch und moralischen Anmerckungen* Bd. 1. Onolzbach 1727.

Fontane

Theodor Fontane (1819–1989), *Frau Jenny Treibel oder Wo sich Herz zum Herzen find't* [1892]. München 2002, Seite 64. »Du kannst dir nicht vorstellen, daß jemand, der Tüten geklebt und Rosinen verkauft hat, den alten Priamus ausbuddelt, und kommt er nun gar ins Agamemnonsche hinein und sucht nach dem Schädelriß […] so gerätst du in helle Empörung. Aber ich kann mir nicht helfen, du hast unrecht. Freilich, man muss was leisten […]; aber wer springen kann, der springt, gleichviel ob er's aus der Georgia-Augusta oder aus der Klippschule hat.«

Freud

Sigmund Freud (1856–1939), Eine Erinnerungsstörung auf der Akropolis. Brief an Romain Rolland, Januar 1936, erschienen im *Almanach der Psychoanalyse* 1937. *Studienausgabe* Bd. IV, Frankfurt a. M. 1982, Seite 283–295, hier Seite 285. Eine erste Version schrieb Freud angeblich 1923, nachdem er den Begriff des »ozeanischen Gefühls« kennengelernt hatte. Romain Rolland gab später das Autograph seiner kommunistischen Frau Marie, die es auf einer Auktion für den Spanischen Bürgerkrieg versteigerte. – Vgl. auch Jacques Le Rider, *Freud – Von der Akropolis zum Sinai. Die Rückwendung zur Antike in der Wiener Moderne.* Wien 2004.

Ders., *Das Unbehagen in der Kultur* (1930). *Studienausgabe* Bd. IX, Frankfurt a. M. 1982, Seite 191–270, hier Seite 197–198.

Vgl. William J. MacGrath, *Freud's Discovery of Psychoanalysis. The Politics of Hysteria.* Ithaca 1986, hier Seite 266. – Zum Widerruf der Verführungstheorie vgl. Marianne Krüll, *Freud und sein Vater. Die Entstehung der Psychoanalyse und Freuds ungelöste Vaterbindung.* NA Frankfurt a. M. 1992, Seite 92ff. – Vgl. ferner Jeffrey Masson, *The oceanic feeling. The origins of religious sentiment in ancient India.* Dordrecht 1980, Seite 36. Masson, studierter Indologe, trat in den 1980er Jahren als Rächer von Rolland in Erscheinung. Er löste ein Erdbeben in der psychoanalytischen Zunft aus.

Gaziel

Gaziel wurde 1887 als Agustí Calvet Pascual in Sant Feliu de Guixols, Katalonien, geboren; er starb 1964 in Barcelona. Bei Ausbruch des Ersten Weltkriegs wurde er umgehend Kriegskorrespondent der Tageszeitung »La Vanguardia«, deren Chefredakteur er später wurde. Seine Reportagen unter dem Pseudonym Gaziel erschienen in mehreren Bänden. *Nach Saloniki und Serbien* erschien auf Deutsch von Matthias Strobel, erstmals 2016 im Berenberg Verlag. Zitate aus Seite 82 und 209.– Gaziels Reportagen aus Griechenland von

1915 zeichneten ein Land im Konflikt zwischen der oktroyierten Monarchie und den einheimischen Militärmächten unter Venizelos. Zwar hatten beide eine Umsetzung der sogenannten »Megali Idea« vor Augen, doch die Griechen wollten natürlich selbst entscheiden. Gaziels Reise bis nach Monastir (heute das mazedonische Bitoli) begann in Patrasa, ging dann über das Kloster Megaspileon auf dem Peloponnes weiter nach Athen, wo er erst Venizelos, dann dessen monarchistischen Nachfolger interviewt; anschließend reiste er weiter nach Saloniki, der Hochburg der sephardischen Juden, die damals siebzig Prozent der Bevölkerung ausmachten. Mit ihrer alten Sprache, dem sogenannten Spaniolisch aus Reformationszeit, hatten sie eine Parallelgesellschaft gebildet, die im Osmanischen Reich unter den Türken geduldet und sogar gefördert worden war. Mit Übernahme der griechischen Herrschaft ab 1913 und anschließend englisch-französischer Besetzung kam es zu ersten bedrohlichen Konflikten.

George

Stefan George (1868–1933) spielte eine zentrale Rolle im deutschen Neo-Hellenismus um 1900. Als Sprachgenie – er beherrschte angeblich zehn Welt- und mehrere Geheimsprachen – widmete er sein Lebenswerk der Lyrik, die er revolutionär modernisierte. Gleichwohl hing er zugleich der römisch-katholischen Dichterwelt an, vor allem Dante, dem er ähnlich zu sehen glaubte. Mit dem Namen Georges verband sich bald der sogenannte »Georgekreis« – eine Gruppe stilbegabter junger Literaten und Philosophen, die George charismatisch beherrschte –, aber ab 1902 auch der Liebeskult um den 14-jährigen Münchner Maximilian Kronberger, den George nach dessen frühem Tod 1904 zu einem vergötterten Epheben erhob. Nach dem Krieg schlossen sich dem Dichter jugendliche Anhänger aus allen ideologischen Lagern an, auch jüdische wie Ernst Kantorowicz und Friedrich Gundolf, sowie politisch prominente wie die Brüder Stauffenberg. George distanzierte sich von der Weimarer Republik wie auch vom Hitlerreich, obgleich er 1928 ein affines Gedicht »Das neue Reich« verfasste und von Goebbels umworben wurde. Er zog sich in die Schweiz zurück, wo er nach seinem Tod in Minusio bei Locarno bestattet wurde. Vgl. Thomas Karlauf, *Stefan George. Die Entdeckung des Charisma.* München 2007; Ulrich Raulff, *Kreis ohne Meister. Stefan Georges Nachleben.* München 2009. – Mit der überraschenden These, dass Stefan George in einer absichtsvollen Konkurrenz zu Rudolf Steiner agiert habe, hat vor kurzem Jan Stottmeister Aufsehen erregt, vgl. J. S., *Der George-Kreis und die Theosophie.* Göttingen 2014. – Vgl. aber auch die monumentale Goethe-Biographie von Friedrich Gundolf, erschienen 1916, im 50. Tausend 1930, beim Verlag Bondi in Berlin. Faust II ist das allerletzte Kapitel gewidmet, Helena kommt nicht vor.

Die größte Verehrerin des Dichters, Edith Landmann, Mutter des Philosophen Michael Landmann, war nicht die einzige jüdische Philhellenin der Epoche. Auch die Enkelin von Ludwig Philippson – Übersetzer der reich illustrierten Bibelausgabe der Familie Freud – Paula Philippson (1874–1949), widmete Hellas mehrere Werke seit 1921. Als Ärztin ausgebildet, aber ab 1933 in Deutschland ohne Zulassung, begann sie auf Reisen nach Griechenland dortige Landschaften im Zeichen ihrer Gottheiten zu erforschen. Ab 1939 lebte sie in Basel. Vermutlich befreundete sie sich damals mit der dritten Frau von Hermann Hesse, Ninon Hesse, geborene Rose Ausländer aus Czernowitz, die ab 1937 ebenfalls ausgiebige Forschungsreisen nach Griechenland unternahm. Die einzige Klassische Archäologin vom Fach war aber Margarete Bieber (1879–1978), die sich der Erforschung antiker Kleidung gewidmet hat. 1934 musste sie als Jüdin Deutschland verlassen, konnte dann aber bis 1956 an der Columbia University unterrichten.

Goethe

Goethe (1749–1832), *Faust*. 2 Bde., hg. von Albrecht Schöne. Zuerst 1994; 8., rev. und aktualisierte Aufl., Berlin 2017. Bd. I: Seite 298–300; Bd. II: Seite 578. – Zur Kindheitsgeschichte vgl. Dagmar von Gersdorff, *Goethes Mutter*. Frankfurt a. M./Leipzig 2001, hier Seite 54. – Den höchsten biographischen Standard hat bis auf weiteres das Werk von Nicholas Boyle, *Goethe. Der Dichter in seiner Zeit*. Bisher 2 Bde. 1749–1803. München 1999. Grundlegend seit 2018 ist das Werk von Katharina Mommsen (Hg.), *Die Entstehung von Goethes Werken in Dokumenten*, Bd.V: *Fastnachtsspiel bis Faust*. Berlin/New York 2018. – Allgemein wichtig: Rose Unterberger, *Die Goethe-Chronik*. Frankfurt a. M., Leipzig 2002. – Die jüngste Goethebiographie von Rüdiger Safranski, München 2013, kennt »Helena« nicht einmal im Werkregister.

Ders., *Italienische Reise*, in: Hamburger Ausgabe, Bd. 11., Hamburg 1964, Seite 208f. – Die »Italienische Reise« wurde 1882 ins Englische übersetzt von A. J. W. Morrison und Charles Nisbet, als *Goethe's Travels in Italy*. Nachgedruckt 1885 und 1892.

Ders., *Gespräche mit Eckermann*, Insel Verlag, Frankfurt a. M. 1987, Seite 309–10. – Vgl. auch »Goethes Andenken an Byron«, in: Katharina und Momme Mommsen (Hg.), *Die Entstehung von Goethes Werken in Dokumenten*. Bd. VI: Berlin–New York 2010, Seite 620–685, zur gesamten Geschichte von Byron und Goethe. Hier Seite 665ff. zu Byrons Widmung des »Sardanapal« für Goethe.

Ders., *Gespräche*, Biedermannsche Ausgabe, Bd. 3, Zürich und Stuttgart 1971, Seite 368. – Zwischen 1805 und 1832 wird nur ganz selten von den Gr gesprochen, meist mit F. v. Müller. Ersichtlich ist Goethe nicht an dem Aufstand interessiert. Am 22. Mai 1822 heißt es aber dann doch (Eintrag 4976): »Bald entspann sich großer Meinungsstreit über die griechischen Angelegenheiten. Er führte gegen mich die Sätze durch, daß der Krieg nur den Untergang der Christen in der Türkei beschleunige, daß Konstantinopel doch nicht zerstört, keinem unserer Potentaten aber ohne Gefahr, dessen Weltherrschaft dadurch zu begründen, überlassen werden könne. Wollte man aber einen minder mächtigen Staat oder eine Republik dort gründen, so würden die größern Mächte sich dort fortwährend um Steigerung ihres Einflusses bemühen und eine ebenso unselige Gewalten-Zersplitterung hervortreten als zum Beispiel jetzt zu Mainz.«

Günther

Hans F. K. Günther (1891–1968), *Rassengeschichte des hellenischen und des römischen Volkes*. Mit einem Anhang: *Hellenische und römische Köpfe nordischer Rasse*. J. F. Lehmann's Verlag, München 1929, Seite 18: »Als vorwiegend nordisch mit geringem dinarischem Einschlag, zugleich mit einer überlieferten Geschlossenheit der Sippen und Sippenverbände, welche als Abwehr fremden Blutes wirkten – so darf man sich die rassische Beschaffenheit der einwandernden Hellenenstämme vorstellen.

Guys

Pierre Augustin Guys (1721–1799), *Litterarische Reise nach Griechenland Oder Briefe über die alten und neuern Griechen Nebst einer Vergleichung ihrer Sitten*. 2 Bde. [Deutsch von Christian Felix Weiße] Leipzig 1772. – Dieses Buch hatte europäischen Erfolg; Hölderlin hat es gelesen; auf Englisch erschien es in drei Bänden ebenfalls 1772 mit dem ausführlichen Titel: *A sentimental journey through Greece: In a series of letters, written from Constantinople; by M. de Guys of the academy of Marseilles to M. Bourlat de Montredon, at Paris*.

Harrison

Jane Ellen Harrison (1850–1928), Epilogue on the War. In: *Alpha and Omega*. London 1915, Seite 248. – Die hier geäußerten Stereotype über die Deutschen hat Elsie Butler weitgehend geteilt, aber mit ihrem Buch dann doch einigermaßen differenziert.

Dies., *Reminiscences of a Student's Life*. London 1925, Seite 70; Dies., *Myths of the Odyssey in Art and Literature*. London 1882; Dies., *Prolegomena to the Study of Greek Religion*. London 1903; Dies., *Ancient Art and Ritual*. London 1913 – darin Chapter 2: Pantomimic Dances; Dies., *Themis. A Study of the Social Origins of Greek Religion*. With an Excursus on the ritual forms preserved in Greek tragedy by Gilbert Murray and a chapter of the origin of the Olympic Games by F. M. Cornford. London 1912, rev. 1927.

Im Paris der zwanziger Jahre übersetzte Harrison zusammen mit ihrer Freundin die Autobiographie eines russischen Erzpriesters Avvakuum aus dem 17. Jahrhundert, angeregt von Prinz D. S. Mirsky, damals ein Mittler zwischen dem kommunistischen Russland und den Londoner Intellektuellen. – Mary Beard zufolge war Harrison die einzige Person, die zwischen 1880 und 1890 überhaupt ein populäres Interesse an Griechenland erregte. Ihre Vorträge waren einfallsreich, stimmungsvoll und theatralisch, und sie illustrierte sie mit »lantern slides«, einer Vorform von Diapositiven, die akkurat nachgemalte Vasenkunst zeigten und bei abgedunkeltem Licht und zusammen mit musikartigen Tongebungen größte Effekte bewirkten. Über hundert solcher *slides* werden heute im Newnham-Archiv aufbewahrt. Das Verfahren erinnerte an Lady Hamilton, die ebenfalls in einer abgedunkelten Kiste aufzutreten pflegte, wie Goethe beschrieb.

Hauptmann

Gerhart Hauptmann (1862–1946), *Griechischer Frühling 1908*, zitiert nach Hans-Egon Hass (Hg.), *Sämtliche Werke* 7, Frankfurt a. M./ Berlin 1962, Seite 9–20, hier Seite 16 und 18f. – Die 17. Auflage erschien 1933; nach dem deutschen Einmarsch folgte 1942 eine stark gekürzte Auflage bei Reclam Leipzig. Hauptmann dürfte schon bei der Niederschrift des »Griechischen Frühlings« an Kaiser Wilhelm II. als Leser gedacht haben, Seite 27. – Auf den ersten Seiten dienen die Erlebnisse der Seefahrt dazu, die Lügenhaftigkeit des odysseischen Typus zu denunzieren: »Das Streben des Seefahrers geht auf Land. Statt vieler auseinanderliegender Ziele bemächtigt sich seine Sehnsucht nur dieses einen, wie wenige notwendig. Daher noch im Reiche des Idealen glückselige Inseln auftauchen und als letzte glückselige Ziele genannt werden. Allerlei Vorgänge der Odyssee, die ich wieder gelesen habe, beschäftigen meine Phantasie. Der schlaue Lügner, der selbst Pallas Athene belügt, gibt manches zu denken. Welche Partien des Werkes sind, außer den eingestandermaßen erlogenen, wohl noch als erfunden zu betrachten, vom Genius des erfindungsreichen Odysseus? Etwa die ganze Kette von Abenteuern, deren unsterbliche Schönheit unzerstörbar besteht? Es kommen zweifellos Stellen vor, die unerlaubt aufschneiden …« Seite 13. Schlusssatz dort: »Es gibt schwerlich eine reizvollere Art, Landschaft zu genießen, als von der See aus, vom Verdeck eines Schiffes. Die Küsten, so gesehen, versprechen, was sie nie halten können.« – Vgl. zu Hauptmann auch Christopher Meid, *Griechenland-Imaginationen. Reiseberichte im 20. Jahrhundert von Gerhart Hauptmann bis Wolfgang Koeppen*. Berlin, Boston, New York 2012.

Hegel

Georg Wilhelm Friedrich Hegel (1770–1831), »Vorlesungen über die Geschichte der Philosophie«. Zuerst 1806; im Druck erschienen 1833; erneut in: *Werke*, hg. von Eva Moldenhauer und Karl Markus Michel, Bd. 18, Frankfurt a. M. 1971, hier Seite 173–175. – Vorbemerkung der Redaktion: »Hegel hielt die Vorlesungen insgesamt neunmal, zuerst 1805/06 in Jena, dann 1816/17 und 1817/18 in Heidelberg und von 1819 bis zu seinem Tod sechsmal in Berlin. Schon bald nach Hegels Tod wurden sie von Karl Ludwig Michelet auf der Grundlage von Vorlesungsmitschriften und handschriftlichen Notizen Hegels rekonstruiert und herausgegeben. Erstdruck in: *Georg Wilhelm Friedrich Hegel's Werke*. Vollständige Ausgabe durch einen Verein von Freunden des Verewigten. Vorlesungen über die Geschichte der Philosophie, hg. v. Karl Ludwig Michelet, Berlin 1833–1836. – Der Text folgt im wesentlichen Michelets Rekonstruktion der Vorlesungen. Eine Ausnahme bildet der erste Teil der Einleitung, der auf Johannes Hoffmeisters Edition des Manuskripts von Hegels Heidelberger Antrittsvorlesung von 1817 zurückgeht.« Dieser erste Teil verbreitete also das hölderlinsche Utopikon von Hellas als deutscher Heimat schon längst vor den Freiheitskriegen ab 1821.

Heine

Heinrich Heine (1797–1856), Brief an Rudolf Christiani vom 7./8. September 1827, *Säkularausgabe*, Bd. 20., Berlin 1970, Seite 297f. Der Brief verrät Selbstbewusstsein, denn im selben Jahr 1827 hatte Heine mit dem »Buch der Lieder« seinen größten Erfolg, nach der »Harzreise« von 1826. 1831 übersiedelte er nach Paris und lieferte der »Augsburger Allgemeinen Zeitung« Berichte über die Folgen der Julirevolution, Berichte, die der deutschen Opposition zu Hilfe kamen, dann aber von Metternich verboten wurden, wie 1835 schließlich seine Werke im Deutschen Bund überhaupt. Heine blieb im Exil, als wacher Geist mit Freuden und Freunden, darunter sogar Henri de Saint-Simon. Seine Frau Mathilde überlebte ihn um ein Vierteljahrhundert.

Ders., *Der Dr. Faust. Ein Tanzpoem, nebst kuriosen Berichten über Teufel, Hexen und Dichtkunst.* Hoffmann und Campe, Hamburg 1851. – Vgl. auch Roland Lille, *Der Faust auf der Tanzbühne. Das Faustthema in Pantomime und Ballett.* Diss. München 1967.

Herder

Johann Gottfried Herder (1744–1803), in: *Teutscher Merkur 1777*, Seite 439, Schreibung behutsam modernisiert. Natürlich hat auch Herder eine ergreifende Lobeshymne auf das alte Griechenland gesungen, in seinem Hauptwerk der »Ideen zur Geschichte der Menschheit«, im 13. Band. Herders *Sämmtliche Werke*, hg. Bernhard Suphan, Bd. 14, Berlin 1909, Seite 90ff.

Hofmannsthal

Hugo von Hofmannsthal (1874–1929), Augenblicke in Griechenland, in: *Gesammelte Werke* Bd. 10: Erzählungen/Erfundene Gespräche und Briefe/Reisen, hg. von Bernd Schoeller, Frankfurt a. M. 1979, S. 629ff. – Hofmannsthals »Augenblicke in Griechenland« gelten als Gegenstück zu Hauptmanns »Griechischem Frühling«. – Mit dem Theaterstück »Elektra« sowie der »Ägyptischen Helena« trug Hofmannsthal entschieden zum weiblichen Wiederaufleben der griechischen Mythologie seit 1900 bei.

Hölderlin

Friedrich Hölderlin (1770–1843), Hyperion oder Der Eremit in Griechenland. In: *Sämtliche Werke und Briefe*, hg. von Michael Knaupp. 3 Bde. München 1992. – Bd. 1: Seite 112f., 633, 688f., 692, 757. Schreibung behutsam modernisiert. – Zu den nichtdeutschen Quellen seines Wissens über das antike Griechenland gehörten die Bücher von Chandler und Wood, Guys und Barthélemy. – Der wichtigste Überlieferer des Dichters im 20. Jahrhundert war der Georgeaner Norbert von Hellingrath, der 1916 im Krieg fiel. Sein Vortrag über »Hölderlins Wahnsinn« (erst 1942 gedruckt in dem Lesebuch *Deutscher Geist*, Bd. 2, Fischer Verlag, Berlin 1942) suchte den geistig verwirrten Dichter vor übler Nachrede zu schützen: »Mit wahrer Lebensklugheit hält er die Menschen von sich fern, indem er sie mit einem Schwall zierlicher Höflichkeit, übertriebener Titel und Anreden, hastiger, atemloser Sätze deutscher, französischer, italienischer und bauernschwäbischer Sprache überhäuft, so daß der vorwitzige Störer weder zum Fragen noch zum Festhalten eines bestimmten Gegenstandes kommt. Und wenn er ihn um ein Gedicht bittet, so stellt Hölderlin mit liebenswürdiger Verbeugung sich ans Stehpult, fragt: ›Wünschen Ew. Heiligkeit über den Zeitgeist, über Griechenland, über die Jahreszeit?‹«, Seite 974. Der französische Philologe Pierre Bertaux hielt später Hölderlin für einen heimlichen Jakobiner. Ebenfalls sozialkritisch argumentierte Pierre Vidal-Naquet, *Der schwarze Jäger. Denkformen und Gesellschaftsformen der griechischen Antike*, zuerst 1981; deutsch Frankfurt a.M. 1989. Zur deutschen Ausgabe schrieb PVN: »... Seit vielen Jahren erfreue ich mich immer wieder an der Lektüre Hölderlins und des französischen Dichters René Char. Ich glaube indes nicht wie Hölderlin, daß die Dichtung, sei es die griechische oder eine andere, einen direkten Zugang zum Sein eröffnet. Und noch weniger glaube ich wie Martin Heidegger und seine Schüler, auch die in Frankreich, daß man diesen direkten Zugang in den politischen Bereich übertragen kann. Das ist ein grundlegender Irrtum, der zu tragischen Konsequenzen geführt hat. Ich glaube indes, daß die Dichtung – besonders in der griechischen Welt – ein bevorzugtes Mittel der Kommunikation zwischen den Menschen ist. [...] Mein Eindruck ist, daß sich ein beträchtlicher Teil der deutschen Forschung, vor allem seit Kriegsende und insbesondere unter dem Eindruck des vorangegangenen ideologischen Wahns, von dieser Art von Betrachtungen [in welcher der griechischen Dichtung hoher Rang eingeräumt wird] ferngehalten und sich in pragmatischer Weise auf das Studium der Fakten konzentriert hat. [...]. Auch ich bin wie alle anderen von dem eigenen Charakter Griechenlands überzeugt, aber dieser eigene Charakter ist erworben und nicht von Natur aus gegeben. Es hat kein ›griechisches Wunder‹ gegeben, wie es der Franzose Ernest Renan noch wollte, sondern eine griechische Revolution, deren Folge wir in gewisser Weise noch heute erleben.« Seite 5 [Übersetzung leicht revidiert. C.S.]. – »Schwarzer Jäger« nannte man einen jugendlichen Außenseiter in der hellenischen Gesellschaft; PVN stellt ihn in den Mittelpunkt seiner Analyse. Zwei Jahre später erschien der erste Artikel von Martin Bernal über die »Black Athena« s.d.

Horner

Isaline B. Horner (1896–1981), die Lebensgefährtin von Elsie Butler seit 1926, war zunächst Bibliothekarin in Newnham und bildete sich weiter zur Pali-Fachwissenschaftlerin, die nichts mit Theosophie zu tun hatte. Sie publizierte vielmehr über Buddhismus wie etwa 1936 »The early Buddhist theory«, und reiste mit EB mehrfach nach Indien; zuletzt, statt zu Goethes 200. zum spektakulären 2500. Geburtstag von Buddha. Sie starb 1981 hochgeehrt als Präsidentin der Pali Text Society. In ihrem Nachlass findet sich weiterer Nachlass von Elsie Butler, wenn auch nicht genug.

Humboldt

Wilhelm von Humboldt (1767–1835), »Latium und Hellas, oder Betrachtungen über das klassische Altertum«, in: *Werke*, Bd. 3, hg. von Albert Leitzmann, Berlin 1904, Seite 136–170, hier Seite 169. Siehe auch Winckelmann 1934, s. d. Seite 467f.

Ders., Über das Studium des Alterthums, und des griechischen insbesondere, 1793 verfasst, aber erst 1896 posthum gedruckt. Hier zitiert nach der Quellensammlung von Wilfried Nippel (Hg.), *Über das Studium der Alten Geschichte*. München 1993, Seite 33–56, hier Seite 51: »Ein dem griechischen Charakter vorzüglich auszeichnender Zug ist [...] ein ungewöhnlicher Grad der Ausbildung des Gefühls und der Phantasie in einer noch sehr frühen Periode der Kultur, und ein treues Bewahren der kindlichen Einfachheit und Naivetät in einer schon ziemlich späten. Es zeigt sich daher in dem griechischen Charakter meistenteils der ursprüngliche Charakter der Menschheit überhaupt, nur mit einem so hohen Grade der Verfeinerung versetzt, als nur immer möglich sein mag; und vorzüglich ist der Mensch, welchen die Griechischen Schriftsteller darstellen, aus lauter höchst einfachen, großen und – wenigstens aus gewissen Gesichtspunkten betrachtet – immer schönen Zügen zusammengesetzt. Das Studium eines solchen Charakters muß in jeder Lage und jedem Zeitalter allgemein heilsam auf die menschliche Bildung wirken, da derselbe gleichsam die Grundlage des menschlichen Charakters überhaupt ausmacht.«

Jaeger

Werner Jaeger (1888–1961), einer der führenden klassischen Philologen in Deutschland, erhielt 1914 Nietzsches Lehrstuhl in Basel und wurde nicht zum Militär eingezogen. Befreundet mit Wilamowitz wurde er Lehrer von Wolfgang Schadewaldt, womit die drei Säulen der deutschen Gräzistik bis in die Nachkriegszeit benannt sind. Jaeger glaubte wie Winckelmann unbedingt an die griechische Autorität: »Eine besondere Stellung nimmt das Griechentum ein. Die Griechen bedeuten, von der Gegenwart aus betrachtet, gegenüber den großen historischen Völkern des Ostens einen prinzipiellen ›Fortschritt‹, eine neue ›Stufe‹ in allem was das Leben des Menschen in der Gemeinschaft betrifft. Es wird bei den Griechen auf völlig neue Grundlagen gestellt. So hoch wir auch die künstlerische, religiöse und politische Bedeutung der früheren Völker schätzen mögen, beginnt doch die Geschichte dessen, was wir als Kultur in unserem bewußten Sinne bezeichnen können, nicht eher als bei den Griechen.« Seite 3 in Bd. 1 von *Paideia* von 1936, dem Jahr von Jaegers Übersiedlung nach Harvard.

Justi

Carl Justi (1832–1912), *Winckelmann. Sein Leben, seine Werke und seine Zeitgenossen.* 3 Bde., Leipzig 1866–1872. Hier Bd. 1, Seite 9. Walter Pater s.d. reagierte schon 1867 mit einem Essay über Winckelmann in der »Westminster Review«.

Kapodistrias

Ioannis Antonios Graf Kapodistrias (1776–1831), studierter Philosoph und Mediziner aus Korfu, ab 1797 Diplomat, ab 1800 mit der Ausarbeitung einer neuen Verfassung der Ionischen Inseln befasst; ab 1803 griechischer Innen-, dann Außenminister. 1809 wurde er ins russische Außenministerium berufen, stieg bis zum Kanzleichef des Zaren auf und wurde mit wichtigen Missionen betraut. Für Russland unterzeichnete er den zweiten Pariser Friedensvertrag 1815 und erreichte für die Schweiz »immerwährende Neutralität«. – Ab 1822 widmete er sich wieder der griechischen Politik. Vgl. Lulu Gräfin von Thürheim, *Mein Leben. Erinnerungen aus Österreichs großer Welt.* 1788 bis 1852. Georg Müller, München 1923, Bd. 3., Seite 233f.

Kästner

Erhart Kästner (1904–1974), *Griechenland. Ein Buch aus dem Kriege.* Gebrüder Mann Verlag, Berlin 1942. Erneut u. d. Titel *Ölberge, Weinberge.* Insel Verlag, Wiesbaden 1952. Zitat aus der verschollenen Kriegsausgabe nach Eberhard Rondholz, *Griechenland. Ein Länderporträt.* Berlin 2011, Seite 26–27.

Ders., *Kreta. Aufzeichnungen aus dem Jahre 1943.* Zuerst gedruckt 1944 beim Gebr. Mann Verlag, dort ging das Ms angeblich 1945 verloren, konnte dann aber 1946 erneut gedruckt werden. Hier zitiert nach der Ausgabe Insel Verlag, Frankfurt a. M. 1975, Seite 180ff.

Viele Reisebücher zwischen 1904 und 1940, die Christopher Meid (*Griechenland-Imaginationen. Reiseberichte im 20. Jahrhundert*, Berlin, Boston 2012) aufzählt, neigen zu scharfer Kritik an den lebenden Griechen – nicht verwunderlich nach 1922, da man die Kleinasiatische Katastrophe zu bewältigen hatte. Aber um wie viel besser sah es zuhause aus? »Aus dem zertrümmerten Europa nach Hellas kommend, findet der Wanderer ein Land, das eine Ruine vernichteten großen Lebens ist«, schrieb Bernhard Guttmann, *Tage in Hellas. Blätter von einer Reise.* Frankfurt a. M. 1924, Seite 177.

Katharina II., die Große

Katharina II. (1729–1796) war mit Voltaire befreundet, der ihren von Peter dem Großen ererbten Philhellenismus förderte. Er widmete ihr 1768 eine »Ode Pindarique« zur ersten Schlacht um ein freies Griechenland, die Graf Orlow 1770 in ihrem Auftrag unternahm.

»Ecoutez Pallas qui vous crie:
›*Vengez-moi! Vengez ma patrie!*‹
Vous irez après aux saints lieux.
Je veux ressusciter Athènes.
Qu' Homère chante vos combats,
Que la voix de cent Démosthènes
Ranime vos cœurs et vos bras.
Sortez, renaissez, Arts aimables.
De ces ruines déplorables …«

1775 gründete Katharina das griechische Gymnasium in Petersburg; zuerst als Schule für griechische Flüchtlingskinder, dann zur Kadettenschule umgestaltet und für alle möglichen Sprachen und Glaubensrichtungen geöffnet. Die Schule bestand 22 Jahre und entließ in dieser Zeit rund 200 Absolventen, die überwiegend im russischen Militär oder in der Verwaltung dienten. Zar Paul schloss die Schule 1797 nach dem Tod seiner Mutter. – 1782 hatte Katharina ihr berühmtes Manifest über die Restitution des griechischen bzw. byzantinischen Reiches mit Konstantinopel als Hauptstadt formuliert, darin sie ihren Enkel Konstantin als König vorsah, der als Grieche erzogen wurde. Sie unternahm 1782–1783 auch diplomatische Vorstöße, wurde aber nur vom österreichischen Joseph II. unterstützt – zu wenig, um politisch wirksam zu werden. – 1788 rief sie erneut die Griechen zum Aufstand auf; diese Ermutigung blieb unvergesslich. Doch Katharina konnte nichts mehr für sie tun, da die

Schweden im Juni 1788 ihrerseits Krieg gegen die Russen begonnen hatten und ihr Sohn Paul gegen die Griechen eingenommen war. Der deutsche Historiker Gervinus meinte 1861, Katharina selber habe seit 1770 ihr Projekt nur noch als Tollheit behandelt, und in Russland habe außer Potemkin kein Mensch mehr etwas davon hören wollen.

Kazantzakis

Nikos Kazantzakis (1883–1957), einer der berühmtesten griechischen Schriftsteller. Neunmal wurde er zum Nobelpreis vorgeschlagen. Seine Faustübersetzung erschien 1936 in der Zeitung »Kathimerini« in Fortsetzungen; aufgeführt wurde sie aber erst 2002 auf Kreta. Vgl. Thomas Irmer, Von griechischer Antike in Europas Gegenwart. In: *Theater der Zeit*, Berlin 2002. – Vgl. Nikos Kazantzakis, *Einsame Freiheit*. Biographie aus Briefen und Aufzeichnungen des Dichters von Eleni N. Kazantzakis. Vollständige Ausgabe, Frankfurt a. M. 1991. Original frz. 1968 bei Plon.

»Ägina, Samstag [Juni 1936] – Mit Ungeduld warte ich darauf, daß in der *Kathimerini* der ›Faust‹ gedruckt wird. Das wird aus vielen Gründen sehr nützlich sein: a) Alle werden sehen, um wieviel diese Übersetzung besser ist als die von Chatzopoulos; b) Das Nationaltheater wird aufgeschreckt und hat es schwer, so ungerecht zu verfahren ...« Doch das Theater führte das Stück nicht auf, Kazantzakis beschwerte sich: »Von den sechs Übertragungsversuchen, die bis jetzt unternommen worden sind, um den ersten Teil des ›Faust‹ ins Griechische zu übersetzen, war mir lediglich der Übertragungsversuch von Chatzopoulos eine Hilfe. Er ist der bedeutendste – trotz all seiner Mängel. Der Versbau ist sehr mäßig und metrisch nicht korrekt, die Sprache dürftig, an vielen Stellen holprig, und bereitet, zumal wenn sie von der Bühne aus zu Gehör gebracht wird – große Schwierigkeit für den Schauspieler [...] Ich habe, soweit ich konnte, von diesem früheren Übersetzer Nutzen gezogen und mich bemüht, soweit ich konnte, den Versuch enger an den unsterblichen Text anzunähern, mit rhythmischerem Versbau, reinerer Sinnwiedergabe und reicherem, gesamtgriechischen Vokabular. [...] Ich gebe diesen ›Faust‹ zum Druck, den das Kgl. Theater (Direktor K. Karthaios, Dramaturg K. Bastias, Regisseur D. Rodiris) bei mir bestellt, dann aber nicht gespielt hat, weil es die Übersetzung von Kostas Chatzopoulos für besser fand. Gäbe es ein Ehrengericht auch für geistige Niederträchtigkeiten, die verübt werden, so würde ich Klage einreichen [...]« Seite 325f. – 1938 erschien die Nachdichtung der Odyssee, als Versepos in 24 Gesängen wie das homerische Vorbild. Hier wird Helena wenig freundlich oder sogar satirisch gezeigt, wie sie mit einem schwarzen Sklaven nach Ägypten entläuft. Dennoch ist denkbar, dass Hilda Doolittle s. d. dieses Werk für ihre eigene Dichtung »Helen in Egypt« von 1961 gelesen hat. 1971 erschien eine staunenswerte deutsche Übertragung von Gustav Conradi (erneut 2017).

Korais

Adamantios Korais (1748–1833), gebürtig aus Smyrna, Schüler der dortigen Evangelischen Schule, lebte meistens in Westeuropa. Studierte Medizin und Naturgeschichte, widmete sich dann aber der alten Literatur und kämpfte für eine hellenische Wiedergeburt. Hauptziel wurde die Durchsetzung einer Schriftsprache für den kommenden Staat, auf einem Mittelweg zwischen der antikisierenden Hoch- und der Volkssprache. Korais gilt als Erfinder der sogenannten Katharevousa, »die Reine«; das erste neugriechische Wörterbuch von AK »Atakta« erschien zwischen 1828 und 1835. – Zum Sprachenstreit vgl. Andrea Schellinger (Hg.), *Denker, Dichter, Priester: Kostis Palamas in deutschen Übertragungen*. München 2015.

Mann

Thomas Mann (1875–1955), *Politische Reden.* 3 Bde. Frankfurt a.M. 1960, Bd. 1: Seite 199.

Ders., *Dr. Faustus. Das Leben des deutschen Tonsetzers Adrian Leverkühn, erzählt von einem Freunde.* Berlin 1947, Berlin (DDR) 1952, Seite 690 = letzter Satz. – Dazu Walter Boehlich, Thomas Manns »Doktor Faustus«. In: *Merkur*, Heft 10, 1948, Seite 588–603, hier Seite 593.

Ders., *Briefe an Jonas Lesser und Siegfried Trebitsch 1939–1954*, hg. von Franz Zeder. Frankfurt a.M. 2006, hier Seite 69 und 107.

Am 14.8.1952 schreibt TM an Lesser, der eigens ein hymnisches Buch über ihn verfasst hatte: »[...] eine Art Genugtuung ist es ja, daß diese geschäftige Butler nach und nach nicht nur von Ihnen, sondern von anderen noch einige Wahrheiten zu hören bekommt. Sie wird übrigens, nach allem, was ich höre, nicht ernst genommen in ihrer eigenen Sphäre.« Seite 109 – Dazu der Herausgeber Zeder: »Das akademische Renommee der ein Jahr zuvor emeritierten Eliza ›Elsie‹ Butler war in der Tat prekär. So vermochte die nicht nur für Rilke, sondern auch für Okkultistisches schwärmende Cambridge-Professorin trotz ihrer umfangreichen Goethe-Studien im Goethe-Jahr 1949 keine tragende Rolle zu spielen.« Seite 110.

Marlowe

Christopher Marlowe (1564–1593), *Tragicall History of Doctor Faustus.* Ab 1588 aufgeführt, 1616 gedruckt. Akt fünf, erste Szene enthält die berühmt gewordenen Verse von Faust, beim Anblick des schönen Gespenstes (hier nach der englischen Ausgabe von 1604):

»Was this the face that launch'd a thousand ships,
And burnt the topless towers of Ilium –
Sweet Helen, make me immortal with a kiss. –
[kisses her]
Her lips suck forth my soul: see, where it flies! –

Come, Helen, come, give me my soul again.
Here will I dwell, for heaven is in these lips,
And all is dross that is not Helena.
I will be Paris, and for love of thee,
Instead of Troy, shall Wertenberg be sack'd;
And I will combat with weak Menelaus,
And wear thy colours on my plumed crest;
Yea, I will wound Achilles in the heel,
And then return to Helen for a kiss.
O, thou art fairer than the evening air
Clad in the beauty of a thousand stars;
Brighter art thou than flaming Jupiter
When he appear'd to hapless Semele;
More lovely than the monarch of the sky
In wanton Arethusa's azur'd arms;
And none but thou shalt be my paramour!«

Butler kommentiert die entsprechende Begegnung zwischen Faust und Helena in *Fortunes of Faust*, ironisch: »The meeting between Helen and Faust occurs in the second scene. Goethe had taken a quarter of a century to bring it about; and Faust had been similarly occupied from the middle of the first act onwards, seeking, glimpsing, yearning and striving. Inevitably the achievement sank into anti climax.« Seite 235.

Auch und erst recht das Auftauchen eines Euphorion wird mit beißender Ironie kommentiert: »the union of the classical with the romantic spirit, not a very promising theme. [...] Why should perfect beauty wedded to illimitable dreams of romanticism [...] result in this hectic young creature?« Seite 236. Das Rätsel löst sich durch das Opfer des griechischen Freiheitskrieges. Erst in ihrem Buch über Goethe und Byron von 1956 kommt Butler zur eigentlichen Würdigung des Paares Faust und Helena.

Müller

Johann Ludwig Wilhelm Müller (1794–1827), der sogenannte »Griechenmüller«, war einer der bekanntesten deutschen Philhellenen, der nie nach Griechenland kam. Der Sohn aus armen Verhältnissen meldete sich 1813 freiwillig zur Preußischen Armee, war aber Dichter und Übersetzer. 1818 übersetzte er den Faust von Christopher Marlowe, den Goethe angeblich nun erst kennenlernte. Als Sprachpatriot dichtete Müller »Lieder der Griechen« (1821–1824); zwei weitere Bände »Neugriechische Volkslieder« folgten 1825; den Erlös schenkte er Griechenvereinen.

Nietzsche

Friedrich Nietzsche (1844–1900), Nachlass 1885, Aphorismus 41 [4]. *Digitale Kritische Gesamtausgabe* nach der Ausgabe von Giorgio Colli und Mazzino Montinari, Berlin, New York 1967.

Ders., *Werke* in 3 Bdn., hg. von Karl Schlechta. München 1966; Bd. I: Die Geburt der Tragödie oder Griechentum und Pessimismus [1871], Seite 7–134.

Vgl. Enrico Müller, *Die Griechen im Denken Nietzsches*. Berlin, New York 2005.

Obenauer

Karl Justus Obenauer (1888–1973), *Der faustische Mensch. Vierzehn Betrachtungen zum zweiten Teil von Goethes Faust.* Verlag Eugen Diederichs, Jena 1922, Seite 95f: »das Selbstopfer des außernatürlichen künstlichen Wesens, es bedingt die in Helena auferstehende Schöpfung Fausts. [...] Es ist die Vorbedingung zur Wiedergeburt der Helena: der abstrakte überkluge, allzu intellektuelle Dämon muss von den Mächten des Lebens ergriffen und eingeschmolzen werden. Er muss sich so vollkommen verwandeln, dass er mit eben diesen plastischen Kräften zur einen Flamme wird. Er geht unter im Zeugungsvorgang, der Helena, das vollkommen schöne Wesen, ins Dasein bannt. Er verwandelt sich so gründlich, dass er in der Neugeburt der Helena kaum mehr erkennbar ist. [...] das heisst aber nichts anderes als: Fausts Antike ist nicht die kühle künstliche Frucht eines unfruchtbaren, naturfremden Intellektualismus; es ist das Produkt ergriffenster Schau, meisterlicher Formkraft und glühendster Sehnsucht.«

Obenauer starb 1973. Er erlebte den Auftritt seines Kollegen Hans Schneider-Schwerte wohl nicht, und dieser vermied auch fast jede Erwähnung in seiner Ideengeschichte des »Faustischen« von 1962. So konnte im Dunkeln bleiben, ob Obenauer nach 1945 vom Betrug Schneiders erfahren und ihn im katholischen Glauben geschützt hatte.

Pater

Walter Pater (1839–1894): Eine seiner frühesten Arbeiten schrieb er nach der Lektüre von Justis Winckelmann-Biographie; der Essay von 1867 entwarf eine eigene Schönheitslehre. »Marius der Epikureer« (1885) wurde sein literarisches Hauptwerk, Oscar Wilde einer seiner Schüler. Später folgten Texte zu Plato und dem Platonismus. Die gesammelten *Greek Studies* erschienen posthum 1895.

Pausanias

Pausanias (115–180), der griechische Geograph, lieferte die grundlegenden landeskundlichen Beschreibungen für die kommenden Jahrtausende, in unerreichter Genauigkeit der Angaben zu Landschaft und Kultur. Erhalten sind zehn Bücher aus der Zeit zwischen 160 und 175 n.Chr. Die erste erhaltene Hs stammt aus dem 15. Jahrhundert. Alle späteren Archäologen haben ihn konsultiert; vor allem die Abgesandten der britischen Society of Dilettanti, Stuart, Revett und Chandler, die seit 1755, und wie der Franzose Julien le Roy seit 1758, das alte Griechenland vermessen und gezeichnet haben. – Von den Deutschen gelten der Maler Carl Rottmann sowie Graf Stackelberg als Kunstvermittler. – Regelrechten Anschauungsunterricht gab es seit 1709 in Herkulaneum und Pompeji; ab 1802 gab es den ersten Lehrstuhl für Archäologie in Kiel; ab 1829 das erste Deutsche Archäologische Institut (DAI) in Athen.

Rosenberg

Alfred Rosenberg (1893–1946), *Der Mythus des 20. Jahrhunderts. Eine Wertung der seelisch-geistigen Gestaltenkämpfe unserer Zeit.* Hoheneichen Verlag, München 1930. Hier zitiert nach der 12. Auflage. 241. bis 260. Tsd. München 1943, Seite 28 sowie Seite 34.

Santayana

Georges Santayana (1863–1952), *Egotism in German Philosophy.* London, New York 1916, Seite 13–14, deutsch von C. S. – Ferner: »Nothing, for instance, was more romantic in Goethe than his classicism. His Iphigenie and his Helena and his whole view of antiquity were full of the pathos of distance. That pompous sweetness, that intense moderation, that moral somnambulism were too intentional; and Goethe felt it himself. In Faust, after Helen has evaporated, he makes the hero revisit his native mountains and revert to the thought of Gretchen. It is a wise home coming, because that craze for classicism which Helen symbolized alienated the mind from real life and led only to hopeless imitations and lackadaisical poses. Gretchen's garden, even the Walpurgisnacht, was in truth more classical. This is only another way of saying that in the attempt to be Greek the truly classical was missed even by Goethe, since the truly classical is not foreign to anybody. It is precisely that part of tradition and art which does not alienate us from our own life or from nature, but reveals them in all their depth and nakedness, freed from the fashions and hypocrisies of time and place.« Seite 47–48. – Diese Abschnitte konnten ein schlagendes Argument für Butlers gesamtes Unternehmen sein.

Schadewaldt

Wolfgang Schadewaldt (1900–1974), Nachfolger von Wilamowitz, seit 1928 Professor und seit 1941 in Berlin. Mitgründer der »Aktion Ritterbusch« von 1940; ab 1950 Professor in Tübingen. Gleichzeitig mit Butlers Byronbuch erschien von ihm 1956 ein Aufsatz über »Faust und Helena«, womöglich von Obenauer s.d. inspiriert, wenn es überschwenglich hieß: »Die ganze klassische Walpurgisnacht als der Weg zum Wasser, dem Urelement des Lebens, zugleich der Weg des Lebens, der Schönheit: Helena.« Zit. nach W. S., *Goethestudien*. Zürich und Stuttgart 1963, hier Seite 190. – Der Autorität seines Lehrers Wilamowitz war wohl das Suhrkamp Buch von 1947 geschuldet: *Die Heimkehr des Odysseus. Eine Nacherzählung. Taschenbuch für junge Menschen*, Berlin 1947, mit dem sicher gut gemeinten, aber doch schockierenden Satz: »So muss die Heimkehr des Odysseus uns als die Heimkehr aller Heimkehren, als die Urheimkehr erscheinen. Und wenn sich in dem Gedicht nun schließlich alles nach einer geheimnisvollen Fügung fügt und ordnet, so mag uns tröstlich darüber zu Bewußtsein kommen, daß doch auch wir in unserer unbegreiflichen Wirklichkeit in so einer Art Gedicht vorkommen, in dem – wir wissen nicht, zu welchem Ende – noch fort und fort an uns gedichtet wird.« Seite 179. – Schadewaldts Text endet mit dem Bild des Erzählers Odysseus: »dann kommt über ihn der Schlaf, löst ihm die Glieder und erlöst sein Herz von allen Kümmernissen.« Seite 224.

Schinkel

Karl Friedrich Schinkel (1781–1841), preußischer Baumeister und Architekt des Königs, auf dem Höhepunkt seiner Laufbahn zuständig für fast alle staatlichen Bauvorhaben. Neben dem Studium an der Akademie der schönen Künste entwarf er Stadtansichten und rund vierzig Bühnenbilder, darunter mehrere für Mozarts »Zauberflöte«. Zwischen 1807 und 1815 schuf er außerdem Panoramen und

Dioramen. Das Gemälde »Blick in Griechenlands Blüte« blieb nach 1945 verschollen, eine Kopie von Ahlborn von 1836 ist erhalten.

Schliemann

Heinrich Schliemann (1822–1890), *Ilios. Stadt und Land der Trojaner. Forschungen und Entdeckungen in der Troas und besonders auf der Baustelle von Troja.* Mit einer Selbstbiographie des Verfassers, einer Vorrede von Rudolf Virchow, Beiträgen von Kollegen sowie circa 1800 Abbildungen, Karten und Plänen in Holzschnitt und Lithographie. Brockhaus, Leipzig 1881, Seite 570 (Virchows Gutachten).

Ders., *Briefwechsel*, hg. von Ernst Meyer, Bd. I: 1842 bis 1875, Berlin 1953, Seite 86f.; 153–157.

Vgl. vor allem Danae Coulmas, *Schliemann und Sophia. Eine Liebesgeschichte.* München, Zürich 2001. – Mit zahlreichen neuen Dokumenten und Bildern. Sie zeichnet die Begegnung eines dämonisch ehrgeizigen Deutschen mit einer eher sanften, dann aber zunehmend kooperierenden und schließlich auch stolzen Griechin nach, die Schliemann fast vierzig Jahre überlebte. – Seite 66ff. handelt von der Begegnung Schliemanns mit Sophias Onkel, dem Sprachlehrer Theodoros Vimbos 1856. Schliemann will beides lernen: »Erst Neugriechisch, wegen der Geschäfte, die Schliemann gerade mit griechischen Partnern betreibt; in sechs Wochen. Dann Altgriechisch, wegen der versäumten humanistischen Bildung; dazu werden immerhin drei Monate gebraucht. […] Schliemanns Altgriechisch wird keineswegs fehlerlos sein […] Die Briefe an Sophia, fast immer in diesem eigenartigen Altgriechisch verfaßt, sind darüber hinaus ein bedeutendes, vielleicht das letzte Dokument der Anwendung einer dreitausend Jahre alten Sprache auf private, alltägliche, manchmal betont emotionale Inhalte, auf das Leben eines Paares des 19. Jahrhunderts.« Und um das Paar ging es Schliemann seit seiner Ankunft in Ithaka 1869.

Shelley

Percy Bysshe Shelley (1792–1822), englischer Dichter, Freund von Byron. In seinem italienischen Haus lebten zeitweise Byrons uneheliche Tochter Allegra und deren Mutter. Sein Drama »Hellas« von 1821 ist dem Fürsten Alexander Mavrokordatos gewidmet, mit dem Byron sich in Missolonghi verbündet hatte und dem auch Shelley in Italien begegnet war. – Der Atheist Shelley (»The Necessity of Atheism«), verheiratet mit Mary Wollstonecraft-Godwin, der Verfasserin des Frankenstein-Romans, starb bei einem Schiffsunglück im Golf von Spezia und wurde am Meer von seinen Freunden auf einem Scheiterhaufen verbrannt. Die Asche wurde auf dem protestantischen Friedhof in Rom unter einem Grabstein mit der Inschrift *Cor Cordium* = »Herz der Herzen« beigesetzt. Auf diese Inschrift spielt Butler in der Jockey-Episode an.

Spengler

Oswald Spengler (1818–1936), *Der Untergang des Abendlandes*, Bd. I: 1918; Bd. 2, München 1922; hier zitiert nach der ungekürzten Neuausgabe von 1981 in einem Band, Seite 656–658; 1189.

Ders., *Der Mensch und die Technik. Beitrag zu einer Philosophie des Lebens*. München 1931, hier Seite 69, 75.

Ders., *The Decline of the West*. Sonderausgabe October 1939. Autorisierte Übersetzung und Anmerkungen von Charles Francis Atkinson. – Vol. 1: April 23, 1926; reprinted ten times; Vol. 2: November 9, 1928; reprinted three times. – Die einbändige Ausgabe erschien also unmittelbar nach dem deutschen Einfall in Polen und der britischen Kriegserklärung.

Spies

Johann Spies (um 1540–1623), *Das älteste Faustbuch*. Wortgetreuer Abdruck der *editio princeps* nach der Spies'schen Ausgabe von 1587, Frankfurt am Mayn 1590. Herausgegeben von August Kühne, Zerbst 1868.

Seite 103–105: Auftritt der von Faust herbeigezauberten Helena:

»Am weissen Sonntag kamen offtgemeldete Studenten unversehens wider in D Fausti behausung zum Nachtesssen, brachten ihr Essen und Tranck mit sich, welche angeneme Gäst waren. Als nu der Wein eingienge, wurde am Tisch von schönen Weibsbildern geredt, da einer under inen anfieng, daß er kein ander Weibsbild lieber sehen wollte, dann die schöne Helenam auß Graecia, dero wegen die schöne Statt Troia zu grund gegangen were. Sie müste schön gewest seyn, dieweil sie ihrem Mann geraubet worden, und entgegen solche Empörung entstanden were. D. Faustus antwurt, dieweil ihr dann so begirig seidt, die schöne gestalt der Königin Helenae, Menelai Haußfraw, oder Tochter Tyndari und Laedae, Castoris und Pollucis Schwester (welche die schönste in Graecia gewesne sein soll), zusehen, will ich euch dieselbige fürstellen … […] Darauff verbote D. Faustus daß keiner nichts reden sollte, noch vom Tisch aufstehen, oder sie zu empfahen anmassen, und gehet zur Stuben hinauß. Als er wider hinein gehet, folgete jm die Königin Helena auff dem Fuß nach, so wunder schön, daß die Studenten nit wusten, ob sie bey ihnen selbsten weren oder nit, so verwirrt und innbrünstig waren sie. Diese Helena erschiene in einem köstlichen schwartzen Purpurkleid, ir Haar hatt sie herab hangen, das schön, herrlich als Goldfarb schiene, auch so lang, daß es ir biß in die Kniebiegen hinab gienge, mit schönen Kollschwartzen Augen, ein lieblich Angesicht, mit einem runden Köpfflein, ire Leffzen rot wie Kirschen, mit einem kleinen Mündlein, einem Halß wie ein weisser Schwan, rote Bäcklin wie ein Rößlin, ein uberauß schön gleissend Angesicht, ein länglichte auffgerichte gerade Person. In summa es war an ir kein untädlin zufinden, sie sahe sich allenthalben in der Stuben umb, mit gar frechem und bübischem Gesicht, daß die Studenten gegen ir in Liebe entzündet waren, weil sie es aber für einen Geist achteten, vergieng ihnen solche Brunst leichtlich, und gienge also Helena mit D. Fausto widerumb zur Stuben hinauß. Als die Studenten solches alles gesehen, baten sie D. Faustum, er sollte ihnen so viel zugefallen thun, und Morgen widerumb fürstellen, so wollten sie einen Mahler mit sich bringen, der solte sie abconterfeyten. Welches ihnen aber D. Faustus abschlug, und sagte, daß er ihren Geist nicht allezeit erwecken könnte. Er wollte ihnen aber ein Conterfey darvon zukommen lassen, welches sie die Studenten abreissen möchten lassen, welches dann auch geschahe, und die Maler hernacher weit hin und wider schickten, dann es war ein sehr herrlich gestalt eins Weibsbilds. Wer aber solches Gemäld dem Fausto abgerissen, hat man nicht erfahren können. Die Studenten aber, als sie zu Betth kommen, haben sie vor der Gestalt und Form, so sie sichtbarlich gesehen, nicht schlaffen können.«

Spitteler

Carl Spitteler (1845–1924), *Olympischer Frühling*, erschien beim Leipziger Verlag Eugen Diederichs im Drugulindruck in zwei Doppelbänden von 1900 bis 1905: »Die Auffahrt« 1900–1901; »Die hohe Zeit«, 1903–1905; »Der hohen Zeit Ende« und »Zeus« folgten 1919. – Vgl. zur Vorgeschichte auch Robert Dünki, *Aspekte des Philhellenismus in der Schweiz 1821–1830.* Bern u.a. 1984.

de Staël

Germaine de Staël (1766–1817), *De L'Allemagne.* Paris 1814. – *Deutschland.* Übersetzt von Friedrich Buchholz, Samuel Heinrich Catel und Julius Eduard Hitzig. Berlin 1814. – Mme de Staël reiht sich in die Linie hochgebildeter französischer Schriftstellerinnen mit Kenntnis der Antike wie vor allem Anne Dacier, die Homer bereits vor 1700 übersetzte.

Steiner

Rudolf Steiner (1861–1925), *Goethes Faust als Bild seiner esoterischen Weltanschauung.* Verlag der Theosophischen Bibliothek, Berlin 1902: »Goethe ist der Überzeugung, daß er durch die Ehe mit der griechischen Schönheit das geworden ist, was er ist. Das Mysterium der Vergeistigung hatte für Goethe einen künstlerischen Charakter [...] Durch die Ehe, die Faust in den Tiefen seiner Seele erlebt, wird die Poesie geboren.« Seite 2.

Ders., *Das Faust-Problem. Die romantische und die klassische Walpurgisnacht.* Geisteswissenschaftliche Erläuterungen zu Goethes Faust. Bd. II. Dornach 1981. Darin enthalten: 12 Vorträge aus Dornach, 30. September 1916 bis 19. Januar 1919, sowie ein öffentlicher Vortrag in Prag am 12. Juni 1918. – Die erste Auflage dieser Ausgabe, die Steiner nicht mehr selbst durchgesehen hat, erschien 1931; eine veränderte 1967. Der Vortrag aus Prag kam erst in die 4. Auflage aus der Hand der Nachlassverwaltung. Die Vorträge kreisen um szenische Aufführungen, um das Problem des Bösen, um griechische Mysterien, um Goethes eigene Meinung zu Faust.

Ders., Spenglers »Welthistorische Perspektiven«. In: *Das Goetheanum,* II. Jahrgang 2, 13. August 1922. – GA 36, Seite 81–86. Steiner erkennt als einer der wenigen den kategorialen Widerspruch in Spenglers Wortspiel zwischen Goethe und Gotik. – Vgl. Martina Maria Sam, *Rudolf Steiners Faust-Rezeption. Interpretationen und Inszenierungen als Vorbereitung der Welturaufführung des gesamten Goetheschen Faust 1938.* Basel 2011. Diesem Buch liegt eine Dissertation 2010 an der Philosophischen Fakultät der Universität Zürich zugrunde, im Vorfeld der neuen Faustinszenierung von 2017 in Dornach. – Als Reaktion kann man das auf Englisch erschienene Buch von Peter Staudenmaier verstehen: *Between Occultism and Nazism. Anthroposophy and the Politics of Race in the Fascist Era.* Leiden, Boston 2014. Etwas beschwichtigender fällt die neue große Steiner-Biographie von Helmut Zander von 2011 aus, obgleich auch er keinen Zweifel an Steiners Hang zum esoterischen Rassismus lässt. – Zu Rudolf Steiner gehört natürlich Helena Blavatsky s.d. und deren Nachfolgerin Annie Besant s.d.

Sternberger

Dolf Sternberger (1907–1989), »Die Ruinen von Athen«. In: D.S., *Über den Jugendstil und andere Essays*. Hamburg 1956, Seite 83–102, hier Seite 94, 95.

Ders., *Panorama oder Ansichten vom 19. Jahrhundert*. Hamburg 1938. Um dieses Buch entspann sich eine scharfe Fehde mit Walter Benjamin s.d., der sich und sein Passagenwerk plagiiert fühlte. Er besprach das Buch außerordentlich polemisch für das Institut für Sozialforschung auch deshalb, weil Sternberger 1937 Hitler bei dessen Rede zur Eröffnung der Ausstellung »Entartete Kunst« beigesprungen war. Vgl. W. B., *Kritiken und Rezensionen*, a.a.O., Seite 701 f. Trotz mehrfacher Nachfragen wurde der Text aber nie gedruckt; ab 1940 gab es nämlich in der Zeitschrift keine deutschen Texte mehr.

Ukert

Friedrich August Ukert (1780–1851), *Gemälde von Griechenland*. Entworfen mit sechs Kupfern ..., Königsberg 1810: »Die Zeit scheint nicht ferne, da Griechenland in eine andere Lage wird versezt werden; möge sie glüklicher seyn für das herrliche Land als die jetzige, und für die Bewohner, denen die Kraft, sich selbst zu heben, fast geraubt ist, durch das langsame Aussaugen, das wie ein schleichendes Fieber verzehrt, gefährlicher als plözlich einbrechende Verwüstung und Zerstörung.« Seite XIV-XV.

Velestinlis

Rigas Velestinlis (1757–1798), griechischer Schriftsteller und Revolutionär mit mehreren Namen wie Rigas Fereos oder Pheraios, war neben Adamantios Korais maßgeblicher Visionär eines eigenständigen griechischen Staates. Im Vorfeld agitierte und bereiste er Länder mit Diasporagriechen, komponierte revolutionäre Lieder, entwarf eine Karte des großgriechischen Reiches sowie eine »Charta von Hellas« als zukünftiger Verfassung im Geist der Französischen Revolution. Die Wiener Behörden verhafteten ihn aber 1798 bei seiner Ankunft in Triest und lieferten ihn zur Hinrichtung nach Belgrad aus. Vgl. Christopher M. Woodhouse, *Rhigas Velestinlis. The Proto-Martyr of the Greek Revolution*. Limni 1995.

Venizelos

Eleftherios Venizelos (1964–1936), der wohl einflussreichste Politiker der griechischen Geschichte seit der Staatsgründung. Geboren auf Kreta, gestorben in Paris, war er von Anfang an für ein Groß-griechenland – Magna Graecia –, das alle Inseln, vor allem Kreta, aber auch Teile Kleinasiens einschließen sollte. 1910 Premierminister, überwarf er sich 1914 mit dem König, übernahm aber 1917 erneut die Führung, um nun mit den Alliierten zu kämpfen. Innenpolitisch gelangen ihm grundlegende Reformen und Vertreibung von Königstreuen aus ihren Ämtern. Der von ihm irredentistisch ausgelöste Krieg gegen die Türken 1919 endete mit der sogenannten Kleinasiatischen Katastrophe, danach exilierte er nach Paris. 1928 bis 1933 führte er wieder die Republik, dann kam ein Zwischenspiel der Monarchie und ab 1936 die Diktatur unter Metaxas. Vgl. Ioannis Zelepos, *Kleine Geschichte Griechenlands*. München 2014.

Wilamowitz

Enno Ulrich von Wilamowitz-Moellendorff (1848–1931), *Der Glaube der Hellenen*. Bd. 1., Berlin 1931; 3., durchges. Aufl. Stuttgart, Basel 1959. UWM gilt als größter Klassischer Philologe der Jahrhundertwende, als Begründer der Textkritik und des ganzen Faches, nicht nur in Deutschland. – Studienkollege von Nietzsche auf der Landesschule Pforta und später dessen erbittertster Feind, Schwiegersohn von Theodor Mommsen, war er unfreiwilliger Vorbereiter des sogenannten »3. Humanismus« in den deutschen Geisteswissenschaften unter Werner Jaeger. vgl. Barbara Stiewe, *Der »Dritte Humanismus«. Aspekte deutscher Griechenrezeption vom George-Kreis bis zum Nationalsozialismus*. Berlin, New York 2011. – Einer der Schüler von WM war Wolfgang Schadewaldt, Freund Heideggers und Homer-Übersetzer, der einflussreichste westdeutsche Gräzist nach 1945, Lehrer von Georg Picht, dem späteren Direktor des Internats Birklehof im Schwarzwald. Dieses Institut besuchte der deutsche Autor Karl Heinz Bohrer als Schüler in den 1950er Jahren; in seinem Lebensrückblick zeichnete er ein Porträt des Direktors: »Der Vater hatte ihm gesagt, dass der alte Direktor, dieser irgendwie immer so bewegt wirkende Altphilologe, eine Art idealistischer Nazi gewesen war. Ob das eine mit dem anderen zusammenhing? – Dass dieser vom griechischen Altertum lebende Mann gleichzeitig täglich vor dem Mittagessen die letzten Nachrichten von der Front in der Normandie mit einer Stimme vorgelesen hatte, als ob es ernste Gedichte seien? Er brauchte nur einen kleinen Anstoß, über solche Zusammenhänge nachzudenken, ohne dass er dem lange nachgehangen hätte, trotz der furchtbaren Dinge, die er über den SS-Staat erfahren hatte. Das alles verhinderte nicht den Eindruck, der ihn nun überfiel, beim Anblick des Internats: dass er sich an einem altgriechischen Ort befände, in einer altgriechischen Landschaft. Er ging seit diesem ersten Tag im wiedergeöffneten Internat [1947], so schien es ihm jedenfalls, auf antikem Boden.« K. H. Bohrer, *Granatsplitter. Erzählung einer Jugend*. München 2012, Seite 138.

Wilde

Oscar Wilde (1854–1900) war der Sohn eines irischen Hobbyarchäologen, William Wilde, der GR gern mit Irland verglich und viele Ausgrabungen tätigte. Nach dem Studium der *classics*, unter anderem als Schüler von Walter Pater, reiste Wilde nach GR im April

1877, als Begleiter der Hellenisten Mahaffy und Macmillan, Anhänger von Ernst Curtius, dessen griechische Geschichte 1868 bis 1873 auf Englisch erschienen war und die landeskundliche Einstellung von Schliemann bekräftigte. – 1879 wurde Wilde Mitglied der neuen Society for the promotion of Hellenic Studies, dem Ursprung der British School of Athens. Man definierte sich »to a large extent [...] against the perceived frigidity of their thorough German counterparts« (Frank Turner). – Wilde gab 1887–1889 eine kleine feministische Zeitschrift *Woman's World* heraus, Jane Harrison schrieb für die erste Nummer einen Essay über »The Pictures of Sappho«. Vgl. Iain Ross, *Oscar Wilde and Ancient Greece*. Cambridge University Press 2013.

Wilhelm II.

Wilhelm II. (1859–1941), *Erinnerungen an Korfu*. Berlin 1924. Hier zitiert nach der Darstellung seines mythologischen Beraters Karl Kerényi, *Humanistische Seelenforschung*. München 1966, Wiesbaden 1978, Seite 251–257.

Ders., *Studien zur Gorgo*. Berlin 1936. »Gewidmet dem Andenken meines verewigten Vaters Kaiser Friedrich III., dem Schirmherrn der Königlichen Museen und Kunstsammlungen, der Ausgrabungen von Olympia.«

Winckelmann

Johann Joachim Winckelmann (1717–1768), Gedanken von der Nachahmung der griechischen Werke in der Malerei und der Bildhauerkunst [1756]. In: *Ausgewählte Schriften und Briefe*, hg. von Walther Rehm. Wiesbaden 1948, Seite 1 und Seite 21.

Ders., *Geschichte der Kunst des Altertums* [1764], hg. von Ludwig Goldscheider. Mit allen Kupfern der Erstausgabe sowie den Würdigungen von Herder 1777, Goethe 1805 und Waetzoldt 1921. Wien 1934, Seite 364 und Seite 273 sowie Seite 467f.

Winckelmann wurde sehr schnell europaweit rezipiert. Die »Gedanken« erschienen frz. zugleich mit der deutschen 2. Auflage, englisch 1766 in Glasgow. Die GdKA hat Heinrich Füssli schon 1765 paraphrasiert, der Apollo-Essay daraus wurde vom jüngeren Fuessli 1768 ins Englische übersetzt. Goethes Denkschrift von 1805 tat das Ihrige. 1880 erschien das Gesamtwerk erstmals auf Englisch in Boston. – Vgl. Johann Wolfgang von Goethe, *Winckelmann und sein Jahrhundert: In Briefen und Aufsätzen.* Tübingen 1805. – Zu Hitlers Winckelmania vgl. Esther Sophia Sünderhauf, *Griechensehnsucht und Kulturkritik. Die deutsche Rezeption von Winckelmanns Antikenideal 1840–1945.* Berlin 2004, Anm. 242.

Wolf, Christa

Christa Wolf (1929–2011), *Voraussetzungen einer Erzählung: Kassandra.* Die Erstausgabe erschien zeitgleich mit der Erzählung *Kassandra* 1983 bei Luchterhand in Darmstadt und Neuwied; erneut dann in einer revidierten Fassung im 7. Band der Werkausgabe von 2000. Zitiert nach der Ausgabe im Suhrkamp Verlag Frankfurt a. M. 2008; Seite 186, 201. – Die Anfangssätze des Erzählentwurfs standen später auf der Gedenktafel am Berliner Wohnhaus der Autorin. »Mit meiner Stimme sprechen: das Äußerste. Mehr, andres hab ich nicht gewollt.« – Die Schriftsteller der DDR haben sich vielfach mit antiken Themen beschäftigt; vor allem auch Franz Fühmann, der mit der Wehrmacht nach Griechenland gekommen war. – Zu Walter Muschg s. u. »The Tyranny«. Dieter Mann hat seine Autobiographie 2017 im Berliner Aufbau Verlag veröffentlicht. Ich danke Friedrich Dieckmann für den Hinweis. – Zur überdimensionierten Rolle des Faust und Goethes in der Kulturpolitik der DDR vgl. vor allem Peter Merseburger, *Mythos Weimar*, Stuttgart 1998; sowie auch Willi Jasper; *Faust und die Deutschen*, Berlin 1998.

Wolf, Friedrich August

Friedrich August Wolf (1759–1824), klassischer Philologe und Freimaurer aus Halle, später Berlin, revolutionierte das Bild von Homer, dessen Epen nach seiner Meinung nicht von einem einzelnen Genie, sondern von mehreren Sängern verfasst worden seien, eigentlich also dem Volk. *Prolegomena ad Homerum* erschien 1795 und empörte seither vor allem die ausländische Homerphilologie. Auch Goethe verhielt sich reserviert. – vgl. Uvo Hölscher, *Die Odyssee. Epos zwischen Märchen und Roman.* 2. Aufl. München 1989, sowie Heinz-Ludwig Arnold, Hermann Korte (Hg.), *Homer und die deutsche Literatur.* München 2010.

Zu den verwickelten Rezeptionsschichten der Wolfschen These gehört die Neubewertung der überragenden griechischen Dichterin Sappho. Nur Fragmente gibt es von ihr, willkommen im romantischen Hellenismus. Fragmente der Dichtung traten nun also neben die Ästhetik der Ruinen und die Poetik eines kollektiven Homer. Henry Thornton Wharton veröffentlichte 1885 *Sappho: Memoir, Text, selected renderings and a literal translation*, ein vielgelesenes Buch zur viktorianischen Jahrhundertwende. Ezra Pound fand hier eine »muse in tatters«, eine »poiesis of loss« und eine »aisthetic of glimpses«: auf diese Plattformen der Avantgarde hob er dann seine Freundin Hilda Doolittle s. d. Als Samuel Butler wenige Jahre später sein Buch über die weibliche Autorschaft der Odyssee vorlegte, hatte er zwei Probleme mit einem Schlag gelöst: Homers Epos stammte aus einer einzigen Hand, und Frauen konnten auch episch dichten. Vgl. Yopie Prins, *Victorian Sappho.* Princeton UP 1999.

Wood

Robert Wood (1716–1771), *An Essay on the original genius and writings of Homer.* London 1769, erneut 1775. Homer, heißt es hier abschließend: »took his scenery and landscape from nature, his manners and characters from life, his persons and facts from tradition and his passions and sentiments from experience of the operations of the human mind and corrected by his own feelings.« Seite 294. Diese Meinung teilte noch Jane Ellen Harrison mehr als hundert Jahre später.

Woolf

Virginia Woolf (1882–1941), »On Not Knowing Greek«. In: *The Common Reader*, ed. Quentin Bell & Angelica Garnett, London 1925, Ausgabe 1984, zitiert letzter Satz. – Virginia Woolf lernte Griechisch, bereiste zweimal das Land und führte dabei auch Tagebuch. Dass James Joyce sich mit »Ulysses« in eine große Tradition begab, hat ihr nicht imponiert, sie mochte sein Buch nicht. Vgl. auch das Urteil ihres Neffen Quentin Bell, *Virginia Woolf. Eine Biographie* [1972]. Deutsch von Arnold Fernberg, Frankfurt a. M. 1977, Seite 147f.

Zweig

Stefan Zweig (1881–1942), *Briefe 1920–1931*, hg. von Knut Beck und Jeffrey B. Berlin Frankfurt a. M. 2000, Seite 433f.

Ders., *Der Kampf mit dem Dämon. Hölderlin. Kleist. Nietzsche.* Leipzig 1925, Seite 78. – Zweig fand, anders als Butler, den produktiven Dämon bei Hölderlin: »seine Verkündung ist die erste, lebendige, blutwarme, sinnliche Ahnung jenes verschütteten Weltbrunnens. Es ist nicht mehr das klassische, das gipserne Griechenland des Humanismus, das Winckelmann gelehrt, das hellenistische geschwächte Hellas, wie es Schiller in ›befangenem mutlosen Antikisieren‹ (Nietzsches tödliches Wort!) nachgebildet, sondern das asiatische, das orientalische Griechenland, das sich blutrünstig und jung eben dem Barbarischen entrissen, das noch dampfend, schwelend sich dem Mutterleib des Chaos entrungen. Dionysos tritt mit Trunkenheit und bacchantischem Überschwang aus dem Dunkel der Höhle [...] Denn dieses Griechenland, das Hölderlin aus seinem Dunkel glühend erblickt, ist nicht das kleine Hellas mehr, die vorgeschobene Halbinsel des Geistes, sondern der Nabel der Welt, Ursprung und Mitte allen Geschehens: ›Daher kommt und deutet zurück der kommende Gott.‹« Seite 144.

Eliza Marian Butler

Geboren 1885, dem Gründungsjahr der deutschen Goethegesellschaft; hoch geehrt gestorben im November 1959.

ELIZA MARIAN BUTLER
BIBLIOGRAPHIE

Ihr Nachlass liegt im Institute of Germanic & Romance Studies. University of London.

Die Senate House Library London bewahrt Unterlagen mehrheitlich ab 1930, zu Rilke und zum letzten Projekt »Napoleon and the Poets« sowie Briefe, meist zu »The Myth of the Magus« von 1948. – Thomas Mann aber schrieb ihr am 20. Oktober 1948: »Dear Professor Butler, Many kind thanks for your gracious letter of October 15th with its amusing exaggerations, which unfortunately did not extend also to the offered honorarium. However this is of no importance at all in my replay which, much to my regret, has to be negative.« – Ferner zehn sehr freundliche Briefe von Günther Müller aus Bonn, dem EB offenbar Care-Pakete gesandt sowie den Ehrendoktor in Cambridge verschafft hatte. Ansonsten Briefe – meistens zum Buch über den Magus – von Bertrand Russell, Lord David Cecil, Edward Sackville-West, C. S. Lewis, Michel Burt, Eudo Mason, William Guthrie, Heinrich Meyer, Leonid Pasternak, Gertrude Knoop u. v. a. – Im Warburg Institute liegen ca. 10 Schriftstücke zu den Aufsätzen, darunter die Einladung von Gertrud Bing. – Aus der Zeit vor 1930 finden sich im Nachlass von I. B. Horner vier Typoskripte mit Berichten aus der Kriegszeit, vor allem Serbien, aber auch aus Salonika: »The Prison on the Hill«.

BÜCHER UND AUFSÄTZE

The Tempestous Prince. On Fürst Pückler-Muskau. London 1928. – Vgl. dazu James Bowman, »Presenting the Prince: The Fortunes of Hermann von Pückler-Muskau and his British Biographer«. In: *Oxford German Studies* 43/2 (2014), Seite 107–124. Eine sehr kritische Lektüre des Buches von EB, die damit in der Biographik Fuß fassen wollte. Walter Muschg dagegen würdigte sie einfühlsam: »An dieser Gestalt erscheint ihr zum erstenmal das Wesen der Magie, wie sie es verstand, die hinreißende Gewalt des genialen Phantasiemenschen, aufgegangen zu sein.« W. M., *Studien zur tragischen Literaturgeschichte*. Bern, München 1965, Seite 228–261, hier Seite 238f.

Sheridan. A Ghost Story. London 1931. – Nach der eher ungnädigen Aufnahme des Pücklerbuches wandte sich EB zur englischen Literatur, aber ohne Erfolg. Ihre Idee, Sheridans Leben in zwei parallel geführten Narrativen darzustellen, wirkte offenbar verrückt.

Goethe and Winckelmann. In: Publications of the English Goethe Society (PEGS), Vol. x, 1934, pp. 1–22. – Der erste Schritt zu ihrem Buch von 1935. Goethes Beklemmung durch Winckelmann war schon hier das Thema.

The Tyranny of Greece over Germany. A Study of the Influence exercised of Greek Art and Poetry over the great German writers of the 18th, 19th and 20th centuries. Cambridge University Press 1935. – »Ein so genau belegtes, so glänzend geschriebenes kritisches Buch über die deutsche Klassik wie dieses gab es und gibt es in deutscher Sprache nicht.« Walter Muschg, a.a.O., Seite 242. Von C.S. zitiert und übersetzt sind die Seiten 2, 111, 322, 333. – Die Paperback-Ausgabe von 1958 enthielt ein neues Vorwort, hier zwei Auszüge, deutsch von C.S.:

»Dieses Buch wurde begonnen im Jahr 1933, als Hitler zur Macht kam. Kurz nach Erscheinen 1935 wurde es auf den Nazi-Index gesetzt; nach dem Krieg wurde es in gekürzter Form von Erich Rätsch ins Deutsche übersetzt für den Verlag Der Neue Geist, Berlin. Nun also, zu großem Stolz und Freude, wird es dankenswertweise durch Beacon Press einer breiten amerikanischen Öffentlichkeit zugänglich. – Mein Gespür für die Gefahr, die Deutschland bedrohte, wird in der Einleitung deutlich, speziell in den Entschuldigungen zu Anfang und Ende. Ich würde sie heute realistischer schreiben, aber der Gesichtspunkt bliebe der gleiche. Trotzdem kann ich mir ein Lächeln nicht verkneifen, wenn ich in meinem Tagebuch aus dieser Zeit lese, dass ich das Werk doch zur Hälfte als Warnung verstehen wollte; denn wann haben Bücher wie dieses jemals den leisesten praktischen Dienst erwiesen? Schließlich ist es ein weit entfernter Schrei aus dem großen klassischen Zeitalter deutscher Dichtung zur Tragödie des totalen Krieges, zu dem die Deutschen damals ansetzten. Auch haben die Helden im Großteil dieses Buches niemals irgendeine vergleichbare Gefährdung ihrer Humanität repräsentiert. Im Gegenteil, sie waren aktiv und bewusst mit einer Veredlung und Befreiung der Menschheit überhaupt befasst; und sie wären zweifellos starke Helfer zum Guten gewesen, wenn die Menschheit ihrem Rat gefolgt wäre; ja, je mehr man darüber nachdenkt, desto größer wird der Kontrast zwischen ihnen und den Anhängern des Führers.« Seite vii.

»Keiner von ihnen besuchte jemals das Land; Winckelmann und Goethe weigerten sich, als die Gelegenheit dazu sich bot. Hätten sie nur mit eigenen Augen diese wilden, titanischen Landschaften gesehen und ihre manchmal bedrohlichen Stimmungen, hätten sie vielleicht das tragische Element im griechischen Dichten und Denken erkannt, welches sie so entschlossen übersahen und aus ihrer Idee vom goldenen Zeitalter der Griechen eliminierten.« Seite xi.

Alkestis in Modern Dress. In: Journal of the Warburg Institute, vol. 1, no. 1, 1937, pp. 46–60. – Eine Anfrage von Gertrud Bing führte zu diesem Beitrag von EB. Sie eröffnete damit das neue Journal des neuen Warburg Institutes mit einem feministischen Thema.

Hoffmansthal's [sic!] »Elektra«. A Graeco-Freudian Myth. In: Journal of the Warburg Institute, vol. 2, no. 2, 1938, pp. 164–175. – Wieder ein feministischer Beitrag zum Warburg Institute; mit Blick auf den eben nach London emigrierten Sigmund Freud und mit der ersten politischen Formulierung der Faust-Helena-Allegorie.

Rainer Maria Rilke. Cambridge University Press 1941, 1946. – Im Vorwort zur 2. Aufl. schreibt EB: »The initial enthousiasm aroused by Rilke in Europe and America has deepened and strengthened during the war, which is something to be profoundly grateful for in the Atomic Age. Not only has the number of translations of the poems and letters increased steadily; but this book, which has caused intense and widespread dissatisfaction, is actually in sufficient demand to be reissued. In view of the hostility it has provoked, I am now faced with the questions to whether or not I wish to modify any of the statements it contains, or retract them in this Preface. Undoubtedly I should like to rephrase many sentences and paragraphs, and tone down some of the adjectives and nouns, notably in the description of Requiem for a Friend. But this would be merely tinkering with the text, for my attitude has not fundamentally altered, though my enthusiasm for Rilkes's poetry is even greater than it was.« Seite IX.

Romantic »Germanentum«. In: The German Mind and Outlook. Issued under the auspices of The Institute of Sociology. London 1945, pp. 92–123. – Eine beschwörende Rede von 1942 über die Pathologie der deutschen Mentalität, gesehen durch die Brille von Jane Harrison und George Santayana, und nun wie bei diesem energisch auf den Faustianismus reduziert. Wieder erinnert sie an Kant, dessen These vom unerkennbaren »Ding an sich« eine Abwendung von den harten Tatsachen bedeute, ebenso die selbstbezüglichen Auslassungen von Fichte, oder das brandgefährliche Gedicht an die Hunnen von Stefan George 1928. – Germanentum: ein Fluch »in the first instance to an unsconscious or deliberate disregard of hard and sober facts.« Seite 95. – 1945 hielt auch Dorothy Sayers vor der Goethegesellschaft einen Vortrag über »The Faust legend and the idea of the devil«. PEGS, vol. xv, 1945, pp. 1–20.

The Direct Method in German Poetry. An Inaugural Lecture delivered on January 25th 1946. – Die Diagnose »Faustianismus« führt EB auch nach Kriegsende weiter, erst recht nach dem Einmarsch der Deutschen und grausamer Besatzung in Griechenland. Auf zeitgenössische Literatur geht sie erst bei Thomas Mann ein.

Goethe and Cagliostro. In: PEGS, vol. xvi, 1946, pp. 1–28. – Eine Arbeit aus dem Umkreis der entstehenden Faust-Trilogie, angeregt vom Besuch bei Aleister Crowley, dem sagenhaftesten Okkultisten des 20. Jahrhunderts.

The Traditional Elements in Thomas Mann's Doktor Faustus. In: PEGS, vol. xviii, 1948, pp. 1–33. – Die Veröffentlichung von Manns Roman kam EB wie gerufen. Endlich gab es einen Beleg für ihre These zum faustgeschädigten deutschen Charakter durch einen zeitgenössischen Autor, und endlich konnte sie in eine unmittelbare Kritik eintreten.

Die Tetralogie zum 200tsen Goethegeburtstag: Alle Bücher erschienen bei Cambridge University Press: **The Myth of the Magus, 1948; Ritual Magic, 1949; The Fortunes of Faust, 1952.**

Mit dieser Trilogie hoffte EB bei Goethes Zweihundertjahrfeier aufzutreten, wurde aber nicht eingeladen. Der Bericht über dieses Jubiläum durch die Herausgeberin der PEGS, Elizabeth Wilkinson, lässt erkennen, dass man ohnehin weder Einladungen an die englischen Universitäten geschickt hatte, noch Besuch von den ostdeutschen Professoren bekam. Die Feierlichkeit in Weimar hatte der Deutsche Goetheausschuss organisiert, darin Goethegesellschaft, Deutsche Akademie der Wissenschaften, Kulturbund zur demokratischen Erneuerung Deutschlands vertreten waren sowie die Regierung von Thüringen. Immerhin kam mit Elizabeth Wilkinson eine Vertreterin der Zeitschrift. Zur Eröffnung sprachen russische, belgische, österreichische Gelehrte sowie Wilkinson selbst, fast alle andern Teilnehmer kamen aus slawischen Ländern. Am zweiten Tag sprachen Johannes R. Becher und Anton Kippenberg. Georg Lukács war zugegen, sprach aber nicht. Vgl. Peter Merseburger, Mythos Weimar. Zwischen Geist und Macht. 5. Aufl. Stuttgart 1999: »Klassik als Waffe und Faust als Nationalepos der DDR«, Seite 360–390.

Zur Ideengeschichte des Faust

Vgl. vor allem *Willi Jasper*, Faust und die Deutschen. Berlin 1998, hier Seite 183. – Deutsche Faustforschung bis 1949 (neben den Rudolf Steiner- und den Goethe-Gesamtdarstellungen): *Justus Obenauer*, Der faustische Mensch. 14 Betrachtungen zum zweiten Teil von Goethes Faust. Jena 1922, hier Seite 95f. – *Horst Wolfram Geißler* (Hg.), Gestaltungen des Faust. 3 Bde. München 1927. – *Hermann August Korff*, Faustischer Glaube. Leipzig 1938. – *Wilhelm Emrich*, Die Symbolik von Faust II. Habilitationsschrift Friedrich-Wilhelms-Universität Berlin. Berlin 1943. Seite 391. – *Walter Boehlich*, Thomas Manns »Dr. Faustus«. In: Merkur, 2. Jhg., Heft 10 (1948), Seite 588–603.

Daylight in a Dream. London, Hogarth Press 1951. Silver Wings: A Novel. London, Hogarth Press, 1952. – Die beiden Erzählungen dürften viel früher entstanden sein. »Daylight in a Dream« berichtet vom Kriegseinsatz 1917–1918.

Radiosendung über Jane Harrison, zum 100. Geburtstag 1951; Typoskript im Nachlass von I. B. Horner. EB berichtet darüber in »Paper Boats«. London 1959, hier zitiert Seite 64, deutsch von C. S.

Byron, Goethe and Professor Benecke. In: PEGS, vol. xxiv, 1955, pp. 77–100. – Eine Vorstudie zu dem Byronbuch, das sie bereits 1949 begonnen hatte, animiert durch einen glücklichen Fund in der Universitätsbibliothek Göttingen: Die berühmte Widmung, die Byron für Goethe in seinem Roman »Sardanapal« vorgesehen hatte, die aber vom Verlag vergessen und dann in das Göttinger Exemplar eingeklebt worden war.

Byron and Goethe. Analysis of a Passion. London, Bowes & Bowes 1956. – Dieses Buch ist Hilda Doolittle gewidmet, der Dichterin von »Helen in Egypt«, entstanden 1953 bis 1961.

Heinrich Heine. A Biography. London, Hogarth Press 1956. – Ihrem Lieblingsautor unter den Deutschen widmete EB auch ihr vorletztes Buch, zum 100. Todestag.

Paper Boats. London; Collins 1959. – Eine ungemein temperamentvolle, ironisch arrogante, welthaltige Erinnerungsarbeit, nicht unbedingt historisch genau. Daraus zitiert und übersetzt hier die Seiten 50, 64, 126, 132. Zwei Zitate folgen der Übersetzung von Walter Muschg, *Studien* …, a. a. O., Seite 241 f., 244.

Literatur neben, über und nach Elsie Butler (chronologisch)

John G. Robertson, The Gods of Greece in German Poetry. Taylorian Lecture. Oxford 1924.

Humphry Trevelyan, The Popular Background to Goethes Hellenism. London 1934.

Walther Rehm, Griechentum und Goethezeit. Geschichte eines Glaubens. Leipzig 1936.

Ernest Kohn-Bramstedt, Review of Tyranny of Greece over Germany. In: Sociological Review, vol. 28, no. 1, 1936, p. 102–105.

M. F. Ashley-Montagu, Review of Tyranny of Greece over Germany. In: Isis, vol. xxvi, no. 1, 1936, pp. 208–210.

Gilbert Highet, The Classical Tradition. London 1949. – Highet (1906–1978) war ein Vertreter des britischen Hellenismus. Veröffentlichte 1935 »An outline of Homer«; lehrte seit diesem Jahr in der Columbia University; war 1941–1946 in der British Army. Übersetzte Werner Jaegers Hauptwerk »Paideia« 1965. Er war auch ein früher Ideenhistoriker: »The Migration of Ideas« erschien 1959.

Henry Hatfield, Aesthetic Paganism in German Literature. From Winckelmann to the Death of Goethe. Cambridge, Harvard University Press 1964.

Walter Muschg, Germanistik? In memoriam Eliza M. Butler. In: Euphorion, 39 (1965), Seite 18–45. – Erneut in: W. M., Studien zur tragischen Literaturgeschichte. Bern, München 1965, Seite 228–261, hier Seite 231 f., 242. Muschg rüttelte die deutsche Germanistik mit diesem flammenden Lob auf EB auf:

»Wie eine von nationalen Scheuklappen befreite Germanistik aussieht, möchte ich am Beispiel Eliza Marian Butlers zeigen, einer der besten englischen Vertreterinnen des Faches, die sich in Deutschland mit einer Rilke-Monographie und dem Buch ›The Tyranny of Greece over Germany‹ unbeliebt gemacht hat. [...] Da sie kein Urteil unbesehen nachsprach und sich ihren maliziösen Humor durch keinerlei Rücksichten verkümmern ließ, erregte sie allerdings auch in England immer wieder Anstoß, und vieles, was sie schrieb, wird man vollends in Deutschland auch heute als Ärgernis empfinden. Denn sie war unfreiwillig zur Germanistin geworden und betrachtete sich als Außenseiterin ihres Faches. Als weitgereiste Frau sprach oder las sie ein halbes Dutzend Sprachen, und kannte nicht nur die deutsche Literatur, sondern auch die englische, französische, italienische, spanische und russische. Sie sah also Deutschland von außen, und wegen ihrer Erfahrungen in zwei Weltkriegen stand sie ihm mit einem Mißtrauen gegenüber, gegen das ihre Verehrung für die große deutsche Dichtung einen schweren Stand hatte. Das waren gute, zeitgemäße Voraussetzungen für ein von Idolatrie gereinigtes Verhältnis zur deutschen Literatur. Die geistige Luft, die hier weht, könnte ein Heilmittel für viele Gebrechen sein, an denen die deutsche Literaturwissenschaft leidet. Es steht nirgends geschrieben, daß diese Wissenschaft noch eine Zukunft hat.« Seite 231f.

Suzanne L. Marchand, Down From Olympus. Archaeology and Philhellenism in Germany, 1750–1970. Princeton University Press 1996, hier Seite xviii–xix. deutsch von Claudia Schmölders:

»Seit der Veröffentlichung von Eliza May Butler's The Tyranny of Greece over Germany im Jahre 1935 wurde die Obsession der schillerschen literarischen und gelehrten Elite in Deutschland mit den alten Griechen zu einem anerkannten – wenn auch viel zu wenig analysierten – Klischee. Ich denke, nur wenige würden Butlers Behauptung bestreiten, dass die Griechen tatsächlich in das Denken der gebildeten Elite einging, und zwar besonders im protestantischen Preußen, und dies noch lange nach der Goethezeit und dem griechischen Freiheitskampf. Die ausgesuchte Nähe, welche die Deutschen im späten 18. Jahrhundert zwischen sich und den angeblich edlen, naiven Griechen entdeckten, tönte beständig durch Poesie und Prosa und gelehrter Literatur, mindestens bis 1945. Dabei behandelte Butlers Buch nur eine Handvoll innovativer Philosophen und Poeten, sie untersuchte ja gar nicht die humanistischen Quellen des Philhellenismus und dessen pädagogische und gelehrte Auswüchse, also eben gerade jene Aspekte des Phänomens, die überhaupt erst die soziopolitischen Mittel bereitstellten, durch die diese ›tyrannische‹ Macht erreicht und ihre kulturelle Hegemonie gewahrt werden konnten. Indem sie selbstbewusst gegen die amoralische Ästhetisierung von Politik und jenseitige Unverantwortlichkeit der zeitgenössischen deutschen Autoren anschrieb, übersah sie die eminent weltlichen Prozeduren, die bei der Evolution und Degeneration dieser graekophilen Tradition am Werke waren. Auch konnte sie, 1935, nicht wirklich klar erkennen, welche überwölbende soziale Bedeutung und welche kulturellen Konsequenzen diese nationale Obsession für Deutschland – und für alle andern Kulturen, die ihre Bildungsinstitutionen und Normen teilten – in moderner Zeit haben musste.«

Sandra J. Peacock, Struggling with the Daimon: Eliza M. Butler on Germany and Germans. In: Journal of the History of European Ideas, vol. 32, no. 1, 2006, pp. 99–115.

Wolf Lepenies, Kultur und Politik. Deutsche Geschichten. Frankfurt a.M. 2008, erwähnt Butler auf Seite 42f., 169, 297, hier Seite 42f: »1933 hatte Eliza M. Butler mit der Arbeit an ihrem Buch *The Tyranny of Greece Over Germany* begonnen, das 1935 erschien und schnell bekannt und berühmt wurde. Sie wollte ihr Buch als eine Warnung vor dem ›gefährlichen Idealismus‹ der Deutschen verstanden wissen, den diese den Griechen entlehnt hatten und dessen politische Folgen so oft tragisch gewesen waren. Als ihr Buch 1958 wieder aufgelegt wurde, bemühte sich Butler zu versichern, dass die Schrecken der Naziherrschaft und des Zweiten Weltkriegs ihr vor Augen geführt hatten, welcher Abgrund die Autoren der deutschen Klassik – Winckelmann, Goethe, Herder, Schiller, Hölderlin – von den Gefolgsleuten des ›Führers‹ trennte. – Dewey und auch Santayana ließen am Beginn bzw. während des Zweiten Weltkriegs die Deutschland-Bücher, die sie bereits während des Ersten Weltkriegs veröffentlicht hatten, unverändert nachdrucken.«

Thomas Meany, Half-finished People: Germany Imagines Hellas. In: London Review of Books, vol. 34, no. 19 vom 11. Oktober 2012. Besprechung der Neuauflage anlässlich der Schuldenkrise und der deutschen Austeritätspolitik. – »Eliza Marian Butler begann mit ihrem Studium der Nazipläne für Europa im Jahr 1933. [...] Die deutsche Anbetung des Alten Griechenland hatte die Nazis ermutigt, Europa in ihrem Sinne umzubauen. Butler machte dafür Luther verantwortlich.«

DANKSAGUNG

Zuerst und zuvor danken möchte ich allen Freunden und Freundinnen, die meine jahrelange Befassung mit Griechenland und Elsie Butler gutmütig und interessiert begleitet haben; vor allem den beiden Autoren Peter Merseburger (»Mythos Weimar«, 1999) und Willi Jasper (»Faust und die Deutschen«, 1998). Ebenso Luca Giuliani und dem immer hilfreichen Wissenschaftskolleg zu Berlin, dem ich als Alt-Fellow herzlich verbunden bleibe; sowie Ulrich Raulff und Stephan Schlak, den Herausgebern der Zeitschrift für Ideengeschichte, wo 2014 ein erster Aufsatz über EB von mir erschien. – Für Hilfen in der Bibliothek des Londoner House of Senate sowie im Archiv von Isaline B. Horner in Cambridge danke ich ganz besonders Andrea Meyer Ludowisy und James Bowman, Autor einer Studie über Fürst Pückler, Butlers Favoriten. Für Einsicht in Briefe von Gertrud Bing u.a. danke ich Claudia Wedepohl vom Londoner Warburg House, für Nachrichten über Egon Friedell Herrn Werner Rotter vom Archiv der Österreichischen Nationalbibliothek, für Einsicht zu Ninon Hesse dem Deutschen Literaturarchiv Marbach.

Danken mit leider nur deutschen Worten möchte ich Andrea Schellinger aus Athen, Übersetzerin, Historikerin und jahrelange Mitarbeiterin des Goethes Instituts für intensive Fernbetreuung, sowie meinem Griechischlehrer in Berlin, Luca Quaglierini. Last but not least geholfen haben mir Konstantin Kosmas vom Berliner Centrum Modernes Griechenland CeMoG mit den einschlägigen Tagungen und dem Romiosini Verlag sowie Ulf-Dieter Klemm, Botschafter a.D., Übersetzer und Autor, und Evangelos Chrysos, Prof. em. für Byzantinische Geschichte.

Die erste Idee zu diesem Buch gab aber Danae Coulmas aus Athen und Köln, Herausgeberin, Übersetzerin und Biographin, nach einem langen ersten Leben als Redakteurin der Deutschen Welle. Mit ihrer Hilfe konnte der griechische Widerstand 1973–74 energisch und erfolgreich gegen die Junta eingreifen; mit ihr konnte der Insel Verlag unter Siegfried Unseld das größte griechische Literaturprogramm nach der Wende auflegen. Unserer Korrespondenz zwischen 2012 und 2015 verdanke ich eine immer temperamentvolle Innenansicht der griechischen Verhältnisse während der Schuldenkrise, die bisher letzte einer langen Reihe, die doch jedes Mal auf die ungeheuren Geburtsmängel des Staates zurück weisen. An diesen Mängeln hat der europäische Philhellenismus, nicht nur der deutsche, sein gerüttelt Maß an Verantwortung.

Niemals genug danken kann ich aber meinem Verleger, Heinrich von Berenberg, der unglaubliches Zutrauen zu diesem Projekt und liebevolle Neugier gezeigt hat. Ich wünsche ihm und dem immer jungen Verlag viel Glück mit diesem Buch. Es ist fast so exzentrisch wie Elsie Butler, sein Mittelpunkt.

REGISTER

Ahlborn, August Wilhelm Julius *269*
Alexander der Große *49, 138*
Alexander I., König von Griechenland *118, 231*
Allen, Woody *80*
Andrae, Alexander *183*
Aristophanes *235*
Arnold, Matthew *167f., 229, 236*
Atatürk, Kemal *118, 191*
Bachmann, Ingeborg *222*
Bachofen, Johann Jakob *67, 78*
Bahr, Hermann *151f., 181, 198*
Ball, Hugo *179*
Barth, Wilhelm *36, 229, 240, 246*
Barthélemy, Jean-Jacques *41, 86, 231, 238, 255*
Baumgart, Reinhard *225*
Beard, Mary *235, 252*
Beardsley, Aubrey *106*
Becher, Johannes R. *197, 224, 288*
Bell, Quentin *167f. 280*
Benjamin, Walter *185–187, 202, 231, 232, 245, 274*
Benn, Gottfried *194*
Bérard, Victor *104f., 139, 163, 233, 243*
Bernal, Martin *234, 245, 256*
Bertaux, Pierre *256*
Besant, Annie *127, 209, 274*
Beuys, Joseph *129*
Bieber, Margarete *249*
Bing, Gertrud *283, 286, 294*
Bismarck, Otto von *69*
Blavatsky, Helena Petrovna *84, 207–209, 274*
Blumenberg, Hans *184*
Boehlich, Walter *212f., 263, 288*
Bohrer, Karl Heinz *276*
Boileau, Nicolas *246*
Bonaparte, Marie *176*
Brauchitsch, Walther von *194, 304*
Braun, Wernher von *131*
Brecht, Bertold *224*
Breker, Arno *26, 192*
Brontë (Charlotte, Emily, Anne) *161*
Bünau, Heinrich Graf von *21*
Burckhardt, Jacob *12, 70f., 74, 82, 150, 235*
Burkert, Walter *234*
Burt, Michael *283*
Buschor, Ernst *124*
Butcher, Samuel *89*
Butler, Eliza (Elsie) Marian (Portrait) *282*
Butler, Kathleen *141, 157*
Butler, Samuel *89, 94–97, 99, 104, 129f., 134, 167, 169, 235, 279*
Byron, Lord *21, 28, 30–34, 36f., 39, 85, 88, 115, 186, 216–218, 233, 236f., 245f., 250, 264, 268, 270, 289*
Calvin, Johannes *179*
Camus, Albert *217, 243*
Carlyle, Thomas *34, 237*
Cäsar, Gaius Iulius *77, 203*
Chabert, Joseph Bernard de *238*

Chamberlain, Houston Stewart *123f.*
Chandler, Richard *26, 41f., 86, 255, 266*
Chapoutot, Johann *245*
Chateaubriand, François René de *36, 237*
Chatzopoulos, Konstantinos *116f., 261f.*
Choiseul-Gouffier, Marie-Gabriel *41f., 238*
Clark, Christopher *208*
Clemens XIII., Papst *22*
Constant, Benjamin *36, 238*
Cooper, John Astley *82*
Cornford, Francis M. *163, 252*
Cotta, Johann Friedrich *30*
Coubertin, Pierre de *82*
Coulmas, Danae *230, 269, 295*
Coulmas, Peter *194*
Craven, Elizabeth *160*
Crowley, Aleister *207f., 238f., 287*
Crusius, Martin *39*
Curtius, Ernst *68f., 82, 85, 89, 147, 161, 185, 239f., 277*
Curtius, Ernst Robert *161, 211–213, 240*
Curtius, Ludwig *26, 150, 161, 240*
Dacier, Anne *160, 272*
D'Alembert, *s. le Rond*
Dante Alighieri *157, 177, 232, 248*
Darwin, Charles *51, 65, 94, 129, 146*
Detienne, Marcel *234*
Devrient, Ludwig *34*
Diderot, Denis *39*
Diem, Carl *82*
Dieterich, Karl *117, 240f.*
Dimier, Louis *186*
Dirlmeier, Franz *192*
Djagilew, Sergei Pawlowitsch *106*
Doolittle, Hilda *161, 169f., 216f., 219, 242f., 262, 279, 289*
Dörpfeld, Wilhelm *57, 103, 161*
Dostojewski, Fjodor M. *211*
Dreyfus, Alfred *104, 116*
Duc de Bourgogne *246*
Duncan, Isadora *91, 112f., 243*
Durand, Paul *106*
Eckermann, Johann Peter *34, 48, 142, 211, 250*
Eisler, Hanns *224*
Elgin, Lord *27–29, 90, 231*
Eliot, George *161*
Eliot, T.S. *121, 133*
Ellerman, Annie *169*
Empedokles *75, 173*
Emrich, Wilhelm *202, 288*
Engastromenou, Sophia *s. Schliemann, Sophia*
Engelbrecht, Kurt *197*
Erasmus von Rotterdam *39*
Euripides *169, 219, 242*
Evans, Arthur *102f., 105f., 125*
Eynard, Jean-Gabriel *37, 63, 244*
Fahrner, Rudolf *194–196, 244*
Fallmerayer, Jakob Philipp *50f., 53, 62, 70f., 74, 119, 123, 166, 184, 186, 223, 245f.*
Farmakides, Theoklitos *53*
Fénelon, François *40, 86, 246*
Fichte, Johann Gottlieb *34, 287*
Fidus (Hugo Höppener) *83*
Field, Michael (Pseudonym von Katherine Harris Bradley und Edith Emma Cooper) *161*
Fleischer, Hagen *245*
Fleißer, Marieluise *222*
Fließ, Wilhelm *76–79*
Fontane, Theodor *58, 61, 246*

Förster-Nietzsche, Elisabeth *75, 106, 178*
Frazer, James George *161*
Freud, Anna *79*
Freud, Mathilde *76, 151, 161*
Freud, Sigmund *19f., 60f., 71, 74, 76–80, 95, 99, 141, 144, 149–152, 161, 165, 170f., 173–176, 178, 180, 195, 198, 203, 216f., 243, 247, 249, 286*
Friedrich III., deutscher Kaiser *68f., 277*
Frisch, Max *223*
Fühmann, Franz *278*
Füssli, Johann Heinrich *278*
Gandhi, Mohandas Karamchand *180, 209*
Gardner, Alice *139*
Gärtner, Friedrich Wilhelm von *35, 44f.*
Gaziel (Agustí Calvet) *119f., 191, 247f.*
Georg II., König von Griechenland *120*
Georg I., König von Griechenland *64, 116f.*
George, Stefan *14, 83, 99, 105, 117, 122, 135, 146, 156f., 165f., 176f., 194, 196, 209, 248f., 255, 276, 287*
Gersdorff, Dagmar von *250*
Gervinus, Georg Gottfried *261*
Gide, André *217, 243*
Glezos, Manolis *189, 228*
Goebbels, Joseph *202, 249*
Goethe, August von *31*
Goethe, Cornelia *20*
Goethe, Elisabeth *20*
Goethe, Johann Wolfgang von (Portrait) *18*
Goethe, Katharina Elisabeth *20*
Göring, Hermann *183*
Gorki, Maxim *176*
Grafton, Anthony *234*
Grey, Sir Edward *208*
Grimm, Jacob *68, 199*
Gründgens, Gustaf *182, 199, 214*
Gundolf, Friedrich *248f.*
Günther, Hans F. K. *76, 122f., 146, 251*
Guthrie, William *283*
Guttmann, Bernhard *120, 259*
Guys, Pierre Augustin *41, 251, 255*
Hamilton, Lady Emma *27, 90, 92f., 156f., 218, 252*
Hamilton, William *27, 89, 93, 110, 156, 218*
Harrison, Jane Ellen *89, 91f., 94, 96, 99, 132, 137–140, 161–166, 168, 187, 212, 233, 235, 240, 251f., 277, 280, 287, 289*
Hartmann, Moritz *177*
Hauptmann, Gerhart *12, 106, 108, 117, 136, 149, 184, 195, 252f., 255*
Hédelin, François *234*
Hegel, Georg Wilhelm Friedrich *71–75, 85, 97, 138, 197, 253f.*
Heidegger, Martin *67, 136, 222, 244, 256, 276*
Heine, Heinrich *14, 109–111, 131, 138, 140, 143, 153, 156, 165, 168, 176, 179, 216, 254, 289*
Heine, Mathilde *254*
Hellingrath, Norbert von *177, 255*
Herder, Johann Gottfried *25, 135, 140, 155, 254f., 277, 293*
Hesse, Hermann *249*
Hesse, Ninon (geborene Rose Ausländer *249, 294*
Heuss, Theodor *221*
Heydt, Eduard von der *181, 187*

Heydt, Karl von der *187*
Highet, Gilbert *290*
Hildebrandt, Kurt *146*
Himmler, Heinrich *192, 199, 201f.*
Hitler, Adolf *26, 51, 82, 120, 123, 137f., 144–149, 153, 159, 170, 175, 177, 180–183, 188f., 191–194, 197, 199, 208, 212, 237, 239, 245, 249, 274, 278, 285*
Hofmannsthal, Hugo von *59, 106–108, 112, 136, 139, 144, 151, 169, 181, 255*
Hölderlin, Friedrich *12, 25, 51–53, 66, 71, 74, 78, 80, 85, 87, 135f., 138, 141f., 156, 160, 173, 176f., 195, 222f., 244, 251, 254–256, 280, 293*
Homer *27, 38, 40f., 54–57, 60–62, 66, 68, 81, 87f., 92f., 96f., 103–105, 109, 123f., 130f., 136, 149, 157, 160, 167, 186, 196, 203, 224f., 229, 233, 237f., 243, 262, 272, 276, 279, 290*
Horner, Isaline B. *141, 179–181, 209, 257, 283, 289, 294*
Humboldt, Wilhelm von *29, 58, 66, 89, 135, 257*
Huxley, Aldous *95*
Inglis, Elsie *139, 191, 233*
Jaeger, Werner *146, 154, 258, 276, 290*
Jahn, Friedrich Ludwig (Turnvater Jahn) *83*
James, Henry *154, 155*
Jasper, Willi *197, 199, 278, 288, 294*
Jaspers, Karl *214*
Jens, Walter *215*
Jerrer, Georg Ludwig *60*
Jessenin, Sergeij *112*
Jones, Festing *130, 236*
Joseph II. *260*
Joyce, James *97, 121, 130f., 169, 217, 280*
Jung, C. G. *99*
Jung-Stilling, Johann Heinrich *73, 75, 86*
Justi, Carl *67, 258, 266*
Kant, Immanuel *97, 123, 138, 142, 201, 287*
Kantorowicz, Ernst *248*
Kapodistrias, Ioannis Antonios Graf *43, 48f., 229, 244, 259*
Kapp, Ernst *130*
Karlauf, Thomas *249*
Karo, Georg *183*
Kassner, Rudolf *108*
Kästner, Erhart *184, 195, 202f., 259*
Katharina II., die Große *25, 31, 39, 42, 52, 260*
Kauffmann, Angelika *18, 156*
Kazantzakis, Nikos *111, 120, 182, 222, 261*
Kerényi, Karl *111*
Kershaw, Ian *14, 183*
Kessler, Harry Graf von *106, 107*
Kippenberg, Anton *198, 288*
Kittler, Friedrich *15*
Kleist, Heinrich von *141f., 148, 171, 280*
Klemm, Ulf-Dieter *294*
Klenze, Leo von *44f.*
Klingemann, Ernst August Friedrich *33, 237*
Knoop, Gertrude *283*
Koestler, Arthur *206*
Kommerell, Max *232*
Konstantin I., König von Griechenland *39, 117f., 120, 260*
Konstantinowna, Olga (Frau von Georg I.) *64*
Korais, Adamantios *49, 51, 53, 62, 262, 274*

Korff, Hermann August *199, 288*
Krishnamurti, Jiddu *209*
Kronberger, Maximilian *248*
Krumbacher, Karl *117*
Kumas, Konstantin *40*
Landmann, Edith *177, 249*
Landshoff, Fritz *182*
Lang, Andrew *89, 236*
Leibniz, Gottfried Wilhelm *97*
Leigh, Vivien *90*
Leighton, Frederic *96*
Lepenies, Wolf *292*
Le Rider, Jacques *247*
le Rond, Jean-Baptiste, genannt D'Alembert *39*
le Roy, Julien *266*
Lesser, Jonas *263*
Lessing, Gotthold Ephraim *135, 155*
Lewis, C.S. *283*
Lippmann, Walter *133*
Liszt, Franz *81*
Livingstone, Richard W. *153*
Ludwig I., König von Bayern *35, 37, 44f., 53*
Ludwig XIV., König von Frankreich *40*
Lukács, Georg *288*
Lukian *112*
Lumley, Benjamin *110*
Luther, Martin *22, 36, 98, 153, 179, 206f., 293*
MacGrath, William *247*
Maillol, Aristide *106f.*
Mann, Dieter *226, 278*
Mann, Klaus *182*
Mann, Thomas *47, 131, 188–190, 201, 208–210, 212–214, 240, 263, 283, 287*
Marchand, Suzanne *234, 291*
Marlowe, Christopher *33, 110, 145, 206, 263, 265*
Marx, Karl *92, 138*
Mason, Eudo C. *283*
Masson, Jeffrey Moussaieff *79, 247*
Maurer, Georg von *115*
Mavrokordatos, Alexandros, Prinz *237, 270*
Maximin (Maximilian Kronberger) *83, 122, 165, 176f.*
Mazower, Mark *193, 245*
Meany, Thomas *293*
Mehmet Ali Pascha, Sultan *43*
Merseburger, Peter *278, 288, 294*
Metaxas, Ioannis *68, 120, 133, 188, 191, 275*
Metternich, Klemens Wenzel Lothar von *36, 254*
Meurer, Moritz *59*
Meyer, Heinrich *283*
Meyer, Johann Jakob *36, 237*
Miller, Henry *238*
Mirrlees, Hope *140*
Mirsky, D.S., Prinz *252*
Mommsen, Katharina *47, 227, 250*
Mommsen, Theodor *276*
Montagu, Mary Wortley *160*
Mozart, Wolfgang Amadeus *46f., 268*
Müller, Gottfried *184f.*
Müller, Günther *283*
Müller, Heiner *224*
Müller, Johann Ludwig Wilhelm *33, 265*
Murray, Gilbert *163, 252*
Muschg, Walter *221, 223, 278, 284f., 289f.*
Mussolini, Benito *121, 183, 188*
Myron *148*
Nadler, Josef *140*

Nansen, Fridtjof *120*
Napoleon Bonaparte *29, 48f., 52, 71, 97, 183, 283*
Nees von Esenbeck, Christian Gottfried Daniel *31*
Nelson, Horatio (Lord Nelson) *27, 85, 88, 90, 157*
Newman, John Henry *229*
Newton, Charles *91f., 103*
Nietzsche, Friedrich *12, 70, 74f., 78, 80–83, 89, 97, 99, 105–107, 112, 117, 135, 141f., 152, 156, 161, 166, 176–178, 182, 210f., 258, 265, 275, 280*
Nostitz, Helene von *112, 243*
Obenauer, Karl Justus *200–203, 211, 265f., 268, 288*
Oberth, Hermann *131*
Offenbach, Jacques *81*
Oikonomou, Thomas *116*
Olivier, Sir Laurence *90*
Orlow, Grigori Grigorjewitsch *52, 260*
Ortega y Gasset, José *214*
Orwell, George *95*
Österreich, Elisabeth von *101, 108f., 111, 244*
Otto I., König von Griechenland *12, 13, 35, 37f., 42, 44, 53, 63f., 115*
Otto, Walter F. *146*
Palamas, Kostis *64, 262*
Papadopoulos, Ioannis (Übersetzer v. Goethes Iphigenie) *50*
Parry, William *218, 237, 245*
Pasternak, Leonid *283*
Pater, Walter *67, 258, 266, 276*
Paul I., Zar von Russland *260f.*
Pausanias *26, 41, 68, 230, 266*
Pessoa, Fernando *238*
Peter der Große *260*
Phidias *28, 69*
Philadelpheus, Alexander *239*
Philippson, Ludwig *249*
Philippson, Paula *249*
Picht, Georg *276*
Pindar *66*
Platon *27, 103, 146, 154, 235, 266*
Plessner, Helmuth *153, 179*
Pollak, Ludwig *154*
Pompeius *77, 203*
Pope, Alexander *87*
Potter, John *27*
Pound, Ezra *169, 243, 279*
Preußen, Sophie von (Frau von Konstantin I.) *118*
Pringsheim, Katia *213*
Pückler-Muskau, Hermann Ludwig Heinrich von *14, 143f., 159, 181, 211, 284, 294*
Ramakrishna Paramahamsa *174*
Raulff, Ulrich *249, 294*
Rehm, Walther *147, 277, 290*
Reinhardt, Max *180, 182, 226*
Renan, Ernest *150, 256*
Revett, Nicholas *26, 45, 86, 266*
Riefenstahl, Leni *2, 26, 148, 166, 183, 240*
Rilke, Rainer Maria *14, 181, 187, 263, 283, 286, 291*
Ringel, Julius *183*
Robertson, John George *140, 143, 159, 216, 290*
Rodin, Auguste *238*
Röhm, Ernst *145*
Rolland, Madeleine *174, 179*
Rolland, Marie *247*
Rolland, Romain *79, 121, 141, 143, 149, 151, 160, 173–176, 179, 247*
Rosenberg, Alfred *126, 183, 195, 267*

Rose, William *216*
Rottmann, Carl *266*
Russell, Bertrand *283*
Sackville-West, Edward *283*
Saint-Simon, Henri de *109, 254*
Santas, Apostolos *189, 228*
Santayana, George *132f., 137f., 179, 210, 267, 287, 293*
Sappho *161, 277, 279*
Satie, Erik *243*
Sayers, Dorothy S. *287*
Schadewaldt, Wolfgang *258, 268, 276*
Schellinger, Andrea *262, 294*
Schikaneder, Emanuel *46, 111*
Schiller, Friedrich von *29, 34, 51, 70, 109, 156, 182, 280, 291, 293*
Schinkel, Karl Friedrich *45f., 268*
Schlegel, August *66*
Schlegel, Friedrich *66*
Schliemann, Heinrich *54–63, 65–71, 77, 80–82, 85, 89, 91f., 103–105, 109, 116, 123, 125, 135, 139, 146, 150, 156, 161, 163, 166, 218, 269, 277*
Schliemann, Sophia (geb. Engastromenou) *55, 57f., 71, 100, 269*
Schmitt, Carl *173*
Schneider, Hans Ernst, alias Hans Schwerte *199f., 202, 266*
Schöne, Albrecht *85, 227, 250*
Schopenhauer, Arthur *97*
Schrott, Raoul *15*
Schubert, Franz *33*
Semper, Gottfried *185*
Shakespeare, William *116, 206*
Shaw, George Bernard *96, 209*
Shelley, Percy Bysshe *270*
Sheridan, Richard Brinsley *159, 284*
Sisi, *s. Österreich, Elisabeth von*
Sivers, Marie von *128, 181*
Smith, William *27*
Snell, Bruno *215*
Sokrates *52, 142, 158*
Solomos, Dionysios *32*
Somerset Maugham, William *207f., 239*
Sontag, Susan *90*
Sophokles *78, 169*
Spengler, Oswald *16, 99, 121–131, 197f., 200, 214, 270, 273*
Spies, Johann *33, 110, 210, 270*
Spitteler, Carl *156, 160, 173, 272*
Stackelberg, Gustav Ernst Graf von *267*
Staël, Madame de *24, 34*
Stalin, Josef Wissarionowitsch *176*
Stauffenberg, Alexander Schenk Graf von *194, 249*
Stauffenberg, Berthold Schenk Graf von *194, 249*
Stein, Charlotte Albertine Ernestine Freifrau von *158*
Stein, Gertrude *133*
Stein, Peter *222*
Steiner, Rudolf *83, 99, 126–129, 147, 174, 181f., 197, 200f. 203, 209, 249, 273f., 288*
Sterling, Charles James *32, 236*
Sternberger, Dolf *184–186, 245, 274*
Stevens, Wallace *133*
Strachey, James *141*
Strachey, Lytton *94*
Strachey, Pernel *141*
Strauss, Leo *146*
Strauss, Richard *59, 144, 169*
Streeruwitz, Marlene *41*
Stuart, James *26, 45, 86, 266*
Sünderhauf, Esther Sophia *278*
Theotokis, Georgios *64*

Thiersch, Friedrich *44, 115*
Thiess, Frank *184, 214*
Thormaehlen, Ludwig *157*
Thürheim, Lulu von *43, 259*
Tischbein, Johann Heinrich Wilhelm *156*
Ukert, Friedrich August *51, 274*
Ulbricht, Walter *224*
Unseld, Siegfried *198, 295*
Valéry, Paul *217, 243*
Valtinos, Thanassis *223*
Varicourt, Freiherr von *241*
Velestinlis, Rigas *41, 53, 274f.*
Venizelos, Eleftherios *117–121, 248, 275*
Vernant, Jean-Pierre *234*
Vico, Giambattista *61, 233*
Vidal-Naquet, Pierre *234, 256*
Vimbos, Theodoros *53–55, 62, 269*
Virchow, Rudolf *58, 65f., 123, 146, 269*
Voltaire *39, 246, 260*
Voss, Johann Heinrich *66, 167, 229*
Vulpius, Christiane *110*
Waetzoldt, Wilhelm *277*
Wagner, Richard *80f., 106, 123, 128, 135, 160, 176, 208*
Wagner, Winifred *208, 239*
Wallraff, Günter *215*
Warburg, Aby *144, 151, 170, 180, 283, 286, 294*
Warsberg, Alexander von *109, 244*
Webb, Beatrice *209*
Wedekind, Frank *83*
Werefkin, Marianne von *181*
Wharton, Henry Thornton *279*
Wieland, Christoph Martin *40, 86*
Wilamowitz-Moellendorff, Ulrich von *58, 105, 146, 258, 268, 275*
Wilde, Oscar *83, 106, 266, 276f.*
Wilde, William *276*
Wilhelm I., deutscher Kaiser *56, 67*
Wilhelm II., deutscher Kaiser *69, 106, 108f., 111, 114f., 118, 123, 136, 140, 181, 198, 252, 277*
Wilkinson, Elizabeth *288*
Williams, William Carlos *169*
Winckelmann, Johann Joachim *11, 14, 21–29, 40f., 46, 58, 66f., 69, 74f., 81, 86f., 89, 97, 106, 134, 140, 143, 147, 154–156, 158f., 166, 172, 175f., 184, 192, 200, 218f., 231, 234, 257f., 266, 277f., 280, 284f., 290, 293*
Wolf, Christa *223–226, 278*
Wolf, Friedrich August *61, 105, 233, 279*
Wollstonecraft Shelley, Mary (geb. Godwin) *270*
Wood, Robert *87, 255, 279*
Woolf, Leonard *94, 130*
Woolf, Virginia *94, 106, 130, 141, 167–169, 188, 223, 229, 243, 280*
Wrede, Walter *183, 189, 194, 304*
Zander, Helmut *129, 273*
Zelepos, Ioannis *245, 275*
Ziller, Ernst *108, 116*
Zweig, Stefan *141–143, 164, 187, 201, 280*
Zwingli, Huldrych *37, 179*

CLAUDIA SCHMÖLDERS, Germanistin, Kulturwissenschaftlerin und Verlagslektorin, unter anderem der ältesten deutschen Märchenreihe bei Eugen Diederichs. 1991–1992 Fellow im Berliner Wissenschaftskolleg, seit 1998 Privatdozentin an der Humboldt-Universität zu Berlin mit Forschungen zur Physiognomik. Zuletzt erschien »Hitlers Gesicht. Eine physiognomische Biographie« (2000). Sie ist Mitglied der Deutschen Akademie für Sprache und Dichtung; 2004 erhielt sie den Heinrich-Mann-Preis der Berliner Akademie der Künste.

KONZEPTION | GESTALTUNG: Antje Haack | lichten.com
SATZ | HERSTELLUNG: Büro für Gedrucktes, Beate Mössner
ABBILDUNGEN: *Einbandvorderseite* von akg-images: »Hellas auf den Ruinen von Missolonghi«, 1826 von Eugène Delacroix (1798–1863). Auch die Gemälde »Das Massaker von Chios« (1824) sowie triumphierend »Die Freiheit führt das Volk« (1830) warben für Griechenland. Delacroix illustrierte 1827 auch Goethes Faust in 17 Lithographien.
Einbandrückseite von ullstein bild: Generalfeldmarschall von Brauchitsch wird von Landesgruppenleiter Wrede über den Parthenon geführt, Mai 1941.
Frontispiz von Imagno/Getty Images, S. 18 und S. 100 von akg-images, S. 282 von National Portrait Gallery.
Trotz sorgfältiger Recherche konnten nicht alle Rechteinhaber der im Buch verwendeten Abbildungen ausfindig gemacht werden.
Bitte setzen Sie sich gegebenenfalls mit dem Verlag in Verbindung.
REPRODUKTION: Frische Grafik, Hamburg
DRUCK UND BINDUNG: CPI – Clausen & Bosse, Leck
Printed in Germany
ISBN 978-3-946334-30-9